DIREITO COMPARADO:

compreendendo a compreendê-lo

CONTRACORRENTE

Pierre Legrand

DIREITO COMPARADO:

compreendendo a compreendê-lo

Tradução: Ricardo Martins Spindola Diniz

CONTRACORRENTE

Alameda Itu, 852 | 1º andar |
CEP 01421 002
www.loja-editoracontracorrente.com.br
contato@editoracontracorrente.com.br

EDITORES
Camila Almeida Janela Valim
Gustavo Marinho de Carvalho
Rafael Valim
Walfrido Warde
Silvio Almeida

EQUIPE EDITORIAL
COORDENAÇÃO DE PROJETO: Juliana Daglio
REVISÃO: Karine Ribeiro
PREPARAÇÃO DE TEXTO: João Machado
REVISÃO TÉCNICA: Amanda Dorth
DIAGRAMAÇÃO: Gisely Fernandes
CAPA: Gustavo André

EQUIPE DE APOIO
Fabiana Celli
Carla Vasconcelos
Fernando Pereira
Lais do Vale

Dados Internacionais de Catalogação na Publicação (CIP)
(Câmara Brasileira do Livro, SP, Brasil)

Legrand, Pierre
Direito Comparado : compreendendo a compreendê-lo / Pierre Legrand. -- São Paulo : Editora Contracorrente, 2021.

ISBN 978-65-88470-61-9

1. Direito comparado I. Título.

21-78341 CDU-340.5

Índices para catálogo sistemático:
1. Direito comparado 340.5
Aline Graziele Benitez - Bibliotecária - CRB-1/3129

@editoracontracorrente
Editora Contracorrente
@ContraEditora

There is so little one can say, one says it all.
All one can.
And no truth in it anywhere.

Beckett

SUMÁRIO

PREFÁCIO 9

PROSTÉTICA DA TRADUÇÃO 13

INTRODUÇÃO 29

CAPÍTULO I – MAIS DE UM DIREITO 43

CAPÍTULO II – A ORTODOXIA EXPOSTA 77

CAPÍTULO III – UM EXCURSO ACERCA DA CULTURA 111

CAPÍTULO IV – "OBJETIVIDADE" E "VERDADE" 131

CAPÍTULO V – O DUPLO VÍNCULO 149

CAPÍTULO VI – O DUPLO VÍNCULO (BIS) 163

CAPÍTULO VII – CONSEQUÊNCIAS, PERFUNCTORIAMENTE 179

CAPÍTULO VIII – ITERAÇÃO 199

CODA 207

ENTREVISTA COM TRESMIN LANE 211

REFERÊNCIAS BIBLIOGRÁFICAS 243

PREFÁCIO

Este livro desafia o modelo epistemológico dominante a estruturar a compreensão do Direito Estrangeiro no campo dos estudos jurídicos comparativos. Especificamente, disputa-se a mobilização das ideias de "objetividade" e "verdade". Em consonância com uma análise crítica do que significa compreender o Direito Estrangeiro, este livro emprega um paradigma alternativo que enfatiza a contingência radical das decisões do comparativista, em razão de um pano de fundo composto por constrangimentos cognitivos em meio aos quais ela deve abordar o estudo de outros Direitos. Nesse ínterim, enfatiza-se o grau de criatividade usufruído pelos comparativistas, bem como a responsabilidade que elas chamam sobre si mesmas. Embora as tradições jurídicas romano-germânica e anglo-saxã sejam o arquivo deste livro, constituindo seu contexto de análise, a herança a partir da qual ele é escrito, a relevância do texto opera para além dessas configurações. Conforme se volta para as presunções epistemológicas, buscando transformá-las com vistas ao aprimoramento do tratamento do estrangeiro e da credibilidade pelo empreendimento comparativo, este livro busca leitores – principalmente, acadêmicos com um interesse profissional no Direito Estrangeiro e estudantes de pós-graduação desejosos por incorporá-lo em suas pesquisas – que não tenham sucumbido à ortodoxia e seus estratagemas analítico-positivistas. O positivista diligente seria ao mesmo tempo um leitor impaciente e temeroso, ansioso por cancelar e anular a presente proposta, desejoso por trazer a questão de volta a suas desilusões dogmáticas, bem como suas autodesilusões, indisposto em revisar seus pontos de partida – em outras palavras, um mau leitor. De fato, o presente argumento poderia almejar ser compreendido por positivistas devotos apenas se se apresentasse na sua linguagem, algo que não faz e nem pretende fazer. Este livro é destinado aos comparativistas-no-direito marginais e chocantes, ao desobediente e transgressor, ao dissidente e subversivo.

★★★

Através das citações e referências, eu deliberadamente busco fazer do texto, "meu texto", o mais polivocal e diferencial que consigo. Nesse sentido, as notas, embora em tamanho menor e na margem inferior, não devem ser apreendidas de maneira estritamente hierárquica e assim se verem reduzidas a um status auxiliar. De fato, muitas delas são textos centrais que prescrevem a desestabilização dos limites do "texto principal", diante de um processo de negociação que tem como objeto a destruição do espaço na página. Embora haja ocasiões em que preferi me referir à tradução para a língua inglesa, regra geral eu trabalho com as versões originais e ofereço as compreensões que me são próprias.

★★★

Em sua primeira encarnação, este texto viveu como um artigo de revista científica em inglês. O fato dele agora poder gozar de uma segunda vida como um livro no Brasil é devido a três indivíduos aos quais eu sou efetivamente muito grato. A iniciativa de traduzi-lo veio do Sr. Ricardo Spindola, com um esforço extraordinário que o leitor não pode falhar em apreciar. Foi muito generoso da parte do Sr. Spindola, assim eu penso, reservar um tempo à parte da sua própria pesquisa para tornar a minha disponível ao público leitor do português. Dado que eu não leio português, qualquer e todo mérito por essa tradução merece ser atribuído ao Sr. Spindola. Enquanto isso, o Professor Daniel Wunder Hachem generosamente recomendou a publicação à Editora Contracorrente. Eu estou grandemente em dívida para com o Professor Hachem em razão de seu apoio e encorajamento altruístas. Por último, mas não menos importante – como diz o ditado –, estou encantado com a oportunidade a mim oferecida de registrar o quão feliz e honrado estou por minha obra aparecer mais uma vez sob o selo do barco resistindo à onda. Ao Professor Rafael Valim, que está lutando a melhor das lutas, sua coragem e dedicação dignas de admiração em todos os sentidos, eu devo mais do que palavras podem expressar.

★★★

A epígrafe foi tirada de Samuel Beckett (BECKETT, Samuel. "Happy days". *In:* AUSTER, Paul (Coord.). *The grove centenary edition.* vol. 3 , New York: Grove Press, 2006 [1961], p. 300.

PROSTÉTICA DA TRADUÇÃO

"Muito frequentemente", pode-se ler em um dos textos de Derrida, "trata-se a passagem de uma língua para a outra e não se considera suficientemente a possibilidade de *mais de duas* línguas estarem implicadas em um texto". Se assim é, segue-se a seguinte questão: "como traduzir um texto escrito em múltiplas línguas de uma vez? Como o efeito da pluralidade deve ser 'rendido'? E se se traduz em várias línguas ao mesmo tempo, se poderia chamar isso por traduzir?".[1] Talvez sempre seja assim, sempre-já o caso em questão. De fato, o "caso" não seria "sequer uma operação no sentido estrito do termo", dado que ele seria imediato à – e, talvez, como uma – narrativa e ao todo de seus nomes próprios, em meio ao qual "uma espécie de transferência", uma "tradução intralinguística", os dota de "equivalente[s] semânticos" que eles, enquanto "nome[s] próprio[s] puro[s] [...] não teriam".[2]

Conforme argumento abaixo, essa espécie de transferência – e seus limites, mas também sua ética – está no centro do estudo (e da

1 DERRIDA, Jacques. "Des tours de Babel". *In*: ROTTENBERG, Elizabeth; KAMUF, Peggy (Coord.). *Psyche*: inventions of the other. vol. 1, Stanford: Stanford University Press, 2007, p. 196.

2 DERRIDA, Jacques. "Des tours de Babel". *In*: ROTTENBERG, Elizabeth; KAMUF, Peggy (Coord.). *Psyche*: inventions of the other. vol. 1, Stanford: Stanford University Press, 2007, p. 197.

possibilidade de qualquer estudo) do Direito Estrangeiro, conforme proposto pelo Professor Pierre Legrand. Assim sendo, é possível pensar a respeito, e a obra de Legrand convida qualquer um que assim o faça, perseverante e radicalmente,[3] das questões que estão em jogo no fazer – como traduzir – da comparação-no-direito. E, no entanto, essa tradução em particular me fez pensar acerca de como se daria a tradução quando o original, ele próprio, diz respeito ao Direito Estrangeiro. De várias maneiras, a tradução se daria como o traduzir de um poema sobre um poema que se volta para aquilo que enquadra o poema como um poema – considerando aqui que, como Legrand afirma, repetidas vezes nesse texto e na sua obra como um todo, o Direito Estrangeiro é em grande e importante medida uma invenção do comparativista.

Afinal, um direito-texto estrangeiro aparece como estrangeiro a uma interpretação que está situada em um outro direito-mundo que é, a cada caso, o "meu". Contudo, paradoxalmente, talvez, o direito-texto estrangeiro antecede, argumenta Legrand, qualquer interpretação que vem ao seu encontro. Reconhecer e respeitar sua prioridade é, por conseguinte, tentar "fazer justiça ao Direito outro e ao outro-no-direito buscando considerar *aquilo que é mais próprio* [*ownmostness*] ao Direito Estrangeiro". Aquilo que é mais próprio é a penúltima expressão na tradução de *Direito comparado*: compreendendo a compreendê-lo – tal qual *ownmostness* é a última no original, embora aqui o português tenha exigido, em uma feliz coincidência, que o texto terminasse com a expressão "Direito Estrangeiro". Mais ainda, ela aparece apenas uma vez em todo o texto e quando assim o faz, o faz em itálico. Contudo, trata-se de uma palavra rara na obra de Legrand. Ela não aparece sequer uma vez, por exemplo, em nenhum dos seus textos dedicados à questão da tradução na comparação-no-direito.[4] Até onde eu sei, ela também não aparece em nenhum dos artigos listados por Legrand, na última

---

3 LEGRAND, Pierre. "Foreign law: understanding understanding". *Journal of Comparative Law*, vol. 6, nº 2, 2011, pp. 156/157, nota 412.

4 Ver LEGRAND, Pierre. "Law's translation, imperial predilections and the endurance of the self". *The Translator*, vol. 2, nº 3, 2014; GLANERT, Simone; LEGRAND, Pierre. "Foreign Law in translation: if truth be told...". *In*: FREEMAN, Michael; SMITH, Fiona (Coord.). *Law and language*. Oxford: Oxford University Press, 2013; e LEGRAND, Pierre. "Withholding translation". *In*: GLANERT, Simone (Coord.). *Comparative Law:* engaging translation. New York: Routledge, 2014.

nota de rodapé[5] ao texto central de *Direito comparado*: compreendendo a compreendê-lo e nem em seus textos posteriores.[6] Curiosamente, *aquilo que é mais próprio* aparece como que por si próprio e apenas uma vez, encerrando um argumento que ao longo de seu desenvolvimento debateu a sua impossibilidade de se terminar qualquer argumento que seja de maneira concludente porque, tal qual qualquer investigação rumo ao Direito Estrangeiro, se veria marcado por um duplo vínculo, de modo que todo final se mostre como um corte abrupto.

Há um traço que pode ser traçado, todavia. Em um dos parágrafos de *Estudos jurídicos comparativos e a questão da autenticidade*, mais uma vez o último parágrafo de uma seção intitulada "Critique (part one)", iniciada com duas epígrafes,[7] uma delas que efetivamente encerra como uma citação o penúltimo parágrafo do texto ora traduzido, de um trabalho de Pierre Klossowski, e a outra dizendo respeito ao "único apenas que seria por demasia um, que seria um e apenas um", citando e cortando um texto de Werner Hamacher. Conforme indicado, no último parágrafo desta seção, Legrand se refere à obra de Heidegger *Was heißt Denken?*, especificamente ao exemplo de um aspirante a fazedor-de-cabanas. Na interpretação que Legrand oferece de Heidegger, "o processo de desvelamento requer que o fazedor-de-cabanas vá à madeira, deixando-a ser, destacando suas peculiaridades em vez de cortar através delas". Precisa-se ter uma certa relacionalidade com aquilo com o que se lida – deve-se ter *cuidado* para com aquilo que se lida –, sem o que ter-se-ia apenas uma ocupação. Correspondentemente, "que tipo de fazedor-de-cabanas

---

5 Ver LEGRAND, Pierre. "Siting Foreign Law: how Derrida can help". *Duke Journal of Comparative and International Law*, vol. 21, 2011; LEGRAND, Pierre. "Jacques in the Book (on apophasis)". *Law & Literature*, vol. 23, 2011; LEGRAND, Pierre. "Il n'y a pas de hors-texte: intimations of Jacques Derrida as comparatist-at-law". *In*: GOODRICH, P. *et al.* (Coord.). *Derrida and Legal Philosophy*. Londres: Palgrave Macmillan, 2008, pp. 125-151; LEGRAND, Pierre. "Comparative legal studies and the matter of authenticity". *Journal of Comparative Law*, vol. 1, 2006; e LEGRAND, Pierre. "On the singularity of Law". *Harvard International Law Journal*, vol. 47, 2006.

6 Ver LEGRAND, Pierre. "Negative comparative Law". *Journal of Comparative Law*, vol. 10, nº 2, 2015; LEGRAND, Pierre. "Jameses at play: a tractation on the comparison of Laws". *The American Journal of Comparative Law*, vol. 65, 2017.

7 LEGRAND, Pierre. "Comparative legal studies and the matter of authenticity". *Journal of Comparative Law*, vol. 1, 2006, p. 430.

os comparativistas-no-direito devem aspirar a ser? Eu argumento que eles devem querer ser fazedores-de-cabanas em busca da autenticidade da madeira. Eles devem isso a si mesmos. Eles devem isso à madeira".[8]

Independentemente da força retórica dessas afirmações finais, eu gostaria de perguntar se o Direito é, com efeito, como a madeira. Em *A origem da obra de arte*, Heidegger provisória e cuidadosamente aproxima uma distinção admitidamente instável e entrelaçada entre a coisa, o produto, e a obra, circunscrevendo tanto quanto pode a tradição que se coloca diante dele e sua díade categorial – forma e matéria, mas também as noções de utilidade, do símbolo, bem como outros termos próprios da filosofia. Heidegger argumenta que, modo preconcebido de pensar a coisa, a obra e o produto seriam derivados de "uma interpretação do ser do produto". A isso, Heidegger acresce a seguinte cautela: "nós devemos apenas evitar fazer da coisa e da obra prematuramente subespécies do produto".[9]

Com essa precaução, Heidegger começa a desdobrar "um esquema [...] em um sentido kantiano apenas levemente deslocado: 'o produto parece estar situado entre a coisa e a obra de arte [...]. Ele compartilha de ambos, ainda que a obra se pareça mais com 'a coisa simples' do que o produto'".[10] E assim é porque enquanto tanto o produto e a obra são trazidos a lume, ambos são produtos, o produto é caracterizado por sua prontidão – significando com isso seu "[estar-]liberado para além de si mesmo, para ser esgotado na utilidade"[11] –, a obra de arte é pelo seu ser--criada – de tal maneira que "[p]recisamente onde o artista e o processo e as circunstâncias da gênese da obra permanecem desconhecidas, esse impulso, esse 'assim é' do ser-criado emerge à vista da maneira mais pura

---

8 LEGRAND, Pierre. "Comparative legal studies and the matter of authenticity". *Journal of Comparative Law*, vol. 1, 2006, p. 439.

9 HEIDEGGER, Martin. "The origin of the Work of Art". *In*: KRELL, David Farrel (Coord. e Trad.). *Basic writings*. New York: HarperCollins, 1993, p. 158.

10 DERRIDA, Jacques. "Restitutions". *In*: BENNINGTON, Geoff; MCLEOD, Ian (Trad.). *The truth in painting*. Chicago: The University of Chicago Press, 1987, p. 297.

11 HEIDEGGER, Martin. "The origin of the Work of Art". *In*: KRELL, David Farrel (Coord. e Trad.). *Basic writings*. New York: HarperCollins, 1993, p. 189.

a partir da obra".[12] Acerca da coisa, enquanto – ao menos inicialmente, já que Heidegger buscará embaçar a distinção entre um e outro, tal qual na passagem citada por Legrand – o artesão esgota a coisa, o artista também a usa, mas de um modo no qual "[ela] apenas agora vem a lume".[13]

Contudo, o que acontece quando o ser-produto ele próprio vem a lume na obra de arte? Pense-se aqui da "bem-conhecida pintura de Van Gogh", que aparece famosamente nesse ensaio, a pintura-sapato. Assim, o que acontece quando, ao que tudo indica, o produto é posto fora de uso e aparece em sua inutilidade como uma obra de arte? Em razão das limitações dessa introdução, não tendo o tempo ou o espaço para reencenar e me engajar com a impressionante leitura avançada por Derrida acerca desse ensaio e desse exemplo, remeto-me diretamente à resposta oferecida para a questão aqui e agora proposta: "então uma obra como a pintura-sapato exibe aquilo que falta em algo para que esse algo seja uma obra, ela exige – em sapatos – a sua falta de si mesma, podendo-se até mesmo quase dizer sua própria falta". Poder-se-ia perguntar se por "de trás" d*aquilo que é mais próprio* "ter-se-ia" uma falta? Um lapso de fundo? Um abismo? Todavia, se assim o é, a essa pergunta o texto adiciona uma outra questão, que vem apenas ao final, por uma interrogação que abre uma série de outras questões: "e é assim que ela deve ser autossuficiente? Realizada? Ela se completa então? A não ser que ela (se) transborde, rumo a inadequação, ao excesso, ao suplemento?".[14]

O ser-produto do produto "consiste de fato em sua utilidade". E ainda assim, Hediegger continua, "essa utilidade ela própria resta na abundância de um Ser essencial do produto. Nós o chamamos fiabilidade [*Verlässlichkeit*]". Essa fiabilidade do produto "dá pela primeira vez ao mundo simples sua segurança, assegurando à terra a liberdade de seu impulso firme".[15] Poder-se-ia apostar que aquilo que a obra exibe como

---

12 HEIDEGGER, Martin. "The origin of the Work of Art". *In*: KRELL, David Farrel (Coord. e Trad.). *Basic writings*. New York: HarperCollins, 1993, p. 190.

13 HEIDEGGER, Martin. "The origin of the Work of Art". *In*: KRELL, David Farrel (Coord. e Trad.). *Basic writings*. New York: HarperCollins, 1993, p. 173.

14 DERRIDA, Jacques. "Restitutions". *In*: BENNINGTON, Geoff; MCLEOD, Ian (Trad.). *The truth in painting*. Chicago: The University of Chicago Press, 1987, p. 298.

15 HEIDEGGER, Martin. "The origin of the Work of Art". *In*: KRELL, David Farrel (Coord. e Trad.). *Basic writings*. New York: HarperCollins, 1993, p. 160. Fiabilidade

aquilo do qual ela tem falta para ser uma obra seria senão a fiabilidade? Derrida, em seu ensaio, apenas acena para a relação entre confiabilidade e proximidade e familiaridade. Não obstante, pode-se avançar que o enquadramento da obra suspende a confiabilidade, cortando-a fora e costurando-a de volta como *suspense*.[16]

Entre a coisa, o produto e a obra, o que é o Direito? Imediatamente, naturalmente, o Direito é um produto. Não apenas ele é útil, usa-se o Direito, mas se pode confiar e se contar com ele. Contudo, como Legrand pontua no texto abaixo, o começo do estudo do Direito Estrangeiro, muito embora esse ato de marcar começos seja necessariamente controverso, se inicia em resposta a essa conjuntura na qual o Direito aparece como sendo-produto. Embora a versão de Legrand

---

foi a tradução sugerida pelo revisor João Machado. Ao destacar sua sofisticada sugestão para esse termo, eu gostaria de aproveitar a oportunidade para reconhecer e agradecer sua contribuição a essa tradução. Fazê-lo é responder à exigência de consistência lançada pelo argumento do Professor Pierre Legrand. A tradução não perde, e sim ganha por ter uma multiplicidade de sis em sua articulação. Entretanto, embora os méritos da tradução tenham a contribuição dos olhos atentos e sugestões inventivas de João Machado, as decisões terminaram sendo minhas, sendo os eventuais erros da tradução de minha inteira responsabilidade. A título de exemplo, de modo a revelar possibilidades outras, que leitores outros podem porventura preferir, João Machado consistentemente sugeriu a tradução de "inform" por "enformar" ou "substancializar," "background" por "contexto," "transaction" por "operação," e "otherwise" por "outramente," ao invés de "informar," "pano de fundo," "transação," e "outremente," como ora traduzido. Brevemente, minhas razões são as seguintes: embora a sugestão de João Machado dê contornos ontológicos sofisticados ao emprego da palavra "inform," parece-me que seu uso no texto se liga mais à constatação incontornável da disseminação da imprensa, e a consequente reorganização da leitura enquanto técnica, de que cada comunicação é um misto de redundância e variação, performance e informação; em outros escritos, na esteira do confronto entre Jacques Derrida e John Searle, Legrand desafia e questiona os ganhos epistemológicos do uso da noção de "contexto" nos estudos jurídicos comparativos; "transação" está mais próxima de "negociação," parece-me, que "operação," negociação sendo uma palavra cara a Derrida, e, à medida que Legrand é um leitor de Derrida, também a ele; e "outremente" por achá-lo mais sonoro e, assim, mais similar, talvez na linha das similitudes sem sentido [*unsinnlicher Ähnlichkeiten*] de Walter Benjamin, a "otherwise," uma palavra que considero particularmente sonora.

16 DERRIDA, Jacques. "This strange institution called literature: an interview with Jacques Derrida". *In*: ATTRIDGE, Derek (Coord.). *Acts of literature*. New York: Routledge, 1992.

desse evento não seja exatamente a mesma que aquela oferecida por Carl Schmitt em *A condição da ciência jurídica europeia*, pode-se ganhar algum produto interpretativo lendo um e outro juntos. Schmitt apresenta essa situação existencial da seguinte maneira:[17] separar a legalidade e a legitimidade é sustar a relação entre o Direito e qualquer origem ou pátria (*Heimat*), ou, ainda, entre o Direito e o mundo da vida, uma ruptura que é paradoxalmente perpetuada pelo positivismo em sua busca por assegurar calculabilidade e previsibilidade. Pode-se argumentar que esse movimento é paradoxal porque o que ele conquista, a fim e a fundo, é desenraizar o Direito de sua confiabilidade. Aquilo que Savigny teria feito, enquanto paradigma de uma resposta a esse estado de coisas, teria sido o avançar de uma interpretação do Direito fundada em sua origem histórica e, assim sendo, como um desenvolvimento não-intencional (*absichtslosen Entwicklung*) – em suma, como uma obra de arte.[18]

Chama a atenção o número de paralelos que podem ser lidos entre a apreensão de Schmitt do sentido histórico do positivismo e o ataque de Legrand a sua compreensão do Direito como desenraizado de seu entranhamento,[19] desenraizamento que animaria sua busca por verdade e objetividade. Seja como for, uma diferença pode ser trazida a intervir. A confiabilidade dos sapatos aparece apenas através e como enquadramento, através e como pintura. Meu argumento é que a relação entre o Direito e a comparação-no-direito – mas também em relação à História do Direito e à Teoria do Direito, ainda que uma e outra impliquem em outras discussões que devem ser suspendidas em prol da rápida indicação de que muitos dos insights de Legrand são inestimáveis tanto para uma quanto para a outra – segue um caminho similar.

"Parece que" a lei como o puro nome próprio "não deveria nunca dar azo a qualquer história. Para ser investido de sua autoridade categórica, o Direito precisa ser sem nenhuma história, gênese, ou qualquer outra

---

17 SCHMITT, Carl. *Die Lage der europäischen Rechtswissenschaft*. Tübingen: Internationaler Universitäts, 1950, pp. 22/23.

18 Ver SOLON, Ari Marcelo. *Hermenêutica jurídica radical*. São Paulo: Marcial Pons, 2017.

19 Eu decidi traduzir "embeddedness" como "entranhamento" (e "embedded", por exemplo, como "entranhado"). A palavra-chave aqui seria 'entranhas', indicando, portanto, que é necessário considerar as "entranhas", olhando vísceras adentro quando se estuda o Direito (Estrangeiro).

possível derivação. Essa seria *a lei da lei*".[20] Esse é um trecho de um ensaio escrito por Derrida. Uma sua tradução para o inglês está disponível no livro editado por Derek Attridge. Originalmente intitulado *Devant la loi* e traduzido como *Before the law*, nem o original nem a tradução aparecem em nenhum dos pelo menos três artigos expressamente dedicados por Legrand a pensar os estudos jurídicos comparativos com recurso a Derrida, mesmo que em dois deles capítulos do livro *Acts of Literature*, aquele editado por Attridge, sejam diretamente citados.[21] Continuemos. Quando se contam histórias a respeito do Direito, essas histórias "só podem se ocupar de circunstâncias e eventos externos à lei e, na melhor das hipóteses, aos modos de sua revelação". Em que pese isso, "não se pode se concernir com a lei, ou com a lei das leis, seja à curta ou longa distância, sem perguntar onde ela tem seu lugar e quando vem". O texto elabora acerca dessa situação contraditória – não se pode contar histórias que tenham o Direito como seu assunto, sendo ele apenas e no máximo seu pano de fundo, mas se concernir com o Direito é perguntar acerca dessas histórias proibidas – da seguinte maneira:

> Entrar em relação com a lei que diz "você deve" e "você não deve" é agir como se ela não tivesse nenhuma história ou, de todo modo, como se ela não dependesse de qualquer apresentação histórica. Ao mesmo tempo, é se deixar ser seduzido, provocado e convocado pela história dessa não-história. É se deixar ser tentado pelo impossível: uma teoria da origem da lei, e, por conseguinte, de sua não-origem.[22]

---

20 DERRIDA, Jacques. "Before the Law". *In*: *Acts of literature*. New York: Routledge, 1991, p. 191.

21 LEGRAND, Pierre. "Paradoxically Derrida: for a comparative legal studies". *Cardozo Law Review*, vol. 27, nº 2, 2005; LEGRAND, P. "Siting foreign Law: how Derrida can help". *Duke Journal of Comparative and International Law*, vol. 21, 2011; LEGRAND, P. "Jacques in the Book (on apophasis)". *Law & Literature*, vol. 23, 2011; e LEGRAND, P. "Il n'y a pas de hors-texte: intimations of Jacques Derrida as comparatist-at-law". *In*: GOODRICH, P. *et al.* (Coord.). *Derrida and Legal Philosophy*. Londres: Palgrave Macmillan, 2008.

22 DERRIDA, Jacques. "Before the Law". In: *Acts of literature*. New York: Routledge, 1991, p.192.

Ocupar-se naturalmente rumo ao Direito é agir *como se* ele fosse agenealógico.[23] Nos termos do par legalidade e legitimidade, poder-se-ia escrever seguindo Johan van der Walt, que argumenta que embora a legalidade

> eventualmente emerja da função de uma mistura de compromissos, contentamento, aquiescência e suficiente familiaridade históricas ou sociológicas, função essa que normalmente recebe o nome de 'legitimidade' (...). Ela assim o faz encerrando quaisquer questões de legitimidade, supondo ou pressupondo que nós temos leis que encerram essas questões.[24]

Assim, o Direito seria aquele que "providencia o eixo ao ato de purificação que tem lugar quando questões de legitimidade são encerradas ou substituídas por pressuposições de [legalidade]. Esse ato de purificação é o coração sacrificial do Direito".[25] Não obstante, parece que para cuidar, para se concernir a respeito do Direito, é necessário uma mudança de atitude, a perpetuação de uma espécie de redução fenomenológica – ou, especialmente no caso do argumento de Legrand, ao menos como eu o leio, algo que poderia ser chamado por "redução cultural" –, de modo que sua zona de emergência possa ser interpretada ainda que e mesmo que apenas como uma falta (talvez,

---

23 FUSCO, Gian Giancomo; ZARTALOUDIS, Thanos. "On nomos and the meaning of Philosophy in Law: an interview with Thanos Zartaloudis". *Exceptions.eu*, August 1, 2019.

24 VAN DER WALT, Johan. "Law, utopia, event: a constellation of two trajectories". *In*: SARAT, Austin; DOUGLAS, Lawrence; UMPHREY, Martha Merrill (Coord.). *Law and the utopian imagination*. Stanford: Stanford University Press, 2014, p. 85. Uma tradução desse artigo foi submetida a uma extremamente bem qualificada revista jurídica, tendo recebido, não obstante, uma resposta editorial o rejeitando em vistas do fato dele não ser relacionado com suas linhas de interesse (investigações constitucionais). No mínimo isso mostra o quanto os estudos jurídicos ortodoxos no Brasil se identificam em muitas coisas para com a doxa dos estudos jurídicos comparativos, especificamente sua atitude anti-teorética.

25 VAN DER WALT, Johan. "Law, utopia, event: a constellation of two trajectories". *In*: SARAT, Austin; DOUGLAS, Lawrence; UMPHREY, Martha Merrill (Coord.). *Law and the utopian imagination*. Stanford: Stanford University Press, 2014, p. 85.

como se não faltasse?)[26] – como o estranho que não pode ser expressado, mas apenas traçado.

Que a comparação-no-direito outremente – como Legrand nomeia sua proposta para o campo dos estudos jurídicos comparativos – implica em uma mudança de atitude não fica mais claro do que quando Legrand lembra a seus leitores, mas também a sua entrevistadora,[27] que o estudo do Direito Estrangeiro não deve abandonar as regras jurídicas e o Direito posto, mas que um e outro deixam de ser o ponto de chegada e passam a ser o ponto de partida. Eu gostaria de argumentar que comparar outremente é ler o direito em sua literaridade[28] – e não em sua literalidade. Mais uma vez, segundo Derrida, a literaridade é uma relação intencional para com um texto, a qual aposta no "caráter literário inscrito ao lado da sua estrutura noemática" – uma inscrição que pode ser lida como a transferência imediata enquanto "opera" intralinguisticamente e que funda a possibilidade de uma tal mudança de perspectiva. Isto é, uma "redução transcendental" seria, então, "a condição mais própria" da literatura. Enquanto neutralização da ingenuidade, a experiência literária seria justamente isso, ainda que, e muito embora, uma experiência da ingenuidade, da posição e da crença que está entre parêntesis, suspendida, um *suspense* – "suspendida significa suspense, mas também dependência, condição, condicionalidade" – em relação ao sentido e a referência – à fiabilidade (*Verlässlichkeit*).[29] Por essa razão, os textos de Legrand estão abarrotados de referências e citações literárias. Concomitantemente, a tarefa de traduzi-los é igual à tradução de uma obra literária já que, afinal de contas, eles operam literariamente, como deve ser.

---

26 Ver VAN DER WALT, Johan. "The literary exception: reflections on Agamben's 'Liberal Democratic' political theology and the religious destabilisation of the political in our time". *New Perspectives*, vol. 23, nº 1, 2015.

27 Ver a entrevista com Tresmin G. O. Lane, ao final do livro ora traduzido.

28 ZARTALOUDIS, Thanos. "Ars inventio, poetics laws: Law and Literature – the and". *In: Cardozo Law Review*, vol. 29, nº 5, 2008.

29 DERRIDA, Jacques. "This strange institution called literature: an interview with Jacques Derrida". *In*: ATTRIDGE, Derek (Coord). *Acts of literature*. New York: Routledge, 1992, pp. 44-48.

Traçar o Direito como cultura é, eu gostaria de argumentar, colocar entre parêntesis o Direito-como-produto ou suplemento, enquadrando-o em um modo que nem seu interior nem seu exterior possam ser seguramente distinguidos, nem aquilo que é jurídico nem o que é não-jurídico permaneçam legalmente determinados. Assim, eu gostaria de propor que algo como uma "redução cultural" é aquilo que Legrand mostra como quintessencial a qualquer empreendimento comparativo. Através da redução cultural tem-se uma oportunidade para uma leitura a contrapelo da emergência do Direito. Mas o que motiva essa redução?[30] O que direciona o salto que traz consigo uma mudança de atitude, de uma perspectiva natural àquela comparativa e que implica em grande medida uma inoperação (*desoeuvrement*) da comunidade (jurídica)? O estranhamento sem sombra de dúvida o inicia, mas a justiça é aquilo que sustenta a experiência do estrangeiro como o outro.

Dentre os pensadores contemporâneos, talvez Hans Lindahl seja aquele que tenha melhor desenvolvido fenomenologicamente acerca de como a tensão entre familiaridade e estranhamento funda as operações do Direito.[31] "Em geral", escreve Lindahl,

> a familiaridade se refere àquilo que cumpre com nossas expectativas, aquilo que é compreensível sem necessidade de um engajamento prolongado, enquanto o estranhamento concerne àquilo que não podemos compreender, aquilo que não podemos 'localizar' dentro de nossas expectativas quanto a como as coisas deveriam estar organizadas.[32]

---

30 Ver STAEHLER, Tanja. *Hegel, Husserl and the phenomenology of historical worlds.* London: Rowman & Littlefield, 2017.

31 LINDAHL, Hans. "Dialectic and revolution: confronting Kelsen and Gadamer on legal interpretation". *Cardozo Law Review*, vol. 24, nº 2, 2003. Ver também LINDAHL, Hans. *Authority and the globalization of inclusion and exclusion.* Cambridge: Cambridge University Press, 2018; e LINDAHL, Hans. *Fault lines of globalization*: legal order and the politics of a-legality. Oxford: Oxford University Press, 2013. Uma tradução de "Dialectic and revolution" foi igualmente submetida à mesma revista acima referida. Ela também foi rejeitada do mesmo modo, pelos mesmos fundamentos.

32 LINDAHL, Hans. "Dialectic and revolution: confronting Kelsen and Gadamer on legal interpretation". *Cardozo Law Review*, vol. 24, nº 2, 2003, p. 777.

Diante do estranhamento, "o significado jurídico se torna importuno", dado que aquilo que se "anuncia no comportamento estranho é um modo diferente de distinguir entre valores juridicamente importantes e desimportantes".[33] O estranhamento traz a lume, então, a experiência da contingência, desafiando os critérios de inclusão e exclusão de um dado direito-mundo, tendo, por conseguinte, "um caráter assumidamente ambíguo: ele ao mesmo tempo ameaça e revela novas possibilidades".[34] Contudo, "bem pode uma das peculiaridades da ordenação jurídica o fato dela não conseguir acomodar o espectro completo das experiências de estranhamento".[35] O Direito opera através de uma dupla assimetria, a qual apaga o estranhamento – rendendo seu desafio sublinhado por um modo outro de ordenação como desordem jurídica – e garante seu impulso por autopreservação,[36] em um ato de autofechamento que coloca à distância a contingência de sua própria emergência[37] – ou, mais precisamente, o Direito "consegue evitar" as "profundidades abissais" que existencialmente o condicionam e o marcam independentemente de qualquer distância.[38]

Para que a comparação-no-direito tenha qualquer sentido que seja, ela deve operar com vistas a interromper o enquadramento por nós do desafio do estrangeiro como desordem jurídica. Em outras palavras, o estudo do Direito Estrangeiro cumpre seu papel apenas se,

---

33 LINDAHL, Hans. "Dialectic and revolution: confronting Kelsen and Gadamer on legal interpretation". *Cardozo Law Review*, vol. 24, nº 2, 2003, p. 778.

34 LINDAHL, Hans. "Dialectic and revolution: confronting Kelsen and Gadamer on legal interpretation". *Cardozo Law Review*, vol. 24, nº 2, 2003, p. 778.

35 LINDAHL, Hans. *Fault lines of globalization*: legal order and the politics of a-legality. Oxford: Oxford University Press, 2013, p. 157.

36 LINDAHL, Hans. *Authority and the globalization of inclusion and exclusion*. Cambridge: Cambridge University Press, 2018, pp. 282/283, nota 106.

37 LINDAHL, Hans. *Fault lines of globalization*: legal order and the politics of a-legality. Oxford: Oxford University Press, 2013, p. 154; e LINDAHL, Hans. "Dialectic and revolution: confronting Kelsen and Gadamer on legal interpretation". *Cardozo Law Review*, vol. 24, nº 2, 2003, p. 793.

38 VAN DER WALT, Johan. "Law, utopia, event: a constellation of two trajectories". *In*: SARAT, Austin; DOUGLAS, Lawrence; UMPHREY, Martha Merrill (Coord.). *Law and the utopian imagination*. Stanford: Stanford University Press, 2014, p. 90.

como Legrand escreve, ele se faz *outre-mente*. Seu sentido resta na sua inutilidade em relação à prática jurídica, ao trazer a lume aquilo que funda o estar-pronto-à-mão dos artefatos jurídicos e a possibilidade de os desafiar. Todavia, se trata de uma interrupção que não é e nem pode acontecer como uma superação, dado que se escapa do enquadramento jurídico "apenas por um fio de cabelo", "emprest[ando-se] dos recursos da lógica que se está desconstruindo e, assim fazendo, encontr[ando] nela seu suporte mais próprio".[39] É assim, então, que uma interpretação sempre-já só pode ser – e só deve ser, se ela deve suspender a atitude natural ao Direito – no *limiar*[40] entre direitos-mundo e direitos-texto.

Se se pode fazer uma distinção,[41] poder-se-ia argumentar que os juristas brasileiros têm *praticado* o Direito Estrangeiro como seu Direito – ou, talvez, como o Direito verdadeiro – já há bastante tempo. Os manuais de Direito e as decisões judiciais brasileiras estão lotadas de referências retóricas a outros Direitos – casuística, doutrina, mas também a leis e mesmo a conceitos jurídicos transliterados. Contudo, tão somente como "a manifestação de uma ordem epistêmica com uma força retórica que é resolutamente ética e política, uma exigência ético-política em favor da autoasserção ao invés da autorreserva, da autoafirmação ao invés do autossupressão, da *autoperpetuação*".[42] De um lado, não é uma coincidência que ao final do argumento nossas instituições e práticas jurídicas devam sempre aparecer como especiais, no meio virtuoso entre os modelos excessivos existentes – com efeito poder-se-ia traçar esse fato ao particular entrelaçamento da epistemologia jurídica brasileira com o neotomismo e o nacionalismo

---

39 DERRIDA, Jacques. *Of grammatology*. Trad. Gayatri Spivak. Baltimore: The Johns Hopkins University Press, 1998, p. 314.

40 Eu decidi traduzir "vergency" e "verging" como "liminaridade" e "limiar". Conforme leio o argumento (bem como a obra) de Legrand, vejo uma conexão entre a posição que pode ser alcançada pelo comparativista-no-direito e o conceito antropológico de "liminaridade" (a indicar, exatamente, o ponto de transição no limite entre dois estados).

41 Ver AGAMBEN, Giorgio. *State of exception*. Trad. Kevin Attell. Chicago: The University of Chicago Press, 2005, p. 64.

42 LEGRAND, Pierre. "Law's translation, imperial predilections and the endurance of the self". *The Translator*, vol. 2, nº 3, 2014, p. 306. (ênfase no original).

metodológico. Não faltam exemplos. Os americanos fazem *judicial review*. Os alemães, *Verfassungsgerichtsbarkeit*. Os brasileiros supostamente fazem os dois – *controle de constitucionalidade difuso e concentrado* – e em razão de tanto, nós somos melhores e verdadeiros. De outro, nas raras ocasiões em que nossa prática jurídica não é consagrada como a melhor que se poderia ter, um Direito termina sendo o melhor e o verdadeiro – como a "melhor prática", ela deveria ser transplantada:[43] nós deveríamos ser mais alemães nesse aspecto? Mais americanos naquele? Por conseguinte, nós ainda temos que começar a *estudar* o Direito Estrangeiro.

A tradução do livro *Como ler o Direito Estrangeiro* por Daniel Hachem – efetivamente, um livro que existe apenas em tradução, já que ele não será publicado em sua língua original, se é que se pode sustentar tão facilmente a distinção entre original e tradução nesse caso, ou, de fato, em qualquer outro[44] – fez um trabalho inestimável ao introduzir aos leitores brasileiros a possibilidade e os detalhes da comparação diferencial. Eu prontamente espero que essa tradução possa contribuir para este projeto. Em meu trabalho de *sobre-viver* o original, eu me guiei pelas observações de Legrand acerca da tradução ao longo de sua obra, incluindo esse livro ora traduzido, bem como pelos escritos de Derrida e Benjamin a respeito do assunto. Eu não fugi ao desafio de criar neologismos e avançar usos pouco convencionais de palavras e estruturas frasais – aquilo que Legrand se refere abaixo como o "efeito de agramaticalidade" – todas as vezes em que me pareceu que essas estratégias assegurariam uma maior fidelidade à forma do texto – e

---

43 Ver LEGRAND, Pierre. "Withholding translation". In: GLANERT, Simone (Coord.). *Comparative Law* – engaging translation. New York: Routledge, 2014; e LEGRAND, Pierre. "The impossibility of 'legal transplants'". *Maastricht Journal of European and Comparative Law*, vol. 4, 1997. Há uma tradução desse texto para o português. Ver LEGRAND, Pierre. "A impossibilidade de 'transplantes jurídicos'". Trad. Gustavo Castagna Machado. *Cadernos do Programa de Pós-Graduação Direito/ UFRGS*, vol. 9, 2014.

44 DERRIDA, Jacques. "Des tours de Babel". *In*: ROTTENBERG, Elizabeth; KAMUF, Peggy (Coord.). *Psyche*: inventions of the other. vol. 1, Stanford: Stanford University Press, 2007, pp. 205-217.

à tradução como uma forma.[45] Correspondentemente, eu me restringi completamente enquanto tradutor do uso de notas de rodapé. Não haverá nenhuma delas no texto abaixo. Procedendo desse modo, eu confiei que o português deveria se transformar em pelo menos duas palavras com vistas a presentar o texto de Legrand enquanto português. De igual maneira, eu gostaria que seu texto fosse engrandecido e enriquecido de alguma forma ao ser assim vertido – em significados, implicações, sugestões, mesmo que pelo mínimo de leitores.

Ricardo Martins Spindola Diniz

45 BENJAMIN, Walter. "The task of the translator". *In*: ARENDT, Hannah (Coord.). *Illuminations*. New York: Schoken Books, 1999.

INTRODUÇÃO

Samuel Beckett era um homem de poucos bens materiais.[46] Muito embora ele pudesse ser reconhecidamente alguém que apreciasse a companhia de outrem, não muitos de seus conhecidos eram escritores.[47] Entretanto, quando Beckett faleceu em 1989, sua esparsa biblioteca continha não menos que onze edições dos livros de Harold Pinter, todas com dedicatória.[48] Beckett, segundo seu biógrafo autorizado, demonstrava uma estima considerável pelo dramaturgo inglês.[49] Curiosamente, as considerações de Pinter a respeito da verdade ecoavam as de Beckett. Veja-se a conferência ministrada por Pinter ao receber o prêmio Nobel de literatura em 2005, três anos antes de sua própria morte. Nessa ocasião, Pinter referiu-se a um texto por ele escrito quase meio século antes, no qual declarou o seguinte:

> A verdade no drama é sempre elusiva (...). Nunca se tem algo como uma verdade a ser descoberta na arte dramática. Tem-se

---

46 Embora este livro não seja o lugar adequado para se engajar em uma apreciação biográfica de Beckett, deixe-se dizer que seu ascetismo estava misturado com um dedicado hedonismo. e.g.: MASCHALL, R. "Beckett the nietzschean hedonist". *3:AM Magazine*, 2013. Disponível em: https://www.3ammagazine.com/3am/reloading-becketts-philosophical-libraries-2-the-nietzschean-hedonist/. Acessado em: 29.10.2021. [arquivado pelo autor].

47 Ver KNOWLSON, James. *Damned to fame*. Londres: Bloomsbury, 1996, p. 654.

48 KNOWLSON, James. *Damned to fame*. Londres: Bloomsbury, 1996, p. 822, nota 76.

49 KNOWLSON, James. *Damned to fame*. Londres: Bloomsbury, 1996, p. 654.

> muitas. Essas verdades se desafiam, retraem-se umas às outras, refletem umas às outras, ignoram umas às outras, provocam umas às outras, são cegas umas às outras. Às vezes se sente que se tem a verdade de um momento à mão, para então ela fugir aos seus dedos e estar perdida.[50]

No presente livro eu defendo a pertinência da afirmação de Pinter para além da dramaturgia. Especificamente, eu a aplico aos estudos jurídicos comparativos, bem como às suas estruturas transnacionais de investigação. Eu tenho em mente, particularmente, sua epistemologia, isto é, as condições – históricas, políticas, sociais, dentre outras – através das quais o Direito Estrangeiro chega ao conhecimento, as práticas organizadas com vistas a obter aquilo que os comparativistas chamariam por "conhecimento" do Direito Estrangeiro. Nesse processo, busco contribuir para a emancipação do pensamento comparativo de certos postulados disciplinares que governam a compreensão do Direito Estrangeiro que, em razão de suas teorias de valores e concepção do si, eu considero como profundamente hostis a uma prática intelectual e eticamente defensável da comparação-no-direito. Buscando uma epistemologia mais confiável acerca do estudo do Direito Estrangeiro, eu gostaria de trazer à vista uma das aporias fundamental a presidir a efetivação dos estudos jurídicos comparativos, qual seja, que a inadequação da comparação sempre-já começou em razão de uma alteridade que ultrapassa qualquer possibilidade de acesso e que mantém o comparativista-no-direito, na melhor das hipóteses, em uma adjacência ou juntamente.[51] *Embora o comparativista nunca deixe de atravessar a fronteira, ele nunca chega ao lado outro.*[52]

---

50 PINTER, Harold. *Art, truth and politics*. 2005. Disponível em: https://www.nobelprize.org/uploads/2018/06/pinter-lecture-e.pdf. Acessado em: 27.10.2021. A conferência foi publicada pela editora Faber & Faber em 2006.

51 "Estar-junto-a" é uma questão recorrente na filosofia de Martin Heidegger. Ver, por exemplo, HEIDEGGER, Martin. *Being and time*. Trad. J. Macquarrie e E. Robison. Oxford: Blackwell, 1962 [1927], p. 246.

52 Cf. KERMODE, Frank. *The genesis of secrecy*. Cambridge: Harvard University Press, 1979, p. 126: "pode-se ter certeza de uma coisa, e essa coisa é o desapontamento".

★★★

Tendo em mente que toda "origem" invoca sua ancestralidade a ser também elucidada, parece que, em reação ao movimento de codificação iniciado na França no começo do séc. XIX e aquilo que era percebido em alguns círculos acadêmicos como suas concomitantes tendências isolacionistas, Karl Mittermaier e Karl Zachariä, professores de Heidelberg, deram um passo institucional inaugural em 1829, ao lançarem a *Kritische Zeitschrift für Rechtswissenschaft und Gesetzgebung des Auslandes*, que funcionou até 1856. À época da publicação da primeira edição, Anselms von Feuerbach e Anton Thibaut, escrevendo respectivamente em 1810 e 1814, fizeram ecoar seu *cris de coeur* em favor de uma Ciência do Direito comparativa visando desvelar um sentido de hiperresponsibilidade em face da demanda interpretativa do Direito Estrangeiro, enquanto o destacado estudioso hegeliano Eduard Gans havia lançado os dois primeiros volumes de quatro de seu tratado comparatista acerca do Direito de herança.[53] Não é preciso mencionar que essas expressões de desejo por encontros com o Direito Estrangeiro foram precedidas por destacadas comparações *avant la lettre*, quais os celebrados textos de Montaigne e Montesquieu que oferecem ilustrações óbvias dos esforços que buscaram – ilusoriamente, como se viria a revelar – superar a recalcitrância cultural do estrangeiro à familiarização.

---

53 FEUERBACH, Anselm von. "Blick auf die deutsche Rechtwissenschaft". *In*: *Kleine Schriften vermischten Inhalts*. Nürnberg: Zeller, 1966 [1810], p. 163; THIBAUT, A. Friedrich Justus. "Ueber die Nothwendigkeit eines allgemeinen bürgerlichen Rechts für Deutschland". *In*: *Civilistische Abhandlungen*. Tübingen: J. C. B. Mohr, 1814, p. 433 – trata-se de uma reedição de THIBAUT, A. Friedrich Justus. *Ueber die Nothwendigkeit eines allgemeinen bürgerlichen Rechts für Deutschland*. Heidelberg: Mohr & Zimmer, 1814. A passagem relevante não aparece na edição de Mohr & Zimmer, de modo que se possa abordar a versão de J. C. B. Mohr como uma segunda edição, ainda que ela não seja expressamente apresentada nesses termos por Anton Thibaut. Os prefácios para esses dois textos revelam uma proximidade cronológica, dado que o prefácio da edição Mohr & Zimmer é de 19 de junho de 1814 (p. 3) e o da edição subsequente de agosto de 1814 (p. [iv]). A menção a Gans se refere a seguinte obra: GANS, E. *Das Erbrecht in weltgeschichtlicher Entwicklung*. vol. 1 e 2, Berlin: Maurer, 1824-1825.

Desde as configurações institucionais discerníveis da década de 1820, a comparação-no-direito existe como um campo (semiautonômo) na premissa de que o "jurídico" não pode permanecer em casa, em sua abóbada, permanentemente, dado que o estrangeiro está lá, solicitando reconhecimento e respeito e trazendo uma relevância inerentemente normativa – por evidente, não como direito vinculante, mas como autoridade persuasiva. Consequentemente, a intervenção comparativa se formou como a adição do estranhamento ao discurso jurídico local, isto é, como a apreciação a partir de um olhar de mais de um Direito, um dos Direitos em jogo devendo ser "estrangeiro" ao outro. Embora pareça sensato resistir a uma definição inútil, aceitando, assim, que o "estrangeiro" está destinado a subsistir como uma categoria em incessante construção, eu gostaria de observar que a estrangeiridade pode emergir a partir de um espectro amplo de interrupções e fragmentações, manifestas em modos elaborados que são dificilmente destacáveis de sua substância (emocionalmente carregada) de linguagem. A esse respeito, deve-se ter em mente que o inglês pode ser estrangeiro a anglófonos – "privacy" no Reino Unido não é "privacy" nos Estados Unidos – e que um jurista italiano escrevendo sobre Direito italiano para um público francês está engajado precisamente nesse tipo de exercício tradutor que caracteriza a comparação-no-direito (de modo que não só todo manuseio do Direito Estrangeiro envolveria comparação, mas toda re-presentação do Direito próprio para uma audiência estrangeira também se qualificaria enquanto tal). Parece claro, contudo, que – no mundo glocalizado de hoje,[54] conforme a policentralidade jurídica indiscutivelmente se afirma de maneira mais proeminente do que nunca antes, por conseguinte constantemente re-afirmando o fato de que existem outras ordens normativas à parte do Estado – a visão clássica se desdobrando no campo dos estudos jurídicos comparativos, a compreensão que rende o estrangeiro em termos *daquele* estado-nação distinguido *desse* estado-nação, precisa ser superada, mesmo diante do fato de que as efetivas condições em que a globalização econômica está se desenrolando continuam conferindo validade ao "estado-nação" como a mais poderosa forma de organização política e social. Quer dizer, o estrangeiro não pode mais

54 Ver ROUDOMETOF, Victor. *Glocalization*. New York: Routledge, 2016.

ser abordado como uma forma de conhecimento limitada, estável, fixa (se é que isso foi efetivamente possível em algum momento). De fato, seus contornos estão constantemente sendo re-traçados. Crucialmente, à medida que o estrangeiro não é recuperável para além da linguagem do comparativista e, por conseguinte, senão através da tradução, ele não pode ser assumido como a indicar uma fronteira firme entre um interior (o "próprio" direito-mundo do comparativista) e um exterior (o direito-mundo do outro).

O *leitmotiv* deste livro consiste no ponto de que a articulação da estrangeiridade deve ser enfrentada como um movimento que, enquanto busca negociar sentido para além do si, para registrar uma descontinuidade – o "*ostraneniye*" de Shklovsky ou o "*Verfremdungseffekt*" de Brecht[55] – quanto ao Direito que se é "próprio", nunca consegue implementar por completo um distanciamento em relação ao papel performativo e cinético do comparativista, de modo a evitar a incontornável reinscrição do estrangeiro na identidade do si. Assim, não apenas eu sustento que o estrangeiro não deve ser contemplado como estritamente externo ao si, como afirmo a impossibilidade — em razão da espacialização do Direito e do comparativista (nenhum Direito e nenhum comparativista podem ser a-espaciais), bem como dos constrangimentos cognitivos em meio aos quais o comparativista precisa formular suas enunciações — do estrangeiro ser concebido de maneira independente do si e de sua interpretação, de modo que o Direito Estrangeiro nunca possa ser capturado *enquanto tal*. Na mesma medida que a distância é uma precondição para o conhecimento do Direito Estrangeiro (a distância delineia

55 Ver SHKLOVSKY, Viktor. "Art as technique". *In*: LEMON, Lee T.; REIS, Marion J (Trads.). *Russian formalist criticism*: four essays. Lincoln: University of Nebraska Press, 1965 [1917], p. 3-24; BRECHT, Bertolt. "Alienation effects in chinese acting". *In*: WILLET, John (Coord.). *Brecht on theatre*. New York: Hill and Wang, 1964 [1935], pp. 91-99. Inspirado por aquele a quem chama de seu "ancestral russo", Fredric Jameson sugere traduzir "Verfremdungseffekt" por "estranhamento", JAMESON, Fredric. *Brecht and method*. New York: Verso, 1998, pp. 85/86, nota 13. Acerca dos usos mais estético em Shklovsky e mais político em Brecht da ideia de "estranhamento", ver MITCHELL, S. "From Shklovsky to Brecht: some preliminary remarks towards a history of the politicisation of russian formalism". *Screen*, vol. 15, nº 2, 1974, p. 74.

a alteridade), ela faz o *conhecimento* do Direito Estrangeiro impossível (a distância delimita a inacessibilidade). De fato, através da apreensão e constituição do outro pelo si, o estrangeiro inevitavelmente toma parte na própria produção ou constituição do si (tenha-se em mente como o *seu* olhar configura *minha* vergonha...). Isso não quer dizer, evidentemente, que a investigação do Direito Estrangeiro esteja colapsada a uma inquirição acerca da existência do comparativista (levando, potencialmente, a uma postura narcisista de autocontemplação), e sim que nenhuma pesquisa comparativa consegue se divorciar daquele que a instiga. Incidentalmente, eu também defendo a posição que, tendo em vista as atribuições participantes do comparativista em meio à comparação, significâncias políticas informam e dramatizam qualquer abordagem do Direito Estrangeiro.

★★★

Nem as características que são inerentes ao Direito – o fato de ser situado, localizado, lugarizado – nem aquelas inerentes ao comparativista – ele também se encontra imbuído, circunscrito, limitado antecipadamente – permitem uma fundamentação objetiva de um Direito específico como *o* Direito "verdadeiro", *o* Direito correto, ou *o* Direito melhor. Assim, os estudos jurídicos comparativos precisam aceitar – em uma iteração das palavras de Pinter – a coexistência de muitas "verdades" que "se desafiam umas às outras" e são "cegas perante umas às outras". Isso não quer dizer que um comparativista-no-direito não possa expressar uma preferência por um determinado Direito, declarando-o "verdadeiro", correto, ou melhor *em sua perspectiva*, com base nos critérios que *ele* considera convincentes. Mas essas duas configurações devem ser cuidadosamente distinguidas uma da outra. Afirmar que *existe o Direito "verdadeiro"*, que é a abordagem da verdade unívoca resistida por Pinter, não é o mesmo que afirmar *a existência de um Direito "verdadeiro" de acordo com uma perspectiva correspondente.* Com efeito, a segunda afirmação opera perspectivamente, descartando qualquer pretensão quanto a "objetividade". Rejeita-se a noção de um acesso a um resultado fixo e final, visando apoditicamente superar ou suprassumir a heterogeneidade. Pelo contrário, opta-se resolutamente por um engajamento com a contingência — a única "verdade", que não é absolutamente *aquela*, por conseguinte, sendo errante. Essa se preocupa com a elucidação das dimensões fáticas e discursivas do Direito por um comparativista que reconhece suas próprias dimensões fáticas e discursivas. Em outras palavras, aceita-se o fato de que, não importando o quanto de tinta lógica seja derramada sobre a matéria (ou o quanto de pixels lógicos sejam jogados nela), ninguém pode afirmar um encontro com uma forma transcendente de "verdade". Qualquer assim-chamada "reivindicação de verdade" precisa, correspondentemente, ser vista como um "contrabando transcendental" e reduzida, por conseguinte, a uma negociação entre um texto, um intérprete, e um leitor em circunstâncias nas quais que, desnecessário pontuar, mesmo uma versão tão deflacionária e falibilista da verdade não anula a necessidade dos comparativistas-no-direito de se comportarem de maneira honesta, agindo com integridade.[56]

Enquanto a "verdade" e a devoção à "objetividade" que se subscrevem a essa ideia sugerem uma economia semântica restrita – e, de fato, totalitária –, obstinadamente preocupada com o apagamento da multiplicidade em favor da unicidade, a economia semântica geral que Pinter advoga aceita, e de fato exalta, a multiplicidade. Postula-se, assim, um pensamento democrático e dinâmico que, transposto para o Direito, encontra o "jurídico" em sua complexidade constitutiva e, com referência aos estudos comparativos em particular, seus insuperáveis entrelaçamentos com o comparativista situado que fala a seu respeito. Assume-se aqui um pensamento que, liberto de "quaisquer ligações persistentes a xiboletes tradicionais como verdade [e] objetividade",[57] está disposto a pensar com o Direito, ao invés de propor se destacar dele, afirmando tê-lo transformado em um mero objeto.

Dentro do campo dos estudos jurídicos comparativos, essas duas visões ora mencionadas correspondem, embora evidentemente não cir-

---

56 DERRIDA, Jacques. *Glas*. Paris: Galilée, 1974, p. 272a. Cf. CONNOR, S. *The madness of knowledge*. London: Reaktion Books, 2019, p. 26: "a fantasia não é de maneira alguma o oposto da verdade, sendo, pelo contrário, sua força executora".

57 HUTCHINSON, Allan C. *The province of jurisprudence democratized*. Oxford: Oxford University Press, 2009, p. 17.

cunscritas essencialmente ou irreversivelmente estacionárias, como se fossem delineadas hermeticamente ou inalteravelmente unárias, aos dois enquadramentos de inteligibilidade de Direitos outrem em competição. Fique claro que todo comparativista permanece cúmplice no tocante a uma convicção primordial de que pensar além do Direito local é lutar a boa luta, com o fulcro da comparação consistindo no seguinte: se um outro direito-mundo pode ser mostrado como sendo diferente, expondo possibilidades diferentes, ele pode agir então como a outra oportunidade do direito-mundo "próprio" ao comparativista, permitindo-o, talvez, ser construído diferentemente. Consequentemente, o compromisso fundamental do comparativista é com a desterritorialização e a destotalização do Direito local e sua garantia correlata por uma adscrição de certa vantagem normativa ao Direito Estrangeiro. De fato, a recursividade em meio aos estudos jurídicos comparados é justamente a *significância* do Direito Estrangeiro, uma expressão iridescente almejando marcar uma interrupção do si-no-direito.[58] Mas os comparativistas-no-direito discordam acerca de muitas outras coisas, ao ponto de a discordância incluir a caracterização da discordância ela mesma. É importante destacar que o antagonismo dos comparativistas se estende a sua compreensão do "Direito". A esse respeito, como em muitos outros, os comparativistas atestam suas diferentes predileções, que podem ser denominadas, embora isso também seja disputado, como "positivista-analítica" ou "positivista" *tout court*[59] e "culturalista". De novo, qualquer que seja o nome atribuído, ambas as posições são apenas imaginativamente puras (tenha-se em conta, por exemplo, a variação de positivismos avançada por John Austin, Hans Kelsen, e H. L. A. Hart, sem mencionar Joseph Raz e Jules Coleman) e nenhuma tentativa de enunciar binariamente essas predisposições conseguiria não ser reducionista. Eu devo me contentar em dizer, portanto,

---

58 *Pace* Philip Larkin, para quem "não há nenhum outro-lugar que subscreve nossa existência", a visão que se obtém no âmbito dos estudos jurídicos comparados é justamente que um outro-lugar *pode* subscrever nossa existência (jurídica), ao menos um outro-lugar aculturado. A referência é a LARKIN, Philip. "The importance of elsewhere". *In*: *Collected poems*. New York: Marvell Press, 1988 [1955], p. 104.

59 Acerca do "positivismo" e da "ciência analítica do Direito" como "rótulos intercambiáveis", ver, e. g., TAMANAHA, B. Z. "The contemporary relevance of legal positivism". *Australian Journal of Legal Philosophy*, vol. 1, 2007, p. 38.

que esses rótulos buscam capturar concepções do Direito que, na esteira da esquematização desenvolvida pelo filósofo francês Jacques Derrida, podem ser abordados como a implementar projetos caracterizadamente husserlianos ou joyceanos.

A primeira opção – "uma única verdade" – remete a Edmund Husserl (1859-1938), que almejou comprimir a linguagem ao ponto de seus elementos unívocos aparecerem como transparentes e completamente transmissíveis. Husserl buscava uma "linguagem pura, científica e matemática".[60] A segunda possibilidade – "mais de uma verdade" – lembra a James Joyce (1882-1941). Trata-se de assumir a equivocidade, situando-se de maneira franca no campo labiríntico da cultura ao convocar os mais extensos arranjos de suas formas ("mitologia, religião, ciências, arte, literatura, política, filosofia, etc.").[61] Implica, assim, no circular de todas essas linguagens, em atualizar suas mais secretas ressonâncias, cultivando sínteses associativas ao invés de suprimir essa acumulação de energias, decidindo-a fora-dos-limites, fugindo dela.[62] Na medida em que se opõem à unidade e se afasta da reconciliação do conflito, essa postura implica também na transformação e subversão da tradição. Ela é contra situacional. Enquanto os "husserlianos" se empenham ao "esplendor do simples", aderindo à ideia de um centro privilegiado enquanto locus da verdade que, baseado em uma autorização quase-cosmológica, seria, por definição, "não-perspectivista" – um lugar desmarcado no qual concepções a priori do que o Direito é e não é poderiam ser formuladas –, os "joyceanos" sustentam que não existe posição ou posicionar, nem determinação ou determinar, que não seja sempre-já um deslocamento, um desvio, um redirecionamento. Aceitando que a verdade está cindida pelo processo linguístico de significação, advoga-se nessa perspectiva por uma "lubrificação do emaranhado".[63] Para os "joyceanos", o cul-

---

60 CAPUTO, J. D. *Deconstruction in a nutshell.* New York: Fordham University Press, 1997, p. 26. As palavras, oriundas da transcrição de uma discussão pública ocorrida na Universidade Villanova em 1994, são de Derrida.

61 DERRIDA, Jacques. "Introduction". *In*: HUSSERL, Edmund. *L'origine de la géométrie.* Trad. Jacques Derrida. Paris: Presses Universitaires de France, 1962, p. 104.

62 DERRIDA, Jacques. "Introduction". *In*: HUSSERL, Edmund. *L'origine de la géométrie.* Trad. Jacques Derrida. Paris: Presses Universitaires de France, 1962, p. 104.

63 RORTY, Richard. *Contingency, irony, and solidarity.* Cambridge: Cambridge University Press, 1989, p. 126. A expressão entre aspas visa ser um contraponto a

turalismo, agindo como "o idioma de uma política de restauração ou reparação",[64] desafia a narrativa de um positivismo que é – e quer ser – radicalmente desligado de quaisquer formas de edificação cultural.

Fazendo referências mais ou menos explícitas a esses dois paradigmas, os comparativistas-no-direito estão engajados em uma batalha feroz pela aquisição da influência e autoridade intelectuais em um campo que permanece com poucos aderentes, e que, correspondentemente, ostenta menos revistas, cadeiras, cursos, programas de pós-graduação, ou institutos de pesquisa que, por exemplo, o Direito Constitucional ou o Direito Criminal. Quando nos voltamos para a organização da governança disciplinar no âmbito dos estudos jurídicos comparativos, parece incontroverso que continua sendo um campo dominado por comparativistas, normalmente alemães ou seus discípulos, que abordam o Direito como uma entidade que existe positivamente afastada do discurso, como um dado composto de maneira não-discursiva, precedendo sua elucidação cognitiva. Para esses comparativistas, o espírito interpretativo vai ao Direito Estrangeiro como um mero receptor, a depender exclusivamente daquilo que lhe é oferecido. Sua posição básica diante do direito-texto estrangeiro, como uma lei ou uma decisão judicial, é, em última instância, de contemplação. Recusando qualquer reflexão que não seja nos seus termos e diminuindo qualquer ideia que caracterizasse seu modelo como possuindo um alcance explicativo restrito, esses comparativistas buscam consagrar um modo específico de construir conhecimento comparativo, o seu próprio. Eles promovem sua abordagem à pesquisa comparada como "boa" comparação, de fato, como o que há de exemplar na comparação-no-direito, e a defendem com vistas a excluir o alinhamento com teorias alternativas. Mobilizando suas estruturas institucionais em meio às quais eles operam (por exemplo, através da organização de conferências, edição de revistas, configuração de projetos coletivos, mas também recusando-se a realizar convites para conferências, a recusa de publicações, e ignorando contribuições didáticas em potencial), esses comparativistas promovem uma prática regularizada e um *ethos* que serve para enquadrar agendas de pesquisa e

---

um pequeno verso de um poema escrito por Heidegger. HEIDEGGER, Martin. "Aus der Erfahrung des Denkens". *In*: HEIDEGGER, Martin. *Gesamtausgabe*. 2ª ed. vol 13, Frankfurt: Klostermann, 2002 [1947], p. 79. (ênfase omitida). O verso em questão poderia ser traduzido como "o esplendor do simples".

64 SCOTT, D. "Culture in political theory". *Political Theory*, vol. 31, 2003, p. 94.

critérios de qualidade que assumiram tamanha força ao ponto de irradiar o ar inconfundível de quem tem direito a alguma coisa.[65]

O alinhamento da *doxa* a uma compreensão positivista do Direito e suas paliçadas disciplinares se fará lembrado imediatamente pelos leitores das revistas e livros especializados do campo. À medida que qualquer comparativista positivista tem seu foco em leis ou casos, propondo a justaposição de leis substantivas e adjetivas em esquemas formalizados de classificação, os estudos jurídicos comparativos abrigam muitas versões do positivismo. Por exemplo, é possível distinguir, especulativamente, entre um positivismo "poroso" praticado nos Estados Unidos e sua variação "hermética" encontrada na Europa continental. Mais uma vez, em que pese suas diversas formulações, a agenda positivista compartilha um certo número de características epistemológicas. Destacadamente, o positivismo sustenta a proposição de que só conta como direito aquilo que é vinculante enquanto direito. Outrossim, positivistas de todos os matizes estão primariamente preocupados com a analítica, isto é, com a técnica jurídica e a racionalização da técnica jurídica. Eles promovem a "dogmática jurídica", para traduzir uma frase consagrada no alemão, na medida em que buscam arranjar o Direito na forma de uma representação ordenada e sistemática dos diferentes textos postos em vigência pelo estado. Nesse diapasão, seus focos investigativos permanecem, sem desvios, sendo as regras – isto é, aquilo que foi determinado pelas autoridades relevantes como *aquilo que o Direito é* – e as performances autoritativas dessas regras. De acordo com a doutrina positivista, essas performances se limitam a uma espécie de escrita em branco, isto é, como escrupulosamente exegéticas, ou, se assim se preferir, o mais verborrágica possível. À medida que se busca oferecer uma glosa interpretativa acerca das provisões jurídicas vigentes que seriam, ao mesmo tempo, judiciosas e racionais – explicando seus alcances e potenciais, eliminando ou reduzindo suas falhas, obscuridades, lacunas ou contradições aparentes, sistematizando formalmente as relações analíticas entre elas, e submetendo a escrutínio qualquer ideia nova de modo a garantir sua coerência para com o todo lógico-conceitual –, os positivistas subscrevem a um tipo de escrita que busca se presentar como um

65 Allan Hutchinson se refere a "teoria padrão do mundo jurídico"; HUTCHINSON, Allan C. *The province of jurisprudence democratized*. Oxford: Oxford University Press, 2009, p. 5.

modo aproblemático e não-situado, buscando permanecer homogêneo aos propósitos do discurso dominante, que o precedem (e o definem).

Almejando e afirmando demonstrar sua impermeabilidade às extravagâncias existenciais responsáveis por afetar a interpretação, a escritura positivista busca avançar asserções exatas (isto é, transcendendo qualquer perspectiva ou horizonte) acerca *do que o Direito é*. A exclusão de qualquer compromisso político ou investimento pessoal da interpretação se apresenta, de fato, como um princípio importante do positivismo. Consequentemente, enquanto comentário, requer-se que sua manifestação se dê de um modo rigidamente decifrativo, obedecendo o quanto possível, mimetológica ou *ventriloquialmente*, a lei da replicação textual. Em última instância, um comentário é como deve ser para os positivistas se ele se prova inteiramente repetitivo, se ele realiza sua própria redundância (daí deriva sua autoridade, que é, de fato, concedida *pro tanto*: um comentário é considerado autoritativo enquanto não se desvia do comentado). Por exemplo, a concessão de qualquer significado a uma lei que fosse visivelmente exterior a ela envolveria a recriação do texto legislativo, o que equivaleria à sua destruição criativa e, de qualquer maneira, uma recriação inadmissível por parte do comentador, seja ele um juiz ou um doutrinador. É, assim, a discreta e reverencial duplicação do texto-acerca-do-texto (a decisão judicial acerca da lei ou a doutrina acerca da decisão judicial) que garante a estabilização do sentido da lei por ele próprio como *o* sentido da lei, visando assim a promoção da repetição segura e previsível do mesmo enquanto mesmo diante de subsequentes e intermináveis conjuntos de circunstâncias, oferecendo, desse modo, o tipo de certeza reconfortante que acompanha uma imobilidade fundamental.[66] Confiantes de que qualquer problema, pensado "até seu

66 Entretanto, como Jorge Luis Borges demonstrou em uma de suas metáforas inesgotáveis, repetir é sempre-já transformar. Tenha-se em vista a "ambição admirável" de Pierre Menard "em produzir um número de páginas a coincidir – palavra por palavra e linha por linha – com aquelas de Miguel de Cervantes". Nesse ínterim, "o texto de Cervantes e o texto de Menard eram verbalmente idênticos, mas o segundo é quase infinitamente mais rico". BORGES, Jorge Luis. "Pierre Menard, author of the Quixote". *In*: HURLEY, A. (Coord.). *Collected fictions*. New York: Penguin, 1998 [1944], pp. 91 e 94, respectivamente. O tema da repetição-como-transformação é central na obra de Derrida. Usando-se da partícula "iter", derivada do sânscrito "itara", significando "outro", Derrida cunha a palavra "iterabilidade", um neologismo que conota tanto "reiteração" quanto "alteridade", isto é, repetição com

limite", será resolvido de uma maneira determinativa, os positivistas buscam incessantemente a fixação e invariabilidade do sentido. Em resumo, o positivismo quer se mostrar como estando simplesmente "lá" *vor aller Theorie*, e não como tendo chegado onde está através de processos partidários de contestação às práticas alternativas. Para o positivismo, o Direito, e o Direito Estrangeiro especificamente, é independentemente conhecível e definível enquanto tal. Mais ainda, ele pode ser adequadamente formulado em termos estritamente limitados à sua mera descrição (dois elementos "específicos-do-campo" complexificam o positivismo do comparativista ortodoxo e o particularizam. Primeiro, essa variação do positivismo se estende ao Direito Estrangeiro, muito embora ele não seja, evidentemente, localmente vinculante. Segundo, esse positivismo tipicamente abriga ambições universalistas, no sentido de almejar, no mínimo, a uniformização do Direito Transnacional. Enquanto tal, esse tipo de positivismo apresenta uma metadimensão que é historicamente associada ao Direito Natural. Uma distinção entre os dois esquemas de compreensão restaria no fato de que para os positivistas esse universalismo buscado permanece sendo concebido em grande parte como um ideal enquanto aqueles que acreditam no Direito Natural acreditam que ele existe).

Agora, a hierarquização das estratégias discordantes que informam os estudos jurídicos comparativos garante que o argumento de Pinter, ou sua transposição aqui realizada para o estudo do Direito Estrangeiro, permanece a expressão de uma perspectiva periférica, avançada por comparativistas que, rigorosamente treinados na prática da comparação tanto quanto seus colegas dominantes, consideram o pensamento ortodoxo como algo fundado em pressuposições epistemologicamente implausíveis. De fato, enquanto constantemente reafirmados nos termos de uma dinâmica psicológica de "auto-estabilização cognitiva",[67] esses postulados governantes continuam a ocupar, aos olhos desses

---

uma diferença. Ver DERRIDA, Jacques. *Marges*. Paris: Editions de Minuit, 1972, p. 375. Para uma outra abordagem conhecida desse tema, em linhas grosso-modo analógicas, ver DELEUZE, Gilles. *Différence et répétition*. Paris: Presses Universitaires de France, 1968. Tem-se uma discussão útil desse tema e autores em GENDRON, S. *Repetition, difference, and knowledge in the work of Samuel Beckett, Jacques Derrida, and Gilles Deleuze*. Bern: P. Lang, 2008.

67 SMITH, B. H. *Belief and resistance*. Cambridge: Harvard University Press, 1997, p. 106.

comparativistas marginais, posições vazias e fadigadas, avaliadas, então, como inapropriadas. Entretanto, do ponto de vista do pensamento estabelecido, a incredulidade expressa pelas margens do campo (sem sombra de dúvida alimentada pelo contato com indivíduos trabalhando em outros campos) não é absolutamente um projeto epistemológico emancipatório, mas, sim, heresia – indiscutivelmente merecedora de desprezo e ostracismo. Como eu pretendo ilustrar abaixo, os modelos epistemológicos dos comparativistas ortodoxos, os quais permanecem obstinadamente vinculados à catequese institucional em que se figura de maneira proeminente a "objetividade" e a "verdade" como parâmetros-norteadores fundacionais, contestariam de maneira particularmente intensa o mérito dos argumentos de Pinter enquanto uma contribuição teórica significativa para os estudos jurídicos comparativos.

Generosamente, eu afirmo que a postura ortodoxa sugere um compromisso insustentável com uma topologia metafísica caracterizada por uma *veritas transcendentalis*, uma ideia que exala decididamente conotações soteriológicas e teológicas. Não tão generosamente, eu sustento que a ortodoxia leva a uma injustificável ingenuidade epistemológica ou à sugestão, de maneira pouco sofisticada, de que o Direito Estrangeiro pode ser *trazido à baila*, de que ele pode ser conhecido de maneira confiável, objetiva e verdadeiramente, e que essa aquisição de conhecimento pode acontecer sem qualquer interferência do equipamento neural e sensorial do comparativista, de que o conhecimento do Direito Estrangeiro pode ter uma existência identificável para além da mentalidade do comparativista. Seja como for, a perspectiva da *doxa* se apresenta como um obstáculo epistemológico para o compreender do Direito Estrangeiro, de modo que o desafio do comparativista deve ser escapar firmemente à mão mórbida da "boa" comparação.

CAPÍTULO I

MAIS DE UM DIREITO

Por agora eu gostaria de introduzir um exemplo a respeito de uma lei francesa e uma decisão judicial canadense, com vistas a articular meu argumento de que a pesquisa comparativa "objetiva" e o Direito Estrangeiro "verdadeiro" são impossíveis. Por conseguinte, eu afirmo que o Direito Estrangeiro só pode ter seu sentido atribuído através do desenho de configurações devidamente planejadas pelo próprio comparativista, isto é, às custas da assinatura do comparativista. E eu argumento que apenas o *desejo* do comparativista em fazer o direito-texto estrangeiro se sustentar para além dos seus aparentes limites espaciais, através de seu preponderante (e político) ato de comensuração – sua propensão em reconhecer a força "produtiva" pertencendo a esse limite[68] –, provando-se apto a sustentar que o Direito pode ser separado da localidade e reconstruído dentro de uma métrica "comum", permitindo a comparação com um outro, distinto, Direito. Nesse sentido, eu defendo a afirmação relacionada de que, para citar Pinter de novo, "[n]unca se tem algo como uma verdade". Particularmente, eu advogo pela perspectiva de que não é possível um ingresso cognitivo no Direito Estranho, senão através da

68 Para uma discussão dessa ideia com uma específica referência a Heidegger, ver MITCHELL, A. J. *Heidegger among the sculptors*. Stanford: Stanford University Press, 2010, p. 62.

"interpretação", que exclui a "verdade" (aquilo que é denominado por "verdade" é aquilo que se quer interpretar como verdade);[69] de fato, a interpretação não pode ser separada dos preconceitos, atribuíveis seja à enculturação, seja à personalidade, que são trazidos à lume quando se propõe se engajar na atribuição de sentido.[70] Mais ainda, eu afirmo que aquilo nomeado como "verdade" é, inevitavelmente, o resultado da avaliação interpretativa e preconceituosa do agente; a ideia de que qualquer um poderia ser alçado a uma posição "objetiva" de modo a identificar "a verdade", que "a verdade" – como no caso do "Direito verdadeiro" – estaria de algum modo evidente, ao nosso alcance, enquanto *um objeto*, não pode ser mantida.[71] Resumidamente, eu argumento por um perspectivismo penetrante enquanto uma posição teórica a ser seriamente sustentada (o que também é, por evidente, uma perspectiva).

Em 15 de março de 2004, uma lei – mais especificamente, e de maneira alguma sem significância, uma *"loi"* – foi promulgada na França, determinando que (em uma sua tradução para o português) "nas escolas públicas primárias e secundárias, o uso de sinais ou roupas através das quais os estudantes expressem sua filiação religiosa é proibido"[72].

---

69 Cf. VATTIMO, G. *A farewell to truth*. Trad. W. McCuaig. New York: Colombia University Press, 2009, p. 64: "não há nenhuma experiência da verdade que não seja interpretativa".

70 KERMODE, Frank. *The genesis of secrecy*. Cambridge: Harvard University Press, 1979, p. 68: "toda interpretação procede do preconceito, e sem preconceito não pode haver interpretação". Essa posição itera a obra de Hans-Georg Gadamer. É importante remeter para GADAMER, Hans-George. *Truth and method*. Trad. J. Weinsheimer; D. G. Marshall. 2ª ed. rev. New York: Continuum, 2004 [1986].

71 Embora a refutação da ideia de que a mente do comparativista estaria, de alguma forma, liberta cognitivamente tenha implicações acerca do modo de pensar e falar a respeito da "verdade", meu argumento não concerne a "verdade" assumida como uma "entidade" autônoma. Sustentar, como eu faço, que aquilo que pode ser acessado acerca do Direito Estrangeiro só pode ser acessado através da interpretação não significa argumentar que a existência do Direito Estrangeiro esteja completamente subordinada à mobilização dos recursos interpretativos por parte do comparativista que busca conhecê-lo. Para uma outra formulação da distinção ora desenhada, ver SMITH, B. H. "The chimera of relativism". *Common Knowledge*, vol. 17, 2011, pp. 1-14.

72 Lei n. 2004-228, de 15 de março de 2004, "regulando, em uma aplicação do princípio da laicidade, o uso de sinais ou de roupas que manifestem uma filiação religiosa no âmbito de escolas, colégios e liceus públicos" ["*Loi no 2004-228 du 15 mars 2004*

Sua promulgação consiste na aplicação do princípio constitucional da laicidade, ou da "laïcité".[73] Hoje em dia esse princípio é considerado na França como um pilar de seu republicanismo, com a ideia se remetendo, sob outras formas, ao discurso iluminista. Mais ainda, ela pode ser remetida ao Edito de Nantes de 1598 e aos desentendimentos do séc. XIV entre o rei francês e o papa. Significativamente, a lei de 2004 foi promulgada com mais de 93% dos votos dos parlamentares de ambas as casas legislativas. Essas amplas maiorias, atravessando as mais diversas linhas político-partidárias, atestam a resolução dos representantes do povo francês quanto à determinação da construção de suas escolas públicas como espaços livres de religião. Desde o outono de 2004, quando a lei começou a ser implementada, os jornais franceses têm reportado a expulsão de alunos das escolas, principalmente meninas muçulmanas que se recusaram a renunciar ao *hijab* ou seus lenços de cabeça.[74]

Pouco antes da promulgação da lei completar dois anos, a Corte Suprema do Canadá votou, em unanimidade, em 2 de março de 2006, no caso *Multani v Commission scolaire Marguerite-Bourgeoys*,[75] por permitir que um rapaz ortodoxo sikh de 12 anos usasse um kirpan na escola, em conformidade com as determinações de sua fé que o obrigavam a ter consigo a todo momento uma adaga de 20 cm. A Corte sustentou, concomitantemente à imposição de certas condições práticas ao uso do

---

encadrant, en application du príncipe de laïcité, le port de signes ou de tênues manifestant une appartenance religeuse dasn les écoles, collèges et lycées publics"], artigo 1°, *Journal officiel*, 17 de março de 2004, p. 5190. Essa referência diz respeito ao diário oficial francês em que todas as leis são publicadas.

73 Na França, a palavra "laïcité" carrega um significado cultural local nuançado que a palavra "secularismo", por exemplo, falha em transmitir. De fato, a língua francesa tem palavras como "séculier" e "sécularité". Esses termos, contudo, não são usados em França no que diz respeito às relações entre o estado e as igrejas. Em suma, tem-se uma versão especificamente francesa do secularismo, carregando consigo uma denominação específica.

74 E. g., *Le Monde* (Paris), 21 de outubro de 2004, p. 1; *Le Monde* (Paris), 22 de outubro de 2004, p. 12; *Libération* (Paris), 18-19 de dezembro de 2004, p. 15. Para uma controvérsia judicial quanto a se o uso de uma longa saia preta se qualificaria como uma conspícua vestimenta religiosa, ver *Le Monde* (Paris), 30 de abril de 2015, p. 8.

75 *Multani v. Commission scolaire Marguerite-Bourgeoys, Supreme Court Recordings* 1 SRC 256, 2006.

kirpan, que a proibição absoluta do conselho escolar infringia a liberdade religiosa do menino, que essa interferência o privava, efetivamente, de frequentar uma escola pública, e que, embora motivada pelo desejo de garantir a segurança na escola, a decisão não poderia ser sustentada diante dos termos da *Carta Canadense dos Direitos e das Liberdades*. A Corte afirmou que "[a proibição] desrespeitava as crenças da religião sikh e não levava em consideração os valores canadenses embasados no multiculturalismo".[76] Segundo seu entendimento, "conceder o pleito [do autor] [...] demonstrava a importância que a sociedade [canadense] atribuía à proteção da liberdade religiosa, bem como uma demonstração de respeito por suas minorias".[77]

Parece difícil ignorar que os textos-lei francês e canadense estão avançando afirmações fáticas distintas no tocante a "vestimentas religiosas na escola" – se se quer construir um conector a "aglutinar" conjuntamente os dois discursos (eu estou deliberadamente enquadrando a questão de modo a sugerir que o ponto pode ser descrito como manifesto nas duas jurisdições sem quaisquer excessos interpretativos indevidos, permitindo assim uma comparabilidade limiar, muito embora os franceses e canadenses tenham, cada qual, seu modo de tornar uma questão relevante. Comparativistas-no-direito ortodoxos diriam, de uma maneira particularmente suntuosa, que eu estou formulando um "*tertium comparationis*" – o latim, sem sombra de dúvida, servindo para investir o feito com uma *gravitas* intelectual adequada). De fato, essa situação, na qual dois diferentes direitos-textos precipitando-se em dois países diferentes, assumindo duas posturas diferentes no que diz respeito a "uma" dada questão, é habitual. Considere-se mais algumas imagens (se forem necessárias), como, por exemplo, questões de Direito Contratual condizentes com os requisitos da aceitação, o tratamento do erro, ou a doutrina relativa ao rompimento antecipado do contrato. O comparativista afirmaria, ao examinar, diga-se, o Direito inglês e francês no tocante a essas preocupações, que, à medida que ele descobre esses

---

76 *Multani v. Commission scolaire Marguerite-Bourgeoys,* Supreme Court Recordings 1 SRC 256, 2006, § 71.

77 *Multani v. Commission scolaire Marguerite-Bourgeoys,* Supreme Court Recordings 1 SRC 256, 2006, § 81.

Direitos, cada um enquadra o problema diferentemente. Um número infinito de exemplos poderia ser oferecido para basear a afirmação de que Direitos diferentes respondem às suas dificuldades de maneira diferente, que Direitos diferentes são, afinal, diferentes: confissão negociada na França e nos EUA, ou a transferência de propriedade na Alemanha e na Inglaterra, ou ainda a organização jurídica da corporação na Austrália e na Noruega vêm à mente.

Mas, voltemo-nos aos direitos-textos estrangeiros acima indicados. Da minha perspectiva, o interesse que a lei francesa e a decisão judicial canadense possuem para os estudos jurídicos comparativos excede e muito àquilo que os positivistas consideraram como conhecimento jurídico aceitável (o positivismo assume esse aspecto inerentemente *eliminatório* ou *purgatório* – um sufocamento). Para ilustrar meu ponto referindo-me ao Direito francês, o positivismo focaria sua análise na distinção entre a lei e as decisões judiciais do *Conseil d'Etat* (a mais alta "corte" de Direito Administrativo na França) que deveriam estar vinculadas ao texto legislativo. Buscar-se-ia, assim, pelo sentido atribuído a palavras como "escolas", "sinais", ou "conspicuamente" pelas autoridades interpretativas relevantes, tais quais o *Conseil d'Etat* e as faculdades de Direito. Em suma, o positivista agiria qual "jurista-enquanto-tal",[78] ignorando "considerações éticas, políticas, [ou] econômicas".[79]

No entanto, isso não afasta o fato de que a lei francesa e a decisão judicial canadense dão efeito a diferentes discursos jurídicos, exibindo constitutivamente configurações históricas diferentes, racionalidades políticas diferentes, lógicas sociais diferentes, pressupostos epistemológicos diferentes e assim em diante, isto é, apreciações diferentes de espaços, pessoas, matérias, e objetos a serem governados. Eu gostaria de enfatizar que esses discursos históricos, políticos, sociais e episte-

---

78. WINDSCHEID, Bernhard. "Die Aufgaben der Rechtswissenschaft". *In*: *Gesammelte Reden un Abhandlungen*. Berlin: Duncker & Humblot, 1904 [1884], p. 111. Bernhard Windscheid foi um professor de Direito que teve uma contribuição significativa na redação do Código Civil alemão de 1896 e que continua tendo uma eminência institucional na Alemanha.

79 WINDSCHEID, Bernhard. "Die Aufgaben der Rechtswissenschaft". *In*: *Gesammelte Reden un Abhandlungen*. Berlin: Duncker & Humblot, 1904 [1884], p. 112.

mológicos sendo efeituados pela lei ou pela decisão judicial não devem ser considerados como externos ao direito-texto ou contextuais em relação a ele, isto é, como uma espécie de ornamento pertencente ao domínio do não-Direito. Mais ainda, esses discursos, ou, melhor, esses discursos enquanto heranças (isto é, como o seu resto que adentrou na escrita da lei ou decisão judicial), tomam parte na própria textura do direito-texto, de modo que o direito-texto exista como a interface onde essas várias teias discursivas se entrelaçaram para serem absorvidas e transformadas, ordenadas com vistas ao seu *falar juridicamente*. Sem se conceder um privilégio indevido à etimologia e resistindo à ideia de que, através do étimo, se poderia recuperar uma "verdade" linguística original, lembremo-nos que em Roma "*textor*" significava tecelão e "*texere*" significava "tecer". Um texto é, então, de fato um tecido (tenha-se em vista a palavra "têxtil"). No texto, "mil e uma teias de diferentes fontes se entrecruzam".[80] Em outras palavras, os direitos-textos francês e canadense existem, como qualquer outro direito-texto estrangeiro, como matrizes intertextuais (e intramundanais).

Baseando-se em um insight central da obra de Derrida, pode-se pensar de maneira profícua os direitos-textos como sendo constituídos por arranjos de *traços*,[81] eles próprios os restos de configurações históricas, racionalidades políticas, lógicas sociais, pressupostos epistemológicos, e assim por diante, tendo se manifestado antecipadamente à formulação da lei ou da decisão judicial e tendo informado esse processo. Em

80 KOFMAN, Sarah. *Lectures de Derrida*. Paris: Galilée, 1984, p. 16.

81 "Traço" é "uma palavra derrideana chave". MILLER, J. H. "Trace". *In*: GASTON, S; MACLACHLAN, I. (Coord.). *Reading Derrida's of grammatology*. New York: Continuum, 2011, p. 48. O próprio Derrida atribui a noção de "traço" a Emmanuel Levinas. Quanto a esse reconhecimento, ver DERRIDA, Jacques. *De la grammatologie*. Paris: Editions de Minuit, 1967, pp. 102/103. Ver, em geral, BERNASCONI, Robert. "The trace of Levinas in Derrida". *In*: WOOD, David; BERNASCONI, Robert. (Coord.). *Derrida and différance*. New York: Northwestern University Press, 1988, pp. 13-29. Robert Bernasconi destaca que Levinas introduziu a palavra "traço" em 1963 (p. 15). Derrida também nota o recurso ao "traço" ("*Spur*") em Heidegger: DERRIDA, Jacques. *Marges*. Paris: Editions de Minuit, 1972, p. 375. De todo convém à ideia de "traço" que ela também possa ser rastreada a Freud e a Nietzsche e a...

outras palavras (e em modos os quais podem, com maior ou menor dificuldade, ser relacionados empiricamente aos discursos histórico, político, social, e epistemológico que os antecederam), os direitos-textos revelam uma presença vestigial. Emprestando-se da metáfora espectral, um dos trópicos principais da obra de Derrida no tocante a textos e interpretação, pode-se dizer que esses variados traços *assombram* o Direito. Nos termos de Derrida, "a estrutura espectral é a lei aqui".[82] Em outra variação, "trata-se de uma questão de heteronomia, de uma lei que vem depois da outra – do outro [no texto], um outro maior e mais antigo que [o texto]".[83] Há "a origem não-jurídica ou pré-jurídica do jurídico".[84] É importante esclarecer que não se trata de traços constituindo um entrelaçado, de modo a constituir o contexto do Direito e a existir, por assim dizer, ao lado do Direito. Crucialmente, os traços *não* são contextuais vis-à-vis o texto. Assim, através da prática da encriptação, os traços intervêm no direito-texto, ao qual eles estão, de certo modo, "suturados",[85] ao ponto de eles serem o direito-texto ele mesmo, tornando-o, com efeito, em um politexto. Dado que eles foram "enterrados vivos" enquanto elementos constitutivos do texto,[86] porque eles não estão fora do direito-texto ou do Direito, os traços não podem ser justificadamente – enquanto uma questão de justiça –, proscritos. Relegá-los a uma exterioridade do texto é instituir uma "exterioridade artificial".[87] Os traços são a textualidade do texto ele própria.

E mais, porque todo traço é traçável a um traço mais além, que por sua vez se entrelaça com outro traço, esse mesmo entrelaçado com mais outro traço, ao ponto dessa concatenação de traços chamar por uma apreensão que se dê em termos de um infinito estrutural. Por exemplo,

---

82 DERRIDA, Jacques. *Papier machine*. Paris: Galilée, 2001, p. 307.

83 DERRIDA, Jacques. *Voyous*. Paris: Galilée, 2003, p. 123.

84 DERRIDA, Jacques. *Politiques de l'amitié*. Paris: Galilée, 1994, p. 176.

85 Hillis Miller relata que existem dois sentidos em inglês para a palavra "trace" que sugerem "conexão", um deles tendo a ver com as correias ou correntes ligando um cavalo a uma carruagem ou a um instrumento de fazenda, o outro dizendo respeito à haste que transfere movimento de uma máquina para outra. Nos termos de Miller, "the trace is a hinge".

86 WIGLEY, Mark. *The architecture of deconstruction*. Cambridge: MIT Press, 1993, p. 169.

87 DERRIDA, Jacques. *De la grammatologie*. Paris: Editions de Minuit, 1967, p. 52.

a lei francesa de 2004 pode ser traçada à ascendência da visibilidade e afirmação do Islã na França, o que pode ser traçado, por sua vez, à política pós-colonial francesa, todos esses traços estando entrelaçados com o traço da percepção de uma irreconciabilidade entre o republicanismo francês e o Islã, bem como os traços de um medo do Islã (ou de islamofobia), eles próprios tracejáveis aos padrões de imigração, ao renascimento da militância islâmica na Argélia, ao 11 de setembro (bem como, evidentemente, aos ataques terroristas subsequentes em Madrid em 11 de março de 2004). Com todo o rigor, há um seguir-se inesgotável ao traço, de modo que se pode perseguir o traçado do direito-texto infinitamente. Os elementos rizomáticos e fissíparos motivaram Derrida a observar que "é absolutamente impossível justificar um ponto de partida".[88] Não há,[89] "especialmente, nenhum traço original", o que, importantemente, implica no fato de que "*não há nenhuma origem absoluta do sentido em geral*". Em outras palavras, *o Direito incessantemente se divide em si mesmo*[90] (note-se que o fato de a finitude ser interminável não faz dela transcendental. Assim, o envolvimento do comparativista na configuração do traçado e, por conseguinte, a intrusão da finitude do comparativista previnem a sintaxe do traço de cair na armadilha de qualquer tendência idealizante.) Daí se segue que qualquer arranjo dos traços constitutivos do texto avançado e re-presentado (uma dentre as incontáveis possibilidades de arranjo, todas diferentes entre si) pelo comparativista nunca poderá ser exaustivo e, portanto, sempre escapa à finalidade. Nenhum traço recuperado ou tornado manifesto apre-

---

88 DERRIDA, Jacques. *De la grammatologie*. Paris: Editions de Minuit, 1967, p. 233. Não há nenhuma razão para o traçar se interromper na história "francesa" ou na política "francesa". Evidentemente, tem-se discussões acerca do Islã em Copenhague e questões políticas ocorrendo no Vaticano que tem um impacto na França.

89 DERRIDA, Jacques. *De la grammatologie*. Paris: Editions de Minuit, 1967, p. 90 e 95, respectivamente (ênfases no original). Cf. BECKETT, Samuel. "The unnamable". *In*: AUSTER, Paul (Coord.). *The grove centenary edition*. vol. 2, New York: Grove Press, 2006 [1958], p. 383. "Deixe de lado de uma vez por todas [...] toda ideia de começo e fim". Esse romance foi inicialmente escrito em francês e depois reescrito para o inglês pelo próprio Beckett.

90 Cf. BECKETT, Samuel. "Malone dies". *In*: AUSTER, Paul (Coord.). *The grove centenary edition*. vol. 2, New York: Grove Press, 2006 [1958], p. 176. Esse romance foi inicialmente escrito em francês e depois reescrito para o inglês pelo próprio Beckett.

sentará uma presença completa passível de domínio, porque esse traço se refere de volta àqueles traços constitutivos dele próprio, cada qual se remetendo aos seus traços constitutivos, cada qual... No mínimo, então, permanecerá algo não-traçado, algo que ainda permanece em questão, algo que ainda está para vir, outro traço a ser interpretado. À medida que é estruturalmente parcial e provisória, qualquer versão do Direito Estrangeiro pode ser definida como subtrativa, dado que ela necessariamente opera como "1^{-t}". Em outras palavras, sua versão sempre apresentará menos do que o todo que se tem do Direito Estrangeiro. Inevitavelmente, um intérprete do Direito Estrangeiro estará, no mínimo, um traço aquém da presença completa do Direito Estrangeiro, o que significa dizer que haverá um elemento do Direito Estrangeiro que permanecerá, não importando o quão completa a interpretação do direito oferecida, encoberto. E isso é inevitável, porque o texto é indominável, no sentido de que ele não pode ser coagido à presença completa, tendo-se um aspecto do Direito Estrangeiro que permanecerá um segrego, tanto para o comparativista quanto para os seus leitores.[91]

Uma implicação crucial resultante dessa compreensão dos direitos-textos – "a elaboração de um conceito de texto que não deixe a 'realidade' de fora e que não se reduza ao gráfico na página e no livro",[92] que não é logocêntrica – é a apreciação de que, ao contrário do sustentado pelo positivismo, o texto "jurídico" exclusionário *nunca existiu*. Enquanto para os positivistas "uma explicação precisa abranger o Direito como um todo, mas nada além do Direito",[93] o fato é que não há, nem pode haver, algo como um Direito "puro". Qualquer ideia de um *proprium* "jurídico" é, com efeito, fora de lugar. De fato, em razão de seus traços, todo direito-texto estrangeiro é um plural singular ou apresenta uma singularidade plural. O que tem sido classificado como outro-que-o-direito (história, política, sociedade, epistemologia, e assim

---

91 Cf. MALLARMÉ, Stéphane. "Divagations". *In*: MARCHAL, B (Coord.). *Ouevres complètes*. vol. 2, Paris: Gallimard, 2003 [1897], p. 217: "não há nenhum presente, não – um presente não existe".

92 DERRIDA, Jacques; SPRINKER, M. (Coord.). *Politique et amitié*. Paris: Galilée, 2011 [1993], p. 106.

93 MICHAELS, Ralf. "Two paradigms of jurisdiction". *Michigan Journal of International Law*, vol. 27, 2006, p. 1017.

por diante) se revela, através do princípio espectral do direito-texto, como sendo tão presente quanto o direito-texto: o si existe como o outro – o que significa, em uma linguagem filosoficamente mais desafiante, que "o mesmo é o mesmo apenas se afetando do outro, transformando-se no outro do mesmo".[94] Aplicado para o direito-texto estrangeiro, o ponto de Derrida implica em compreender que o direito-texto estrangeiro é o direito-texto estrangeiro em razão de ser imbuído ou infundido de alteridade – especificamente, por outros discursos. Em outras palavras, o si autêntico do direito-texto estrangeiro é outro que o seu si puro. E isso assim é precisamente em razão do fato de que o traço atenua a oposição entre si e outro, dado que o traço é "onde a relação do outro se inscreve a si mesma",[95] ou porque o traço evade a distinção metafísica entre um interior e um exterior do Direito (e do direito-texto), que a ideia do Direito ser completamente presente como algo que poderia ser apenas "jurídico" *stricto sensu* (independentemente do que isso já tenha significado) é revelada como fatalmente falha. Enquanto "um tecido de diferenças, [o texto] é sempre heterogéneo".[96]

À medida que a distinção binária consolidada pelo tempo entre um dentro e um fora do direito-texto é deposta em favor de uma economia de sobrevivência ou herança (o traço é aquilo que vive *em diante*), os traços requerem sua mobilização como uma alavanca interpretativa, mobilizada pelo comparativista que busca, através de uma atenção tenaz para as questões da significação, trazer a lume um significado do direito-texto estrangeiro desenlaçando e descobrindo a textualidade. Em uma apreciação epistemologicamente mais sofisticada, os diferentes discursos que classicamente foram considerados como estando fora do Direito são recodificados, ou re-presentados, como existindo

---

94 DERRIDA, Jacques. *La voix et le phénomène*. Paris: Presses Universitaires de France, 1967, p. 95.

95 DERRIDA, Jacques. *De la grammatologie*. Paris: Editions de Minuit, 1967, p. 69.

96 KOFMAN, Sarah. *Lectures de Derrida*. Paris: Galilée, 1984, p. 16. Cf. BECKETT, Samuel. "Watt". *In*: AUSTER, Paul (Coord.). *The grove centenary edition*. vol. 1, New York: Grove Press, 2006 [1953], p. 203: "tudo que aconteceu aconteceu dentro dele, e ao mesmo tempo tudo que aconteceu aconteceu fora dele. Eu acredito que me faço simples".

não fora dele, no fundo, mas como sendo *(d)ele*. É crucial notar que o fato da História ou Filosofia serem *do* Direito não significa que esses discursos percam toda individualidade de modo a desaparecerem ou se dissolverem no Direito. De novo, deve-se pensar nos termos do traço. O ponto é que a História ou a Filosofia deixaram seu traço dentro do Direito, isto é, como um elemento constitutivo de uma lei ou decisão judicial. Se assim se quiser, ao mesmo tempo em que elas são *do* Fireito, a História ou a Filosofia são *suplementares* a ele.[97] O "jurídico" é, assim, visto como sendo sempre-já "excedido" constitutivamente por uma suplementaridade instaurada que, conforme é traçada, cancela qualquer pretensão ortodoxa à ontologização.

Reconhecendo que o direito-texto estrangeiro existe irredutivelmente como pluralidade e assumindo a responsabilidade vis-à-vis, essa variegação discursiva visando fazer *justiça* ao direito-texto, o comparativista-no-direito busca desvelar, discernindo que "efeitos residuais [...] têm efeitos presenciais",[98] que a presença do texto consiste constitutivamente em modos significantes de um passado que já foi presente,[99] a chamada "exterioridade" habitando dentro da textualidade do direito-texto, buscando recuperar aquilo que foi reprimido, aquilo que a exclusionariedade sistemática do positivismo buscou eliminar para evitar qualquer "contaminação" do "jurídico", esperando assim preservar a ordem dentro de um sistema de conhecimento disciplinar confortável, ainda que artificial. Em razão do tornar-manifesto aquilo que foi censuradamente apagado – em razão do desvelamento do direito-texto existente como história, política, e assim por diante –, o Direito é, com efeito, paradoxalmente, apreendido no seu existir como aquilo que ele não é, ou, pelo menos, como aquilo que, positivistamente

---

97 Derrida concede que "essa estrutura da suplementaridade é muito complexa". DERRIDA, Jacques. *De la grammatologie*. Paris: Editions de Minuit, 1967, p. 99.

98 DERRIDA, Jacques. *Papier machine*. Paris: Galilée, 2001, p. 385.

99 Cf. MILLER, J. H. "Trace". *In*: GASTON, S; MACLACHLAN, I. (Coord.). *Reading Derrida's of grammatology*. New York: Continuum, 2011, p. 49, "o traço desfaz [...] o conceito metafísico de tempo como constituído de um presente que é presente aqui e agora [e] de um passado que já esteve presente". No vocabulário heideggeriano, o texto "[*é*]-como-tendo-sido"; HEIDEGGER, Martin. *Being and time*. Trad. J. Macquarrie; e E. Robison. Oxford: Blackwell, 1962 [1927], p. 373. (ênfase no original).

falando, ele não queria ser (note-se que o próprio positivismo existe como outro àquilo que ele se afirma ser, no sentido de que na medida em que se define como puro, descompromissado por outros discursos, insulado de valores políticos, protegido, ele efetivamente opera na "defesa intencional"[100] de si próprio, um fato que, melhor refletido, não pode causar surpresa, dado que até a exegese está comprometida com certos valores políticos averiguáveis).

Sem dúvida, enquanto busca afastar definitivamente o comparativista-no-direito do que o direito-texto é segundo o dogma positivista e se aproximar do que o direito-texto efetivamente é, porque perturba a habitualização, já que permite o reconhecimento de uma multiplicidade de saberes no Direito, esta articulação do jurídico que "excede a relação tranquila de um sujeito com um objeto"[101] e este traçar do direito-texto estrangeiro concedem uma interpretação com insights mais edificante sobre o jurídico e dão à intervenção comparativa significância cultural e política: *ressignificando* o comparativismo-no-direito.[102] Eu propo-

---

100 HUTCHINSON, Allan C. *The province of jurisprudence democratized*. Oxford: Oxford University Press, 2009, p. 34.

101 DERRIDA, Jacques. *Donner la mort*. Paris: Galilée, 1999, p. 48.

102 De acordo com a "teoria dos sistemas" ou "autopoiesis", a sociedade é constituída por sistemas comunicacionais – um desses sendo o Direito (outros seriam a política, a economia, as artes, religião, ciência etc.). Cada sistema comunicacional tem uma identidade distintiva. Ele funciona de acordo com sua própria lógica discursiva. De fato, o sistema está hermeticamente fechado dentro de seus próprios protocolos de invenção e interpretação. Enquanto um sistema (diga-se, o Direito) pode estar acoplado com outro (diga-se, a Economia), os sistemas não se fundem, não importa o quão próximo o acoplamento: o Direito permanece sendo o Direito (ele fala do lícito e do ilícito) e a Economia permanece sendo a Economia (ela fala do lucro e do não-lucro). Ainda que a autopoiesis queira resistir tanto ao positivismo, no sentido de que ele desliga o Direito da sociedade, quanto ao sociologismo (aí incluído o culturalismo), em razão da maneira pela qual essa perspectiva sugeriria que o Direito é determinado pelo social (ou pelo cultural), a autopoiesis é assumida como um modelo estrutural pretendendo operar em forte contraste com as abordagens interpretativas. Na medida em que a autopoiesis localiza as ideias de fragmentação, incomunicabilidade, irritação, não-programaticidade dos efeitos, e expectativas desapontadas, ela oferece ingredientes úteis para uma heurística da comparação-no-direito. Mas os elementos formalístico-mecanicista, especulativo-abstrato, e rigorosamente categórico-analítico do paradigma teórico-sistêmico fazem-no pouco convincente diante da questão da impermeabilidade epistemológica. De fato, o *proprium* "jurídico" ora defendido pertence à perspectiva do Direito de *si mesmo*. Evidentemente, deve-se estar atento à autocompreensão do Direito e dos juristas. Mas, trata-se de uma questão

nho, então, que a comparação-no-direito precisa significar de outra maneira (diferentemente) ou, de maneira mais precisa, *outremente* (isto é, de uma maneira que mostre sintonia para com o Direito Estrangeiro, adaptando-se ao Direito outro, à sua complexidade, à sua singularidade). Reconhecendo o caráter inerentemente alógeno do direito-texto estrangeiro, eu argumento pela "necessidade [...] de elaborar esse novo conceito de texto",[103] pela atribuição de uma capacidade crítica imensa ao traço e, em suma, por uma comparação-no-direito heteroinstrutiva.

Sobre a resposta do comparativista à demanda fragmentada, isto é, à interpelação feita pelo fragmentário ou pelos traços enquanto fragmentos textuais, deve-se enfatizar que enquanto os traços são vistos como oferecendo o material interpretativo crucial, eles não podem, eles próprios, seja explícita ou implicitamente, determinar uma compreensão exata. De fato, os estudos jurídicos comparativos dizem respeito à alteridade (um outro discurso-no-direito e o Direito do outro) muito mais do que à correção. Muito dependerá, então, da intervenção do

---

completamente diferente quando se discute o embasamento exclusivo de uma investigação nessa autocompreensão, apreendendo o Direito como um mundo conceitual hermético com base nas limitações cognitivas dos juristas. Especialmente, mesmo se os juristas rejeitassem a interdiscursividade e sustentassem uma hermeticidade em relação a outros discursos, não pode ser consequente que como um intérprete do discurso jurídico eu deva estar limitado a essas autocompreensões. Seja como for, o compromisso ontológico forte para com a pureza do Direito que advém com a autopoiesis – a absolutização da autonomia do Direito através de outros discursos feitos externos a ele – sugere no mínimo resquícios positivistas perturbadores em operação no modelo. Não é surpreendente, portanto, que a autopoiesis não ofereça nenhum programa de reforma; afinal, o positivismo "se orgulha na manutenção de uma postura indiferente ou neutra frente aos esquemas políticos da governança dentro dos quais o Direito funciona". HUTCHINSON, Allan C. *The province of jurisprudence democratized*. Oxford: Oxford University Press, 2009, p. 10. Trata-se de sustentar e perpetuar os sistemas, o que faz dela conformista e conservadora ao mesmo tempo. A autopoiesis falha em compreender que o desafio é pensar a singularidade e a pluralidade como assombrando uma à outra. Qualquer Direito singular é configurado como uma pluralidade de traços e cada pluralidade de traços faz um Direito singular (uma última observação, admitidamente irresistível, na forma de uma pergunta. Se todo sistema, incluindo o Direito, está enclausurado na cegueira epistêmica vis-à-vis outros sistemas, como a autopoiesis afirma fornecer, enquanto um sistema ela própria, uma leitura de um sistema como o Direito, propondo-se a capturar sua operação?).

103 DERRIDA, Jacques; SPRINKER, M. (Coord.). *Politique et amitié*. Paris: Galilée, 2011 [1993], p.1 07.

comparativista e, especialmente, dos objetivos que ele persegue, sem mencionar os recursos acessíveis e à sua disposição. São as predileções do comparativista que presidirão sua seleção dos traços (e dos traços dos traços) em meio a um emaranhado de conhecimentos disponível e orientarão sua insistência quanto a elementos constitutivos particulares do direito-texto, à luz de sua competência e interesses. E é também o comparativista quem proverá a ligação entre os vários traços para estruturar uma narrativa sobre o Direito Estrangeiro. De fato, o traço – a aparição do outro-no-direito – não emergirá por si próprio; pelo contrário, ele precisa ser induzido, propelido, suportado, construído. O traço nunca é simplesmente encontrado como objeto, na forma de um dado empírico bruto. Ao invés disso, sempre há uma insinuação interpretativa por parte do comparativista que, no momento mais próprio da decidibilidade, inevitavelmente implica em uma transformação do direito-texto, uma mutação que será inscrita através do ato de re-presentação.

À medida que orienta a disseminação do sentido, que escolhe descobrir e arranjar aspectos específicos da singularidade de um direito-texto estrangeiro e, inevitavelmente, por deixar de realizar parte de suas outras possibilidades interpretativas (de modo que, estritamente falando, a singularidade do texto nunca estará completamente presente na comparação),[104] qualquer traçado se provará, por conseguinte, um ato singular de mistura e *bricolagem*. Em última instância, nenhuma intervenção sobre um direito-texto estrangeiro por um comparativista pode se dissociar plausivelmente das suas conotações autobiográficas (se se quiser, a comparação sempre-já contém o juízo do comparativista sobre si mesma).[105] O investimento do comparativista se foca em re-produzir

---

104 DERRIDA, Jacques; SPRINKER, M. (Coord.). *Politique et amitié*. Paris: Galilée, 2011 [1993], p.8 5. "Tudo é posto em jogo nesse paradoxo [...]: de que a singularidade nunca está *presente*". (ênfase no original).

105 Para uma expressão metafórica marcante da ineliminalidade da inscrição do si, ver BORGES, Jorge Luis. "The Maker". *In*: HURLEY, A. (Coord.). *Collected fictions*. New York: Penguin, 1998 [1960], p. 327: "um homem atribui a si a tarefa de desenhar o mundo. Conforme os anos passam, ele povoa um espaço com imagens de províncias, reinos, montanhas, baías, navios, ilhas, peixes, quartos, instrumentos, estrelas, cavalos e indivíduos. Pouco tempo antes de morrer, ele descobre que aquele

em vez de reproduzir; seu movimento é inerentemente não-mimético. Com efeito, a necessidade radical da indecisão precede, transversa e sobrevive, portanto, à comparação. Não apenas o traçado é, portanto, uma sequência infinita ("quer-se remir *do suplemento à origem*; deve-se reconhecer que há *um suplemento na origem*"),[106] mas também um processo indefinido, ocasionando que se pode comparar "até se apagar a visão e a voz".[107] Aplica-se, então, ao comparativista-no-direito aquilo que Walter Benjamin escreve sobre o dramaturgo: "'pode acontecer desse jeito, mas também pode acontecer de um jeito bem diferente' – essa é a atitude fundamental daquele que escreve para o teatro épico".[108] Diante dos direitos-textos estrangeiros, tal qual com os feitos heroicos, nenhuma resposta única é possível, apenas respostas singulares.

A interpretação – ou, mais precisamente, o desejo chamado "interpretação" – é, por conseguinte, fundamental. Apenas através da interpretação (completamente alçada a voo) o direito-texto estrangeiro pode escapar à camisa de força positivista, descobrindo-se dispersado significativamente (ou "cheio" de seus significados) no discurso comparativo, com referência à sua profundidade, espessura, textura, ou imanência, isto é, com uma advertência à sua complexidade heterogênea. Apenas se a interpretação é compreendida nesses termos – isto é, como um exercício complicado de anamnese permitindo o retorno dos traços reprimidos –, pode ela atestar o modo pelo qual o mundo da vida opera internamente no direito-texto estrangeiro (que opera ele próprio internamente no mundo da vida). Apenas com o embasamento

---

labirinto paciente de linhas traça o reflexo de sua face". e Cf. BECKETT, Samuel. "The unnamable". *In*: AUSTER, Paul. (Coord.). *The grove centenary edition*. vol, 2, New York: Grove Press, 2006 [1958], pp. 365/366: "eu em quem tudo balança, melhor ainda, sobre quem, melhor ainda, tudo gira".

106 DERRIDA, Jacques. *De la grammatologie*. Paris: Editions de Minuit, 1967, p. 429. (ênfase no original). Recorrendo à ideia de "suplemento", Derrida enfatiza o ponto de que não existe traço original. Ainda que se possa imaginar ter alcançado o traço derradeiro, sempre haverá outro traço constitutivo nesse traço.

107 KOFMAN, Sarah. *Lectures de Derrida*. Paris: Galilée, 1984, p. 26. A tradução francesa idiomática intraduzível é a seguinte: "*à perte de vue et de voix*".

108 BENJAMIN, Walter. *Understanding Brecht*. Trad. Anna Bostock. New York: Verso, 1998 [1931], p. 8. Eu me refiro à primeira das duas versões conhecidas do texto de Benjamin.

da interpretação se tem, portanto, a possibilidade de fazer o direito-texto existir de um modo que comece a fazer justiça à sua intrinsecabilidade (a conjuntura não escrita consistindo no fato de que esse modo de justiça é um valor que vale ser realizado não enquanto um ideal sanitizado e congelado, mas como uma constelação ativa "sempre-em-construção" de marcadores identitários).

Por evidente, nenhuma interpretação é definitiva, isto é, nenhuma interpretação será a última interpretação. A esse respeito, a busca por adscrever significado a um direito-texto dificilmente difere do empenho interpretativo voltado à *Romeu e Julieta*. E porque uma dada interpretação enfatiza esses traços em detrimento daqueles (de novo, é o comparativista quem possibilita a singularidade), faz-se o direito-texto diferenciar-se de pronto de si mesmo (isto é, do seu significado com base em interpretações anteriores) e diferenciar-se novamente de outros textos. Em outras palavras, toda vez que um direito-texto estrangeiro é submetido à outra interpretação, à outra inscrição autoral – toda vez que uma interpretação ou inscrição é derrotada –, faz-se o texto superar qualquer identidade fixa anteriormente sustentada. Se A é um texto e A' uma interpretação a seu respeito, nunca poderá haver uma situação em que A = A'. O direito-texto existe, se assim se quiser, como um alvo em movimento. Ele existe não como aquilo que é posto, ou posicionado, mas como algo a caminho, sempre na beirada de si mesmo. Para aqueles que se perguntam quanto a existência de um fim a esse processo, minha resposta é a seguinte: a interpretação é, de pronto, incessante e interminável. A interpretação definitiva sempre advém. Escrevendo com referência expressa à interpretação das decisões judiciais, Michel Rosenfeld coloca a questão em termos adequadamente evocativos: "a formulação final (...) sempre precisará ser postergada até que o crepúsculo tenha decidido a última das adjudicações futuras".[109] Independentemente do quanto se queira manter as coisas no lugar, o jogo – não aquilo que é divertido, mas o movimento semântico que reconhece a ambiguidade do significado em vista da plasticidade estrutural da linguagem – não

109 ROSENFELD, Michel. *Just interpretations*. Berkely: University of California Press, 1998, p. 32.

pode ser mantido ou colocado "fora de jogo".[110] A comparação-no-direito aquiesce – de fato, *rende-se* –, ao invés de abordar o traço como uma miscigenação imprópria que um ato puramente exegético de um positivista platonizante buscaria desambiguar, à inquietação de uma indeterminação insuperável. A comparação-no-direito afirma, de pronto, o poder do comparativista vis-à-vis o Direito Estrangeiro (ele pode/quer traçá-lo) e sua falta de poder (ele não pode/quer traça-lo até o fim). Em última instância, a comparação-no-direito é dilacerada por uma contradição que ela não pode resolver: ela abriga em si mesma a necessidade de sua própria impotência.

É bem conhecida a denúncia de Susan Sontag, para quem interpretar é determinar em contrariedade à singularidade da arte. Sontag argumentou que a intelectualização excessiva da arte priva a obra de sua autenticidade.[111] Entretanto, a situação a circunscrever o campo dos estudos jurídicos comparativos – certamente entre os comparativistas ortodoxos – nos apresenta o anverso da prática que Sontag depreciava. O que tem caracterizado o estudo do Direito Estrangeiro é uma falta de intelectualização interpretativa, ao invés de um excesso de intelectualização por ela castigado. Enquanto Sontag afirmava que intérpretes sofisticados nos levavam a esquecer da arte diante de nossos olhos, no que diz respeito à comparação-no-direito, é a falta de erudição interpretativa que tem levado os comparativistas a perder de vista o direito-texto diante deles, esquecendo-se de sua densidade. Tendo dito isso, eu concordo com aqueles que argumentam que a credibilidade de qualquer interpretação depende, em última instância, em certa medida, dos materiais "brutos" – as palavras, as sentenças, os parágrafos. Embora a interpretação não esteja em uma situação de interdependência vis-à-vis o texto, a interpretação é, diga-se assim, "interindependente" (ou *juntamente só*) em sua conexão com o texto. Enquanto tal, o que se estiliza como "interpretação" deve aceitar que nenhum texto é expansível infinitamente (mesmo que tão somente porque se tem – e se

---

110 DERRIDA, Jacques. *De la grammatologie*. Paris: Editions de Minuit, 1967, p. 439.

111 SONTAG, Susan. "Against interpretation". *In*: SONTAG, Susan. *Against interpretation and other essays*. New York: Farrar, Straus and Giroux, 1966 [1964], pp. 3-14.

deve ter – *esse* texto e, em algum ponto, *aquele* texto). A interpretação não pode evadir ou renunciar aos conteúdos do texto e nunca deve, certamente, encarar o texto como um mero pretexto a permitir sua deliberada transgressão (seja ideologicamente, seja de outros modos): "a leitura (...) não pode transgredir o texto legitimamente rumo a algo outro que ele mesmo",[112] *porque existe a lei do texto* e "não se evadir a essa lei é, assim, fazer de tudo para não trair, não trair nem a lei nem o outro".[113] Ainda assim, a interpretação emergirá inevitavelmente (e indeterminavelmente) como conjuntural em razão da distância intransponível entre *interpretans* e *interpretandum*. Mais uma vez, eu me lembro de Beckett: "o que se pode fazer senão especular, especular, até que se acerte na especulação feliz?".[114]

Para retornar à ilustração a qual estou no encalço, o comparativista-no-direito toma a diversidade paradigmática como um incentivo à comparação. Ele procede sob o pressuposto de que "atos de comensuração facilitam a mensuração comparativa através de vastas diferenças de sentimento, pessoas, tipos, culturas, e nações" – sem mencionar o Direito.[115] À medida que ele se engaja com "a transformação de qualidades distintas em uma métrica comum",[116] isto é, enquanto ele constrói a comensurabilidade que o permitirá trazer "conjuntamente" os diferentes textos-leis que ele tornou o foco de seu estudo, o comparativista confirma "o (...) ponto (...) crucial acerca das comparações sendo feitas (...) – nomeadamente, que nenhum fundo comum precisa

---

112 DERRIDA, Jacques. *De la grammatologie*. Paris: Editions de Minuit, 1967, p. 277. Ver também RORTY, Richard. "The pragmatist's progress". *In*: COLLINI, S. (Coord.). *Interpretation and overinterpretation*. Cambridge: Cambridge University Press, 1992, p. 95.

113 DERRIDA, Jacques. "Countersignature". Trad. Mairéad Hanrahan. *Paragraph*, vol. 27, nº 2, 2004 [2000], p. 29. Até então sem publicação no francês.

114 BECKETT, Samuel. "The unnamable". *In*: AUSTER, Paul (Coord). *The grove centenary edition*. vol. 2, New York: Grove Press, 2006 [1958], p. 363.

115 ESPELAND, W. N.; STEVENS, M. L. "Commensuration as a social process". *Annual Review of Sociology*, vol. 24, 1998, p. 339.

116 ESPELAND, W. N.; STEVENS, M. L. "Commensuration as a social process". *Annual Review of Sociology*, vol. 24, 1998, p. 314.

ser *invocado*", porque é ele, o comparativista, quem constrói aquilo que ele mensura.[117] Tendo entrelaçado em sua narrativa sua seleção de traços constituindo os direitos-textos sob seu escrutínio, ele é levado a concluir, previsivelmente, que os direitos-textos francês e canadense implementam estruturas de compreensão distintas acerca do que deve ser feito, por quem, e como. Em outros termos, e sem dúvida de maneira aporética, a comensurabilidade que o comparativista fabrica – afinal, os Direitos não se comparam entre si mesmos – atesta para a incomensurabilidade dos Direitos, dado que mesmo em sua capacidade performativa, essa "comunalidade" construída falha em superar os estranhamentos da deslocação espacial/temporal. Como a tradução, a comparação é "uma prática que produz diferença a partir da incomensurabilidade (ao invés de equivalência a partir da diferença)".[118] Evidentemente, dado que não se pode comensurar mais de um texto sem distorção, o vislumbre de qualquer "homogeneidade" não pode se fundar na comensuração não--violenta de diferentes epistemologias, significando que todo exercício de comensuração é sempre-já uma ameaça à integridade daquilo que está sendo comensurado. Nas palavras de Isabelle Stengers, "comensurabilidade é uma criação e nunca é neutra, sempre em relação com uma finalidade".[119] No entanto, apesar da necessidade de compreender a comensuração como "um cálculo de poder",[120] permanece estando em jogo o que pode ser chamado como "uma forma mínima de incomensurabilidade, que produz um deslocamento generativo sem silenciar o discurso ou marcando o limite do conhecimento".[121]

---

117 STRATHERN, M. "Binary license". *Common Knowledge*, vol. 17, 2011, p. 97. (ênfase adicionada).

118 MORRIS, M. "Foreword". *In*: SAKAI, Naoki (Coord.). *Translation and subjectivity*. Minneapolis: University of Minnesota Press, 1997, p. [xiii]. Ver também CHAKRABARTY, D. *Provincializing Europe*. 2ª ed. Princeton: Princeton University Press, 2008, p. 17.

119 STENGERS, I. "Comparison as a matter of concern". *Common Knowledge*, vol. 17, 2011, p. 55.

120 ESPELAND, W. N.; STEVENS, M. L. "Commensuration as a social process". *Annual Review of Sociology*, vol. 24, 1998, p. 331.

121 MELAS, N. *All the difference in the world*. Stanford: Stanford University Press, 2007, p. 31.

Esse modo de incomensurabilidade não exclui, portanto, a comparação. De fato, essa conclusão é crucial caso se queira escapar ao impasse teorético, permitindo uma transação, apesar da impossibilidade, em última instância, dela ser mensurada por meio de um padrão "comum". Em outras palavras, "a incomensurabilidade (...) não (...) é uma relação ontologicamente imutável entre sistemas isolados de pensamento, (...) mas uma relação contingente, experiencial, entre práticas conceituais/discursivas histórica e institucionalmente situadas".[122] Daí se segue que *incomensuráveis são comparáveis*. De um ponto de vista francês, por exemplo, a lei francesa se apresenta como extremamente sensata à medida que inscreve uma correlação inversa entre a cidadania francesa e a visibilidade religiosa: *parte daquilo que significa ser francês é aderir à perspectiva de que a manifestação de filiações religiosas deve ser excluída da esfera pública, independentemente de quaisquer compromissos pessoais*. Entrementes, de uma perspectiva canadense, a decisão judicial canadense aparece como extremamente razoável, à medida que marca uma correlação direta entre a cidadania canadense e a visibilidade religiosa: *parte daquilo que significa ser canadense é aderir à perspectiva de que a manifestação de filiações religiosas deve ser permitida no espaço público, independentemente de quaisquer compromissos pessoais*. Em face da incomensurabilidade, a comparação – mais precisamente, certa comparação de um certo comparativista – se sustenta.

O fato que os direitos-textos francês e canadense deveriam diferir nas maneiras pelas quais eles abordam a questão das "vestimentas religiosas nas escolas" era previsível. Eu tenho em mente o argumento de Leibniz acerca da inevitabilidade daquilo que eu chamo por "co-presença diferencial": "em virtude de variações imperceptíveis, ele escreveu [em francês, coincidentemente], duas coisas individuais não podem ser perfeitamente similares".[123] Comumente chamada por "a lei de Leibniz", esse enunciado sustenta a proposição de que apenas indiscerníveis são idênticos, ou, se se quiser, que o diverso é necessariamente

---

122 SMITH, B. H. *Belife and resistance*. Cambridge: Harvard University Press, 1997, p. 106.

123 LEIBNIZ, G. W. "Nouveaux essais sur l'entendement". *In*: GERHARDT, Carl Immanuel (Coord.). *Die philosophischen Schriften von Gottfried Wilhelm Leibniz*. vol. 5, Hildesheim: Olms, 1960 [1704], p. 49.

"outro que" este (ou que entidades distintas nunca são réplicas exatas umas das outras, isto é, se se tem X e Y, X é no mínimo minimamente algo que existe como não-Y). Alfred North Whitehead famosamente estendeu a formulação de Leibniz, afirmando que "duas ocasiões nunca podem ter mundos efetivos idênticos" – sua afirmação consistindo no seguinte: independentemente do quão fielmente a situação B se propõe a imitar a situação A, o fato é que quando B acontece A já aconteceu, o que implica que o evento B apresenta como um de seus elementos constitutivos o ser-passado do evento A e que, consequentemente, ainda que apenas por essa razão, B difere do evento A.[124]

Da minha parte, entendo ser útil refinar o postulado de Leibniz através de uma referência específica ao Direito e ao Direito Estrangeiro em particular, argumentando que *a co-presença de mais de um Direito – que quer dizer que não há apenas um só Direito – deve assumir a diferença entre eles.*[125] De fato, eu argumento que esse diferendo caracteriza direitos-mundo em co-presença. É *o que há para ser.* Esse diferendo é a própria "aqui-sição" dos direitos-em-co-presença. Enquanto tal, ele é "irredutível".[126] Trata-se de uma questão de fato. Importantemente, esse local de imanência não existe apenas dentro da consciência humana, por assim dizer, e não deve ser reduzido à textura psicológica da minha própria experiência como comparativista-no-direito. Mais ainda, esse diferendo atua como uma interpelação em antecipação a qualquer ocupação, apropriação, construção, ou desdobramento avançado por um comparativista-no-direito à medida que decide em que nível de diferenciação ele planeja conduzir sua sondagem arqueológica e desvelamento genealógico. Evidentemente, conforme mencionado, esse trabalho de escavação e elicitação intervém performativamente no sentido de que o

---

124 WHITEHEAD, A. N. *Process and reality*. New York: Free Press, 1978, p. 210.

125 Eu me baseio em DERRIDA, Jacques. *Memoires*. Trad. C. Lindsay. 2ª ed. Minneapolis: University of Minnesota Press, 1989, p. 15. Aqui a tradução inglesa, lançada antes do texto francês, é mais específica que a versão francesa.

126 DERRIDA, Jacques. *Limited Inc*. Paris: Galilée, 1990, p. 253. Eu me empresto da palavra "diferendo" da tradução inglesa de LYOTARD, J-F. *The differend*. Trad. G. Van Den Abbeele. Minneapolis: University of Minnesota Press, 1988 [1984].

comparativista, conforme mobiliza sua atenção ao diferendo, intervindo como um facilitador do significado, trazendo os Direitos à sua existência interpretativa, inscrevendo capturas e enquadramentos específicos dos Direitos, sempre impõe uma re-presentação ou uma cascata de re-presentação, todas elas presentações, novamente, do diferendo que ali é (imagine-se o comparativista lendo Jacques-Ghestin-em-seu-manual, lendo Georges-Rouhette-em-sua-dissertação-doutoral, lendo uma decisão judicial francesa, lendo uma lei francesa, lendo uma iniciativa política francesa ou lendo a sociedade francesa). No entanto, permanece o fato de que o comparativista vem *ao* diferendo, o qual existe e não é um figmento da sua imaginação.

Deve ficar claro que a estratégia ora defendida implica que a comparação diferencial seja uma ideia regulativa que não determina uma solução particular em antecipação à negociação comparativa em acontecimento. Assim sendo, o reconhecimento do diferendo e a implementação correlativa de uma interpretação diferenciadora (lembrando que não há uma leitura do Direito *enquanto tal...*) operam de modo a destacar a estrutura epistemológica dentro da qual o comparativista-no--direito pode tomar suas decisões. Embora a diferenciação seja a força intelectual estimulante, ela não prefigura as re-presentações advindas da comparação, devidamente apreendida como um processo de individualização de final aberto conduzido pelo próprio comparativista em um contexto no qual os limites que ele mesmo estabelece em sua iniciativa cognitiva não podem ser conhecidos em antecipação e onde suas decisões organizacionais a esse respeito são tudo menos negligenciáveis. Particularmente, uma diferenciação mais avançada – a diferenciação das diferenças – continua a especificar a especificidade (em outras palavras, à medida que o traçar continua), desmantelando-se simultaneamente qualquer ideia de uma singularidade fixa (ou objetiva).

Escrevendo em 1893 que "existir é diferir",[127] o sociólogo e filósofo francês Gabriel Tarde, o principal *contradicteur* de Emile Durkheim,

---

127 TARDE, Gabriel. "Monoadologie et sociologie". *In*: ALLIEZ, E. (Coord.). *Oeuvres*. vol. 1, Paris: Institut Synthélabo, 1999 [1893], p. 72. Cf. BENVENISTE,

ofereceu dois exemplos com vistas a sustentar seu argumento, o qual continua relevante. Antes do telescópio e do microscópio, ele notou, as estrelas e as moléculas eram consideradas homogêneas. Conforme telescópios mais potentes se tornaram disponíveis – para seguir nessa ilustração em particular –, o desvelamento da singularidade de cada estrela foi mais afundo. De novo, não quer dizer que os astrônomos "criaram" o diferendo quando mais de uma estrela está em co-presença. *O diferendo estava lá.* O que os astrônomos fizeram, na medida em que eles foram ao encontro do diferendo através do uso de telescópios cada vez mais sofisticados, foi desvelar mais dele, configurando mais da singularidade característica de cada estrela (tendo-se em mente que mesmo uma ferramenta técnica sofisticada deixa, por evidente, ao astrônomo a tarefa de interpretar os dados que ela "entrega"). Tarde afirma então que "qualquer que seja aquilo que o pesquisador desenterra sob indistinções aparentes, ele descobre uma riqueza de distinções inesperadas".[128] De novo, contudo, o compromisso com o diferencialismo não pode, em si e por si mesmo, permitir que se prediga o resultado da competição de forças segundo as diferenças que serão produzidas em detrimento de, e a eclipsar, outras. Dado que a efetivação do diferendo está em grande medida nas mãos do comparativista-no-direito,[129] não pode ser possível a qualquer um que venha de encontro à interpretação do comparativista (ou, de fato, ao próprio comparativista) a presunção de que o Direito Estrangeiro é fixo ou permanente. Sempre, não importa o quão exaustivo ele busque ser, o comparativista-no-direito se apropria da singularidade do Direito seletivamente. Esse fato implica – um ponto ao qual eu retornarei – em sempre restar mais singularidade a ser apropriada (a singularidade, conforme indicado, nunca está completamente presente...). Com efeito, para o comparativista, nem todas

---

E. *Problèmes de linguistique génerale.* vol. 2, Paris: Gallimard, 1974 [1967], p. 223: "ser distinto, ser significativo, são a mesma coisa".

128 TARDE, Gabriel. "Monoadologie et sociologie". *In*: ALLIEZ, E. (Coord.). *Oeuvres.* vol. 1, Paris: Institut Synthélabo, 1999 [1893], p. 72.

129 Cf. WHITEHEAD, A. N. *Process and reality.* New York: Free Press, 1978, p. 233: "a forma subjetiva não pode ser desarticulada absolutamente dos padrões dos dados objetivos".

"as diferenças [...] 'fazem' a diferença".[130] Em meio a toda comparação, questões fundamentais surgem, portanto. Qual reunião de diferenças o comparativista-no-direito enfatizará? Como ele diagnosticará ou problematizará os diferentes direitos-textos a embaraçá-lo? O quão longe ele os traçará? Em resistência ou em deferência, quais instituições ortodoxas, práticas opressivas, reducionismos sufocantes, ou comparativistas-no--direito bajuladores ele assimilará, então, talvez irreverentemente, com diferenças específicas?

Enquanto um gesto de autenticação, a comparação diferencial permite a cada direito-texto se manifestar como algo singular, como uma entidade inerentemente diferente, através do ato de *invenção* do comparativista, que é também uma tradução. A ideia de "invenção" é a chave. Etimologicamente, ela assinala para o fato de que o comparativista ao mesmo tempo encontra e cria o Direito Estrangeiro, de que ele simultaneamente o descobre e o configura. Ela carrega consigo a implicação adicional e crucial de que o comparativista não está alheio à operação que consiste em re-presentar o Direito Estrangeiro. De fato, nenhuma interpretação é simplesmente um trazer-à-presença do significado, dado que, como uma compreensão dos direitos-textos-como-traços revela, antes de tudo, não há nenhum presente (no sentido de um "presente-completo") esperando para ser decifrado. Pelo contrário, toda interpretação é suplementar ao texto que interpreta. Mas é um suplemento necessário porque ela é adicionada ao direito-texto estrangeiro com a finalidade de deixar seu significado aparecer, agindo como um indicador de significado, com a implicação de não poder ser considerada como algo externo àquilo que ela efetua. Conforme o comparativista se engaja em aproximar aquilo que ele considera significativo dentro do direito-texto estrangeiro, ele se revela como não possuindo um status que seria completamente independente da comparação. E tal qual a singularidade do Direito Estrangeiro é elucidada, a pluralidade do direito-texto é também expressada. Com efeito, a performação do direito-texto pelo comparativista, em suas decisões por modulá-la com a finalidade de presentar esse ou aquele aspecto de uma expectante elucidação performativa, se torna mais útil o quanto

---

130 BERNSTEIN, Richard. *The new constellation*. Cambridge: MIT Press, 1992, p. 219.

mais profundidade interpretativa o comparativista trouxer para a singular pluralidade/plural singularidade do texto. Em outros termos, o quanto mais sofisticado for a estrutura interpretativa aplicada ao direito-texto estrangeiro, mais virá à luz a singularidade do direito-texto em sua complexidade, e mais se verá enunciado o diferendo a marcar esse direito-texto de outro direito-texto em co-presença. Nas palavras de Theodor Adorno, "a força que fragmenta a aparência da identidade é a força do próprio pensamento".[131] E é por isso que a comparação-no-direito diferencial pode ser caracterizada como "uma sensação corrosiva de incompletude, [uma] insatisfação endêmica consigo mesma"; ela não pode senão ser atormentada pela suspeita de que nunca é suficientemente diferencial.[132] Conforme os comparativistas-no-direito se esforçam em dar conta da diferença que diferentes tipos de diferenças a atravessar os Direitos se transformam em prática efetiva ou potencial, conforme eles se referem a distinções de identidade, variações em crenças ou comportamentos, ou discrepâncias tênues na expressão do estrangeiro, conforme eles se engajam em uma leitura e escuta cuidadosas, conforme eles *traçam*, um sumário de duzentas palavras descobre só um tanto do diferendo, um ensaio de duzentas linhas um pouco mais, e uma dissertação de duzentas páginas mais um pouco.

Para que o diferencialismo atue como um princípio a reger a invenção de significado significativo (distinto, assim, do significado superficial), a leitura, e, mais amplamente, a escuta cuidadosa se intervêm como os protocolos básicos de interpretação do comparativista-no-direito. O que a leitura demanda para ser considerada uma *leitura*? O que torna a *leitura* possível? Eu tenho em mente uma atenção textual redobrada, com vistas, de maneira criativa e imaginativa, ao traçar sútil de conexões semânticas e associações discursivas intrincadas, mas de forma alguma a exegese morosa e formalista que excluiria, programaticamente, fatores institucionais, as predisposições do leitor, ideologia, e assim por diante. Bem como o

---

131 ADORNO, Theodore. W. *Negative dialectics*. Trad. E. B. Ashton. New York: Routledge, 1973 [1966], p. 149. A tradução foi modificada.

132 Aqui eu adoto e adapto BAUMAN, Z. *Postmodern ethics*. Oxford: Blackwell, 1993, p.8 0.

aprendizado (também no sentido de "malícia"), manufatura, e paciência que devem contribuir à edificação de uma explicação minuciosa. Nesse respeito, eu faço coro com Rudolf Bultmann, um dos colegas e influentes discípulos de Martin Heidegger, que advoga pelo "ouvir ao chamado [do texto]".[133] Conjuntamente a Kierkegaard, que intima o intérprete a escutar – "Apresse-se, ó! Apresse-se a escutar" –,[134] que argumenta que "tudo termina com o escutar",[135] e alinhado ao Derrida, que concorda que "aquilo que está incansavelmente em questão é a orelha",[136] tem-se um "falar-a-nós" ("*Zuspruch*") em operação.[137] Correspondentemente, esse falar compele os comparativistas-no-direito a se engajar com o tipo de trabalho comparativo que se manifesta como "otologia".[138]

Conforme o comparativista-no-direito se projeta em ler e escutar cuidadosamente, a "ipseidade" do comparativista é situada, de modo que sua agência se manifeste de maneiras importantes como o resultado sempre-desdobrável de um processo específico de formação, através de instituições, normas, e convenções para além de seu controle, onde seu intento se encontrou disciplinado, isto é, repreendido e instruído. Também no âmbito dos estudos jurídicos comparativos,

---

133 BULTMANN, R. "Das Problem der Hermeneutik". *In*: *Glauben und Verstehen*. vol. 2, Tübingen: Mohr, 1952 [1950], p. 228.

134 KIERKEGAARD, Søren. "Four upbuilding discourses". *In*: HONG, H. V.; e HONG E. H. (Coord. e Trad.). *Eighteen upbuilding discourses*. Princeton: Princeton University Press, 2005, p. 138.

135 HONG, H. V; HONG, E. H. (Coord. e Trad.). *Soren Kierkegaard's Journals and Papers*. vol. 5, Princeton: Princeton University Press, 1978 [1936], p. 74. O padrão de referência internacional do Papirer, "I A 235".

136 DERRIDA, Jacques. *Marges*. Paris: Editions de Minuit, 1972, p. [x]. Ver também DERRIDA, Jacques. *Béliers*. Paris: Galilée, 2003, pp. 37/38: "[manter] uma atenção perpétua em suspenso, isto é, viva, acordada, vigilante, pronta para tomar outra estrada, a deixar entrar, emprestar um ouvido, ouvindo fielmente a palavra outra, pendendo no fôlego da palavra outra e da palavra do outro – bem ali onde ela pode ainda aparecer ininteligível, inaudível, intraduzível".

137 Para essa tradução do vocabulário filosófico de Heidegger, ver: LYON, James K. *Paul Celan and Martin Heidegger*. Baltimore: John Hopkins University Press, 2006, p. 223, nota 14. A referência é a HEIDEGGER, Martin. "Holzwege". *In*: *Gesamtausgabe*. vol. 5, Frankfurt: Klostermann, 1977 [1950], p. 369.

138 DERRIDA, Jacques. *Politiques de l'amitié*. Paris: Galilée, 1994, p. 410.

"eu é um outro" ("*je est un autre*")[139] – que é um outro modo de dizer que o comparativista vai ao encontro dos direitos-textos assombrado por seus próprios espectros. Não apenas, então, ele é "uma máquina espectral" no sentido de que precisa mobilizar os traços a assombrar os direitos-textos, mas também à medida que ele próprio é assombrado.[140]

Com efeito, portanto, os direitos-textos francês e canadense, para retomar meu exemplo principal de uma comparação-no-direito, sustentam uma complexidade infinita, a exploração da qual nunca deixará de desafiar as fronteiras da re-presentação (aqui compreenda como a forma da especulação Beckettiana). Em última instância, a diferencialidade de um direito-texto – sua singularidade – nunca poderá ser narrada completamente, no mínimo porque, como indicado, ela nunca estará completamente presente. Vale a pena enfatizar essa limitação estrutural. Mesmo que se veja desvelada na experiência que o comparativista tem com ela, e no decorrer da análise (subsequente) que o comparativista faz da sua experiência, a singularidade do Direito estrangeiro permanece *insaturável*, uma pretensão diacrônica a implicar que o domínio completo cognitivo está além de qualquer alcance revelador de qualquer investigação. O Direito Estrangeiro parece, assim, existir como um excesso, a ideia de "excesso" acenando à primazia do outro em relação ao si, e sua explicação como *encurtamento*. Há sempre um limite naquilo que se pode dizer – e aquilo que se diz acaba sendo tão pouco, em última instância. Correspondentemente, o direito-texto sendo interpretado nunca pode ter todo o significado, que ele mesmo solicita, atribuído, dado que sempre se poderá escrever algo a mais a seu respeito. Conforme o adequado conselho de Beckett, "*il y a toujours à écouter*" ("sempre haverá algo mais a se escutar").[141] Dado que nenhum compreender e nenhuma narrativa nunca capturam o todo do direito-texto estrangeiro, a interpretação se revela não apenas como um ato

---

139 RIMBAUD, A. "Letter to Georges Izambard". *In*: GUYAUX, A. (Coord.). *Oeuvres completes*. Paris: Gallimard, 2009 [1871], p. 340.

140 DERRIDA, Jacques. *Papier machine*. Paris: Galilée, 2001, p. 147.

141. JULIET, C. *Recontres avec Samuel Beckett*. Paris: Editions POL, 1999 [1973], p. 49. As palavras são de Beckett.

de memória (o significado é recuperável), mas também um ato de luto (algum sentido é irrecuperavelmente perdido). Argumentavelmente, então, "[uma] boa [explicação] deveria suscitar em um bom leitor essa reação: 'por favor, mais detalhes, eu quero mais detalhes'".[142]

Assim que o comparativista assume a perspectiva de estar convencido acerca daquilo que ele distinguiu (quis distinguir) nos Direitos em co-presença, no momento em que ele sente que aqueles aos quais ele se dirige podem ser convencidos – não sendo nada insignificante que essa avaliação se dê como uma questão de percepção em relação à sua eficácia retórica – ou talvez por razões pragmáticas, como um prazo perto de se esgotar, um limite estrito de palavras, ou a exaustão dos recursos bibliográficos locais, o comparativista traz sua discussão do Direito Estrangeiro a um fim (provisório e ineludivelmente provisório). O acesso ao estrangeiro se vê, portanto, inevitavelmente interrompido. A interpretação do estrangeiro é deferida. Ela permanece *a devir* (observe-se que, sem quaisquer adendos, se o estudo do comparativista se sustenta, ele pode ser considerado, em última instância, como "verdadeiro", não se pode dizer possível que o estudo é "verdadeiro" porque ele se sustenta).

Consideremos Tarde mais uma vez. Que responder ao argumento de que todas as estrelas são estrelas, que onde há mais de uma, tem-se um conjunto e, por conseguinte, semelhança? Em resposta, eu gostaria de mudar de estrelas para pedras, e citar Paul Celan: "quando uma 'pedra' é mencionada em um poema é importante, sem dúvida, aquilo que pode ser significado por 'pedras'; mas o que importa no

---

142 LATOUR, B. *Reassembling the social*. Oxford: Oxford University Press, 2005, p. 137. É digno de nota que Vladimir Nabokov, um comparativista famoso no campo dos estudos literários, era um advogado incansável quanto à importância dos detalhes. Por exemplo, ver BOYD, B. *Vladimir Nabokov*: the american years. Princeton: Princeton University Press, 1991 [1948], p. 133: "eu não estou preocupado com generalidades [...]. Eu estou preocupado com o texto específico". As palavras são de Nabokov. Ver também NABOKOV, Vladimir. *Strong opinions*. New York: Vintage, 1990 [1971], p. 168: "detalhe é tudo"; e DORMERGUES, P. "Entretien avec Vladimir Nabokov". *Les langues modernes*, vol. 62, nº 1, 1968, p. 97: "tudo é no detalhe". Em francês se lê "le détail, tout est là". As palavras são de Nabokov.

poema é *essa* pedra, aquela que o poema menciona".[143] Adicionalmente, eu sustento que a enunciação de um elemento "compartilhado" por parte do comparativista-no-direito, o que nos leva de volta ao assim chamado "*tertium comparationis*", não pode fazer mais que marcar a construção necessária de um conector pelo próprio comparativista, o qual pode então agir como um indispensável ponto de entrada, permitindo à iniciativa comparativa se desenvolver (eu enfatizo que mesmo a análise diferencial tem necessidade por esse ponto de entrada). Assuma-se, portanto, que um comparativista articule, estando ciente que sua "comparação [...] não deve ser conduzida na linguagem de apenas uma das partes",[144] que não se pode recorrer à abordagem predatória e impor sobre outros palavras ou definições ou categorias que não lhes dizem respeito, articula uma interface entre "*Schuld*" no Direito de Divórcio alemão e "*fault*" no Direito de Divórcio californiano em torno da, diga-se, noção (não-unilateralista) de "transgressão". Agora, essa comensuração, de todo promovida pelo desejo de se engajar com o Direito Estrangeiro, pode ser vista como "um sistema para descartar informação e organizar aquilo que resta em novas formas",[145] ou, se se quiser, um dispositivo para outorgar uma similaridade formal através do diferendo. Qual "comunalidade" é afirmada inevitavelmente permanece, todavia, como o resultado especulativo das traduções/transações do comparativista. Então e em grande medida é o próprio comparativista quem está engajado em uma construção do comparável. Dado que, entre diferentes direitos-mundos, nenhum Direito pode, em e por si, se reduzir a um outro, o comparativista precisa, à medida que ele visa efetuar o tipo de "fusão de horizontes" que lhe permitirá uma opor-

---

143 A passagem é relembrada em uma entrevista presente em MISGELD, D.; NICHOLSON, G. (Coord.). *Hans-Georg Gadamer on education, poetry, and history*. Trad. L. Schmidt; e M. Reuss. New York: SUNY Press, 1992 [1985-1986], p. 70 (ênfase no original). As palavras são de Gadamer.

144 STENGERS, I. "Comparison as a matter of concern". *Common Knowledge*, vol. 17, 2011, p. 56.

145 ESPELAND, W. N.; STEVENS, M. L. "Commensuration as a social process". *Annual Review of Sociology*, vol. 24, 1998, p. 317.

tunidade comparativa,[146] fazer violência aos direitos em co-presença. Ele se engaja em reduções estereotipadas por meio de seu esforço para conectar essas leis através de um processo de subsunção emoldurante (ou se trata de uma "trapaça" estratégica?).[147] Qualquer que seja o nome que se queira atribuir a essa "manipulação" (uma manipulação doutoral...), tem lugar uma manifestação de violência que demanda ser reconhecida: "a comensuração refrata o poder de vários modos".[148]

Dado que o comparativista está efetivamente "negociando com o não-negociado" e fomentando uma relação, que é senão uma não-relação ou uma derrelação (pense em algo como um estado "0" da relação),[149] à essa comunidade não se pode permitir conduzir mais do que o mínimo inextricavelmente necessário, que é promover um semblante de comunalidade que pode plausivelmente agir como a plataforma de lançamento rumo à comparação. Mas, a fim de que os direitos comparados não tenham suas especificidades apagadas em virtude de uma generalização que seria transformada rapidamente, então, em uma dissimulação hegemônica e totalizante daquilo que acontece, ao invés de um seu desvelamento, a análise deve imperativa e agilmente se mover para além da intersecção construída, persuadindo-se a sustentar uma vigilância epistemológica elevada, aguçando-se quanto à produção de intuições críticas às quais os estudos jurídicos comparativos estão destinados a gerar a partir do diferendo dos direitos lado a lado. Em outros termos, comunidade é um momento que é crucial para o desdobramento de uma comparação que deve rapidamente – tanto quanto crucialmente – mover-se para além disso. A "constituição ou estabilização" de uma comunalidade é, então,

---

146 A ideia de "fusão de horizontes" (*Horizontverschmelzung*), de inspiração hegeliana, se encontra em GADAMER, Hans-George. *Truth and method*. Trad. J. Weinsheimer; e D. G. Marshall. 2ª ed. rev. New York: Continuum, 2004 [1986].

147 Cf. WHITEHEAD, A. N. *Process and reality*. New York: Free Press, 1978, p. 228: "aquilo que ordinariamente é chamado por 'relações' são abstrações de contrastes".

148 ESPELAND, W. N.; STEVENS, M. L. "Commensuration as a social process". *Annual Review of Sociology*, v. 24, 1998, p. 332.

149 DERRIDA, Jacques. *Etats d'âme de la psychanalyse*. Paris: Galilée, 2000, p. 83.

de pronto "provisória" e "precária".[150] Ela deve fazer sua necessidade ser sentida e aceitar sua abrupta deslocação. Em suma, ela deve estar ali, mas não há nenhum lugar pra ela.

O que tem lugar é, portanto, uma *terceirização* do conhecimento jurídico.[151] Pense na interface como um espaço terceiro "reservando" as dinâmicas entre os direitos mais-que-um sendo trazidos "juntamente" pelo comparativista – não, por evidente, como um espaço que possa ser adentrado ou deixado fisicamente, mas, metaforicamente falando, como um espaço de contestação e transação, um espaço translacional onde significados são desmantelados ou desconstruídos. De fato, pode-se dizer que um comparativista *se constitui* enquanto tal pela rejeição da fixação de compreensões homogeneizadas e pela marcação de uma terceira localização que não é nem um, nem um outro, mas, contestando os territórios de ambos, algo outro ao lado. O terceiro espaço – em meu exemplo, a delineação de uma terceira esfera de significado pelo comparativista-no-direito através da noção de "transgressão" – é distinguível dos Direitos sendo comparados (não está nem fora nem vinculado a esses Direitos) ao mesmo tempo em que não é reduzível a um composto dos Direitos pré-existentes. Nesse terceiro espaço, tem lugar uma re-articulação que projeta significado para além da significação obtida nos Direitos situados. O terceiro espaço pode ser considerado como efetuando, propriamente, o outramento desses Direitos além de qualquer lógica direta de exclusão e inclusão. Sim. Com efeito, o terceiro espaço introduz um outro outro à comparação-no-direito (no tocante a comparação, um mais um é igual a três). De fato, emergindo para além de qualquer informação antecedente, além de qualquer cenário "ou isso/ou aquilo" ou "isso e aquilo" ("transgressão" não é nem "Schuld" nem "fault" e não é "Schuld" e "fault"), o terceiro espaço

---

150 DERRIDA, Jacques; SPRINKER, M. (Coord.). *Politique et amitié*. Paris: Galilée, 2011 [1993], p. 112.

151 Em vários aspectos, eu estou seguindo SOJA, E. W. *Thirdspace*. Oxford: Blackwell, 1996, que reconhece fulminantemente seu débito para com LEFEBVRE, Henri. *Produciton de l'espace*. Barcelona: Anthropos, 1974. Ver também BHABHA, Homi. "The third space". *In*: RUTHERFORD, J. (Coord.). *Identity*. Londres: Lawrence & Wishart, 1990, pp. 207-221.

promove uma reconstituição que não apenas rompe a totalização assumida por cada Direito, mas também age como um lugar poderoso de produtividade de significado. No terceiro espaço, conhecimento novo é fabricado. É importante, portanto, não pensar o terceiro espaço como um arranjo dialético à la Hegel, o qual implicaria muito fortemente em uma sequência temporal ideal e no não menos ideal desdobramento do esquema tese/antítese/síntese sugerindo a terminação do processo. Em vez disso, o que nós temos no terceiro espaço é uma *heterothesis*.

Fique claro que eu aceito que a recomposição em construção a partir dos Direitos precedentes gera certa continuidade de conhecimento. Isso posto, então, o terceiro espaço pode ser visto legitimamente como uma ordenação que não é completamente autônoma. De fato, essa consonância atua como um antídoto a qualquer filosofia "anything-goes" e ajuda a garantir que os comparativistas-no-direito não confundam a abertura epistemológica característica do terceiro espaço com a anarquia. Mas o terceiro espaço não resolve o diferendo (pense em uma tradução para o francês de *Hamlet*: o que quer que seja que tenha no terceiro espaço não é nem o Shakespeare original no inglês do séc. XVI nem uma obra literária francesa). Dentro do terceiro espaço, permanece-se "confrontado com pelo menos dois sistemas de bens divergentes que não podem ser reconciliados".[152] Independentemente do que uma palavra como "transgressão" possa sugerir em uma leitura superficial, a "negociação de diferenças incomensuráveis" que intervêm no terceiro espaço falha em engendrar uma economia da mesma.[153] Não apenas se trata de um fato, portanto, que nenhuma ideia de "transgressão" pode superar o diferendo, mas a encenação do terceiro espaço gera ainda mais diferença – por exemplo, as diferenças entre "Schuld" e "transgressão" e entre "fault" e "transgressão", ambos os arranjos irreduzíveis (ou, para retornar ao exemplo da tradução de Hamlet, as diferenças entre Hamlet e sua tradução, de um lado, e entre a tradução e a literatura francesa, de outro). Por essa razão, uma noção como "transgressão" em

---

152 KALSCHEUER, B. "Encounters in the third space". *In*: IKAS, K; WAGNER, G. (Coord.). *Communicating in the third space*. New York: Routledge, 2009, p. 42.

153 BHABHA, Homi. K. *The location of culture*. New York: Routledge, 1994, p. 218.

meu exemplo pode ser chamada como "transdiferencial": na medida em que se propõe a colocar entre parêntesis o diferendo entre os Direitos situados, ela se encontra efetivamente agindo como um multiplicador da diferença.[154] Resultado da tensão intercultural, o terceiro espaço se transforma na fonte de novas tensões interculturais (pense como "transgressão" contém no mínimo ecos de "*fault*", que não estão presentes em "*Schuld*", e como "transgressão" contém no mínimo ecos de "*Schuld*", que não estão presentes em "*fault*").[155] Em suma, a comparação requer aos comparativistas-no-direito que pensem *trialeticamente*. Note-se que apesar da estrutura de poder ora desenvolvida em meio a trialética poder se provar difícil de ler, ela nunca é apagada; de fato, a "intervenção no aqui e agora" do comparativista-no-direito através da edificação de um terceiro espaço nunca é um ato inócuo.[156]

---

154 Para uma introdução à "transdiferença", ver BREINIG, H.; LÖSCH, K. "Transdifference". *Journal for the Study of British Cultures*, vol. 13, 2006, p. 105. Os autores insistem que "[a transdiferença] preenche um vazio importante ao não apontar na direção de uma superação da diferença" (p. 106).

155 BREINIG, H.; LÖSCH, K. "Transdifference". *Journal for the Study of British Cultures*, vol. 13, 2006, p. 112, enfatizando que o termo transdiferencial "contém no mínimo ecos da voz do outro".

156 BHABHA, Homi. K. *The location of culture*. New York: Routledge, 1994, p. 7. Cf. RADHAKRISHNAN, R. "Why compare?". *New Literary History*, vol. 40, 2009, p. 454: "comparações nunca são neutras: elas são inevitavelmente tendenciosas, didáticas, competitivas e prescritivas".

CAPÍTULO II

A ORTODOXIA EXPOSTA

Negando o que uma disciplina afirma, operando como aquilo que a estética da negatividade de Adorno estiliza como um "*Nicht-Mitmachen*" (uma não-colaboração ou não-participação),[157] adotando um modo crítico de reflexão, a abordagem que valoriza o diferendo e "o defendendo contra a semelhança e a dissimulação" permanece marginal dentro do campo dos estudos jurídicos comparativos.[158] De fato, ignorando larga-

157 Por exemplo, ver ADORNO, Theodore. W. *Critical models*. Trad. H. W. Pickford. New York: Columbia University Press, 1998 [1969], pp. 289-293. Cf. BECKETT, Samuel. "Proust". *In*: AUSTER, Paul (Coord). *The grove centenary edition*. vol. 4, New York: Grove Press, 2006 [1931], p. 539. De acordo com Adorno, essa atitude "[é] absolutamente necessária para manter viva a capacidade para a experiência do não-idêntico", BUCK-MORSS, S. *The origins of negative dialectics*. New York: Free Press, 1977, p. 189. A não-sincronização é também central para Derrida, que sustenta que não sendo parte "de uma comunidade linguística, de uma comunidade nacional, de um partido político, [...] qualquer grupo ou panelinha que seja, [...] qualquer escola filosófica ou literária" é "a condição [...] para entrar em relação com a singularidade e alteridade de outrem", DERRIDA, Jacques (*et al.*). *A taste for the secret*. Trad. G. Denis. New York: Polity, 2001 [1993], p. 27. As palavras são de Derrida. Cf. BECKETT, Samuel. *In*: FEHSENFELD, M. D.; e OVERBECK, L. D. (Coord.). *The letters of Samuel Beckett*. vol. 1, Cambridge: Cambridge University Press, 2009 [1939], p. 660: "todos os grupos são horríveis".

158 HEIDEGGER, Martin. *Being and time*. Trad. de J. Macquarrie; e E. Robison. Oxford: Blackwell, 1962 [1927], p. 165.

mente o argumento pelo diferencialismo, os comparativistas-no-direito ortodoxos, na medida em que articulam suas comparações, às vezes mais às vezes menos, com expressa referência à noção de "verdade", acabam por promover assiduamente um panorama hostil acerca da diferença. Uma expressão típica desse antagonismo castiga um "enfoque nas diferenças no palavrear de textos similares, em experiências nacionais diferentes" como "uma posição de 'hiperparticularidade'", opinando que a "hiperparticularidade é uma perspectiva muito pessimista quanto às possibilidades de aprendizado"[159] (eu sou suscitado a perguntar o que essas palavras *significam*. O que pode significar afirmar que, por exemplo, uma insistência na especificidade do Direito francês, isto é, uma tentativa de enunciar o quão minuciosamente possível a singularidade do Direito francês, pode implicar na rejeição das "possibilidades de aprendizado"? Especificar um direito ou o conhecimento de um direito de alguém, isto é, aprofundando-se ou aumentando-se a extensão da informação disponível a respeito de um direito, não ilustraria precisamente um compromisso resoluto para com a aprendizagem? Eu retorno à noção de "hiperparticularidade" abaixo). Para a doxa, a comparação diferencial é aquilo que precisa ser escandalizado e a diferença aquilo que precisa ser reprimido. A ideia governante, então, tem dois planos: que a insistência do comparativista-no-direito quanto ao diferendo é equivocada; e que a distinção entre Direitos, à medida que existente, é superficial, podendo-se dizer que ela esconde comunalidades mais profundas ou, pelo menos, mais pertinentes que, se se dedicar e acreditar, pode[m] se[r] "desenterra[r][das]".[160]

Conforme mencionado, a difamação da diferença entre Direitos e a correlativa exaltação da similaridade podem ser prontamente identificadas como as marcas características dos estudos jurídicos comparativos ortodoxos. O paradigma dominante tem sua expressão mais influente na obra de Hein Kötz, um estimado jurista alemão, que escreveu um

---

159 JACKSON, V. C. *Constitutional engagement in a transnational era*. Oxford: Oxford University Press, 2010, p. 179.

160 BUSSANI, M; MATTEI, U. "The common core approach to European Private Law". *Columbia Journal of European Law*, vol. 3, 1997-1998, p. 340.

tratado que atuou como a principal fonte de inspiração para os estudos jurídicos comparativos desde os anos 1960, providenciando o sistema estrutural principal a organizar a produção comparativa mundo a fora (as primeiras edições foram escritas em coautoria com Konrad Zweigert, que, de fato, providenciou grande parte de seu input teorético). Em seu livro, aparentemente inclinado a enquadrar a economia de conhecimento do campo como uma máquina vasta de produzir equivalências, Kötz formula uma "*praesumptio similitudinis*" a implicar que os Direitos são similares "até nos detalhes",[161] declara a "imaterialiladade das diferenças" entre Direitos,[162] e proclama a existência de um "sentido de justiça unitário".[163] Não parece ser exagero dizer que essas perspectivas, recusando/desarmando/unindo direitos-mundos são ecoados por inúmeros comparativistas-no-direito que permanecem, em sua semelhante busca por uma unidade dialética entre contraditórios, presos dentro de uma economia semântica (conservadora e conformista) fundada na identidade, familiaridade e duplicação – em que o Direito Estrangeiro é destinado, então, à domesticação, normalização, reduzido à expectação daquilo que já-se-sabe.

Escrevendo sobres casos na Alemanha, França e nos Estados Unidos e anunciando, em um tom notavelmente autoconfiante, uma abordagem da adjudicação intransigivelmente voltada para os resultados, para a qual "aquilo que importa para fins de comparação é o fato de uma solução e não as ideias, conceitos, ou argumentos jurídicos que sustentam a solução",[164] James Gordley, um comparativista americano destacado, assim afirma que "não há nada distintivamente alemão, francês ou americano

161 ZWEIGERT, K.; KÖTZ, H. *Introduction to comparative Law*. Trad. T. Weir. 3ª ed. Oxford: Oxford University Press, 1998 [1996], pp. 40 e 39, respectivamente.

162 ZWEIGERT, K.; KÖTZ, H. *Introduction to comparative Law*. Trad. T. Weir. 3ª ed. Oxford: Oxford University Press, 1998 [1996], p. 62.

163 ZWEIGERT, K.; KÖTZ, H. *Introduction to comparative Law*. Trad.T. Weir. 3ª ed. Oxford: Oxford University Press, 1998 [1996], p. 3.

164 FLETCHER, G. P. "The universal and the particular in legal discourse". *Brigham Young University Law Review*, 1987, p. 335.

acerca das próprias decisões [judiciais]".[165] Da sua parte, Alan Watson, argumentavelmente um dos nomes mais famosos no campo, afirma que "os Direitos Privados dos países [da União Europeia] não são de todo diferentes".[166] Adicionando que "seria uma tarefa relativamente fácil conceber um código básico e unitário de Direito Privado para operar através [de todo o mundo ocidental]".[167]

Na mesma linha, Rudolf Schlesinger, o autor daquele que já foi um dos principais *casebooks* americanos no campo (e desde sua morte nos anos 1990, um recebedor frequente de indecorosas hagiografias por alguns italianos positivistas), tendo expressado a perspectiva de que "o método do comparativista é de certo modo similar àquele do matemático que busca precisar o menor denominador comum",[168] declarou, fazendo referência específica às leis governando a formação de relações contratuais, que "embora sua etiologia não tenha sido ainda completamente explorada, a *existência* de algo como um 'núcleo comum'

---

165 GORDLEY, J. "Comparative legal research: its function in the development of harmonized law". *American Journal of Comparative Law*, vol. 43, 1995, p. 563. Ver também GORDLEY, J. *The philosophical origins of modern contract doctrine*. Oxford: Oxford University Press, 1991, p. 1: "o problema quanto a responsabilidade de uma criança por causar dano a um amiguinho ou de um vendedor pelos defeitos encontrados em suas mercadorias são analisados basicamente da mesma maneira em Hamburgo, Montpellier, Manchester, ou Tucson, e, assim sendo, em Nova Delhi, Tel Aviv, Tokyo e Jakarta".

166 WATSON, A. "Legal transplants and european Private Law". *Electronic Journal of Comparative Law*, vol. 4, nº 4. Disponível em: http://awf.ius.bg.ac.rs/legal_transplants.pdf. Acessado em: 28.10.2021.

167 WATSON, A. *Legal transplants*. 2ª ed. Athens: University of Georgia Press, 1993, pp. 100/101. Para uma afirmação análoga se referindo especificamente à proposta de um código civil para a União Europeia, ver RAMBERG, C. "E-commerce". *In*: HARTKAMP, A. (*et al.*). *Towards a european civil code*. 3ª ed. Alphen aan den Rijn: Kluwer, 2004, p. 244: "é surpreendentemente fácil superar as diferenças no Direito Nacional e formular regras comuns para a Europa".

168 SCHLESINGER, R. "The common core of legal systems: an emerging subject of comparative study". *In*: Kurt H. Nadelmann *et al.* (Coord.). *20th century comparative and conflicts Law*: legal essays in honor of Hessel E. Yntema. Leyden: Sythoff, 1961, p. 75.

é dificilmente desafiada hoje em dia".[169] Sem sombra de dúvida, com finalidade de defender esse posicionamento audaz, foi de importante ajuda pensar, como pensava Schlesinger – ainda que extraordinariamente –, que "vários (...) eventos, ainda que ocorrentes em lugares diferentes, são similares entre si se a linguagem ordinária os descreve em termos similares".[170] Com efeito, o comprometimento de Schlesinger com a ideia de "núcleo comum" era de tal modo que quando, durante seu

---

169 SCHLESINGER, R. "The common core of legal systems: an emerging subject of comparative study". *In*: Kurt H. Nadelmann *et al.* (Coord.). *20th century comparative and conflicts Law*: legal essays in honor of Hessel E. Yntema. Leyden: Sythoff, 1961, p. 66. (ênfase no original). Essa afirmação específica não está acompanhada de qualquer suporte. Pode-se querer considerá-la como a expressão de algum tipo de conclusão a um argumento rápido desenvolvido dois parágrafos antes. As referências nas quatro notas entre as páginas 65/66 poderiam ser consideradas como conferindo a autoridade. Mas elas dificilmente evidenciam "a existência de algo como um 'núcleo comum'" entre Direitos com referência específica à formação de relações contratuais. Nas quatro notas relevantes, Schlesinger dá entrada a duas citações a um livro de 1958 escrito por Wilfred Jenks, um advogado internacionalista que trabalhou para a Organização Internacional do Trabalho por 40 anos, iniciando em 1931, e duas referências a uma publicação de 1960 de um Ignaz Seidl-Hohenveldern, um professor austríaco de Direito Internacional, tendo se especializado no Direito das organizações internacionais. Ele também menciona textos publicados entre 1937 e 1960 por Hessel Yntema, um comparativista, adicionando uma autorreferência a uma contribuição de 1957. Com efeito, então, a asserção de Schlesinger parece se basear na opinião desses três estudiosos, dois dos quais eram internacionalistas dos quais é razoável esperar um argumento a favor da comunalidade entre Direitos tal qual é plausível assumir não terem um interesse específico na formação de relações contratuais. Em uma análise cuidadosa, portanto, a única autoridade potencialmente relevante parece ser Yntema. Seria sua autoridade suficiente para legitimar a forte afirmação de Schlesinger de que "a existência de algo como um 'núcleo comum' é dificilmente desafiada hoje em dia"? Para uma afirmação análoga, em uma escala diferente, mas também sem fundamentação, ver BAR, Christian von. "The study group on a european civil code". *In*: BAR, Christian von (*et al.*). *Study of the systems of private law in the EU with regard to discrimination and the creation of a european civil code*. European Parliament (Directorate General for Research) Working Paper (Legal Affairs Series) JURI, 1999, p. 131, que, fazendo referência a "um conjunto de princípios baseados primariamente em um núcleo comum de filosofia jurídica", afirma que "o *ius commune Europaeum* existe realmente". (ênfase no original).

170 SCHLESINGER, R. B. "Introduction". *In*: SCHLESINGER, R. B. *et al.* (Coord.). *Formation of contracts*: a study of the common core of legal systems. vol. 1, New York: Oceana Publications, 1968, 32.

projeto de pesquisa, instituições não se provassem "suficientemente comparáveis ao ponto de um núcleo comum de significado de regras e princípios jurídicos [poder] ser determinado",[171] elas eram simplesmente abandonadas ao longo do caminho. Em última instância, o objetivo de Schlesinger era formular "termos universalmente compreensíveis" a "carregar o mesmo significado para advogados formados em vários sistemas jurídicos".[172]

Ocasionalmente, o argumento a favor da similaridade dos Direitos pode se aventurar nas águas traiçoeiras de um notório etnocentrismo, como quando um acadêmico alemão exalta o caráter europeu do Direito inglês. Esse pronunciamento oferece um exemplo impressionante do tipo de simplificação por projeção identificativa ou autoprivilegiação epistemológica no qual a sempre-problemática relação entre o si e o outro é resolvida deixando o primeiro absorver o segundo através da atribuição ao outro dos elementos que orgulhosamente se associa a si mesmo. Com o outro sendo feito convenientemente a parecer como o si, qualquer desafio ao poder explanatório assumido pelas categorias do si é, por evidente, evitado. À alegação não escapa uma contradição profunda, contudo. Na medida em que ela sugere que o outro estaria lá para confirmar o si, ela levanta a possibilidade de que o outro poderia ser *necessário* ao si.[173]

---

171 SCHLESINGER, R. B. "Introduction". *In*: SCHLESINGER, R. B. *et al.* (Coord.). *Formation of contracts*: a study of the common core of legal systems. vol. 1, New York: Oceana Publications, 1968, p. 70.

172 SCHLESINGER, R. B. "Introduction". *In*: SCHLESINGER, R. B. *et al.* (Coord.). *Formation of contracts*: a study of the common core of legal systems. vol. 1, New York: Oceana Publications, 1968, p. 78.

173 Ver ZIMMERMANN, R. "Der eurpäische Charakter des englischen Rechts". *Zeitschrift für Europäisches Privatrecht*, vol. 1, 1993, p. 4. O descrédito dessa alegação, visando transformar o outro em uma cifra do si emerge prontamente da leitura cuidadosa das obras de dois importantes historiadores da tradição do Direito Comum anglo-saxão. Ver KELLEY, D. R. "Elizabethan political thought". *In*: POCOCK, J. G. A. (Coord.). *The varieties of british political thought*, 1500-1800. Cambridge: Cambridge University Press, 1993, pp. 64/65: "nunca houve uma ameaça séria de uma 'recepção' do Direito romano [na Inglaterra], e suas associações políticas [com o absolutismo e o papismo] asseguravam que os juristas comuns continuariam resistindo

Em sua busca pela "homogeneização" dos Direitos, muitos comparativistas, seguindo as pistas de Kötz, enquadram os Direitos que eles fazem seu "objeto" de estudo de acordo com um método conhecido pelos estudos jurídicos comparativos como "funcionalismo".[174] No que diz respeito a Kötz, o funcionalismo vai definido como "o princípio metodológico básico de todo o Direito comparado", de tal modo que "a questão em relação a qual qualquer estudo comparativo se dedica a deve ser proposta em termos puramente funcionais".[175] Inescapavelmente

---

à sua influência"; BAKER, J. H. *The Oxford history of the Laws of England*. vol. 6, Oxford: Oxford University Press, 2003, p. 12: "não tinha como haver qualquer Recepção aqui". Baker insiste na "quase completa resistência efetiva a influências romanizantes". Mesmo Richard Helmholz, um historiador mais simpático do que a maioria à ideia de que o Direito Comum inglês mostraria sinais de uma influência romana, sustenta que "é inegável que diferenças fundamentais entre o procedimento do common law e aquele do *ius commune* já tinham vindo à existência antes do século XIII, e continuando muito depois dele", HELMHOLZ, R. H. *The Oxford history of the Laws of England*. vol. 1, Oxford: Oxford University Press, 2004, pp. 312/313. (ênfase no original). Assim que se observa que por séculos o Direito Comum inglês foi primordialmente procedimental, é difícil exagerar a significância da observação de Helmholz.

174 Uma análise dos fatores que, através do tratado de Kötz, contribuíram para a fixação do funcionalismo como um item central do conhecimento dentro do campo dos estudos jurídicos comparativos incluiria a autoridade institucional do autor como diretor do famoso (e famosamente abastado) *Max-Planck-Institut für ausländisches und internationales Privatrecht* em Hamburgo; a posição intelectual do tradutor (sem mencionar suas conexões institucionais com o *Trinity College* da Universidade de Cambridge); e o prestígio da editora (ainda que, em termos de seu catálogo no Direito, essa reputação seja justificada ou não). Por evidente, gostar-se-ia de considerar as circunstâncias sob as quais esse argumento foi lido e, especificamente, analisar as razões pelas quais ele foi de encontro às expectativas de seus leitores de maneira tão bem-sucedida. Essas razões envolveriam a falta de enunciados teoréticos concorrentes no principal texto de outrora do campo que Kötz destronou – DAVID, R; JAUFFRET-SPINOSI, C. (Coord.). *Les grands systèmes de droit contemporains*. 11ª ed. Paris: Dalloz, 2002; disponível em inglês como DAVID, R; BRIERLEY, J. E. C (Coord.). *Major legal systems in the world today*. 3ª ed. Astoria: Stevens, 1985. Para a defesa principal do funcionalismo, ver MICHAELS, R. "The functional method of comparative Law". *In*: REINMANN, M; ZIMMERMAN, R. (Coord.). *The Oxford handbook to comparative Law*. 2ª ed. Oxford: Oxford University Press, 2019, pp. 345-389.

175 ZWEIGERT, K.; KÖTZ, H. *Introduction to comparative Law*. 3ª ed. Trad. T. Weir. Oxford: Oxford University Press, 1998 [1996], p. 34. Ver também KISCHEL, U. *Comparative Law*. Trad. A. Hammel. Oxford: Oxford University Press, 2019, pp. 88/89 e 173.

político, como qualquer método deve ser (senão porque um método é sempre o método de alguém e, portanto, o veículo para uma agenda política identificável), o funcionalismo – o qual, incidentalmente, nem deveria ser chamado por esse termo[176] – é marcado por sérias e numerosas deficiências. Considere-se, por exemplo, o modo em que essa abordagem compele a reformulação *ab initio* dos diferentes Direitos em co-presença, em termos que deliberadamente apagam as singularidades desses Direitos, buscando de maneira abertamente intencional re-presentá-los como sendo similares. Não apenas, então, os Direitos considerados sendo similares nos termos da "*praesumptio similitudinis*", mas suas análises estão subordinadas a uma metodologia terminalmente autoritativa que tem como sua mais própria *raison d'être* mostrá-los como sendo similares. Assim, a "*consideration*" inglesa e a "*cause*" francesa devem ser re-posicionadas como a evidenciar uma função similar, a qual pode ser, segundo Kötz, o providenciar de um "indício de seriedade", permitindo ao Direito distinguir entre compromissos executáveis e não-executáveis juridicamente.[177] Nesse processo, as noções inglesa e francesa são, nas palavras de Kötz, "retiradas de seus contextos conceituais e despojadas de suas conotações doutrinárias nacionais de modo a permitir sua visualização apenas sob a luz de sua função".[178] Em outros termos, as descontinuidades, difrações, e dissonâncias entre Direitos são "homogeneizadas" visando apropriá-las através do aparato funcionalista, melhor definido como uma marca de tecnologia semiótica produtora de significado a produzir uma ridícula unicidade. Durante esse caminho, cada Direito é transformado no duplo desdiferenciado do outro. Nesse entretempo, a diferença é meticulosamente marginalizada ou excluída, já que se a sente como rompendo ou ameaçando o esquema conceitual posto (Kötz de fato se refere à necessidade por parte dos comparativistas-no-direito

---

176 Ver HYLAND, R. *Gifts*. Oxford: Oxford University Press, 2010, p. 63.

177 ZWEIGERT, K.; KÖTZ, H. *Introduction to comparative Law*. 3ª ed. Trad. T. Weir. Oxford: Oxford University Press, 1998 [1996], pp. 388-399.

178 ZWEIGERT, K.; KÖTZ, H. *Introduction to comparative Law*. 3ª ed. Trad. T. Weir. Oxford: Oxford University Press, 1998 [1996], p. 44.

de "construir um sistema").[179] Essa estratégia de desenraizamento leva, com efeito, à sublação de dimensões tão espúrias que se se perguntasse aos advogados sejam ingleses ou franceses sobre o "indício de seriedade" em seus Direitos, nenhum dos dois saberia o que a questão busca indicar. Nesse sentido, dizer que o comparativista-no-direito "enquadra" os Direitos Estrangeiros em termos funcionais, conforme mencionado, é usar esse verbo não apenas para conotar a ideia de "dar forma aos Direitos", mas também, em consonância com um uso mais coloquial, no sentido de "inventar algo sobre esses Direitos".

Mesmo aqueles comparativistas que parecem lançar dúvidas quanto à existência de similaridades entre Direitos em um nível descritivo argumentam em prol do progresso *in símile*. Esses comparativistas também sustentam a perspectiva de que o Direito Estrangeiro tem sua importância apenas quando já foi feito o suficiente para destacá-lo de sua agenda local. Não apenas, então, um comparativista afirma que "nós devemos tentar [...] mostrar que o Direito Estrangeiro não é tão diferente dos nossos, apenas parecendo ser assim",[180] mas também destacando "o quão similares nossas leis fiduciárias [...] podem parecer com a ajuda de um pouco de manipulação (bem-intencionada e) engenhosa" (a palavra é de fato "manipulação", a qual tem a virtude de pelo menos ser explícita acerca da estratégia governante).[181]

O argumento por homogeneidade diante da diferença pode, mais uma vez, seguir linhas flagrantemente etnocêntricas nos termos

---

179 ZWEIGERT, K.; KÖTZ, H. *Introduction to comparative Law*. 3ª ed. Trad. T. Weir. Oxford: Oxford University Press, 1998 [1996], p. 44.

180 MARKESINIS, B. S. "The destructive and constructive role of the comparative lawyer". *RabelsZ*, vol. 57, 1993, p. 438.

181 MARKESINIS, B. S. "Why a code is not the best way to advance the cause of european legal unity". *European Review of Private Law*, vol. 5, 1997, p. 520. Ver também SCHLESINGER, R. B. "Introduction". *In*: SCHLESINGER, R. B. *et al*. (Coord.). *Formation of contracts*: a study of the common core of legal systems. vol. 1, New York: Oceana Publications, 1968, p. 35, que observou que os relatórios nacionais "devem ser revisados, e às vezes re-organizados, a fim de torná-los mais responsivos a, solidários com, os Relatórios Gerais" – os quais, não é preciso adicionar, expressam as principais orientações ideológicas do projeto de pesquisa.

das quais os outros são prontamente castigados enquanto versões pouco desenvolvidas do si. Ao observar que o Direito inglês difere do Direito alemão no tocante à interpretação das leis, o mesmo acadêmico alemão mencionado anteriormente, que escreveu acerca do caráter europeu do Direito inglês (sem, aparentemente, considerar o caso da interpretação das leis) sustenta que o ignorante modelo inglês precisa evoluir para ser mais parecido com o modelo na Alemanha onde prevalece "uma abordagem refinada e liberal da interpretação das leis [que] constitui um avanço considerável na cultura jurídica",[182] um fato que, segundo o autor, "dificilmente pode ser contestado".[183] Esse indivíduo acrescenta o quanto já é tempo do Direito inglês aprender "a lição [que] foi aprendida na Alemanha [e] [que] explica o grande sucesso do Código Civil Alemão".[184] De fato, ele conclui que "[é] difícil compreender o porquê das cortes na Inglaterra não poderem ser capazes, em uma maneira similar [à das cortes alemãs], de desenvolver e elaborar imaginativamente o Direito legislado".[185] Aqui, o Direito Comum anglo-saxão se veria retirado de sua história para ser inserido no modelo alemão de interpretação das leis que foi, narcisisticamente, elevado a um ponto de referência – com a sua supremacia sendo estabelecida *a priori* sem se sentir necessidade de qualquer justificação (poder-se-ia mencionar também o fato problemático de que para o autor a "cultura jurídica" alemã parece consistir em um constructo homogêneo inabitado pela diferença: tem-se, parece, apenas *uma* perspectiva acerca da interpretação das leis na Alemanha). Através de uma retórica hegemônica e derrogatória advogando pela imitação do si, dá-se lugar ao repúdio do Direito Comum anglo-saxão. Pela expressão de uma pretensão por um Direito

---

182 ZIMMERMANN, R. "Statuta sunt stricte interpretanda? Statutes and the common law: a continental perspective". *Cambridge Law Journal*, 1997, p. 321.

183 ZIMMERMANN, R. "Statuta sunt stricte interpretanda? Statutes and the common law: a continental perspective". *Cambridge Law Journal*, 1997, p. 321.

184 ZIMMERMANN, R. "Statuta sunt stricte interpretanda? Statutes and the common law: a continental perspective". *Cambridge Law Journal*, 1997, p. 326.

185 ZIMMERMANN, R. "Statuta sunt stricte interpretanda? Statutes and the common law: a continental perspective". *Cambridge Law Journal*, 1997, p. 328.

Comum anglo-saxão reformado, assimilado, outro, encoraja-se que se perca o poder de significar, em uma abdicação do seu próprio discurso.

Agora, mesmo que se reconheça que o Direito inglês não pode ser mantido como uma exterioridade total por aquele que o pensa, aceitando que a alteridade não pode ser perdoada pela mediação, admitindo que o outro é inevitavelmente "outro que", a sugestão que o outro-no-direito (inglês) é apenas uma versão perfeita do si-no-direito (alemão) é simplesmente um modo pouco apropriado da linguagem da re-presentação. Inaceitavelmente, essa configuração trabalha em prol da indevida vantagem do si, a quem se faz ocupar um lugar de fundação. De fato, a linguagem usada equivale a um gesto forte de uma violência (inegociável) porque o si se impõe ao outro ao invés de permitir ao outro que se exponha ao si: o si quer ensinar ao outro ao invés de aprender com ele.[186] De fato, enquanto o outro-no-direito for considerado como algo senão inferior vis-à-vis o si-no-direito, o etnocentrismo permanece intacto. Sem dúvida afirmações simplistas como essas ora em discussão remetem de importantes maneiras à perspectiva de que o comparativista-no-direito deveria se preocupar com "a existência de regras similares" e "não acerca de como [elas] operam em meio a [...] sociedade".[187]

Que a tentativa de compreender um direito-texto estrangeiro tenha sido tomada pela instrumentalização do Direito – por exemplo, por sua formulação "em termos de regras precisas e estritas"[188] – visando o encaixe do Direito Estrangeiro dentro do discurso uniformizado que

---

186 Cf. BLANCHOT, M. *L'espace littéraire*. Paris: Gallimard, 1955, p. 263: "aquilo que mais ameaça a leitura: a realidade do leitor, sua personalidade, sua imodéstia, [sua] pertinácia em querer permanecer ele próprio em face daquilo que ele está lendo".

187 WATSON, A. *Legal transplants*. 2ª ed. Athens: University of Georgia Press, 1993, pp. 20 e 96, nota 3.

188 SCHLESINGER, R. B. "Introduction". *In*: SCHLESINGER, R. B. *et al.* (Coord.). *Formation of contracts*: a study of the common core of legal systems. vol. 1, New York: Oceana Publications, 1968, p. 9. Na primeira edição de seu *casebook*, Schlesinger formulou sua orientação descaradamente prática em termos muito claros. Para ele, o ponto central dos estudos jurídicos comparativos é permitir escrever "uma carta compreensível pedindo pela opinião [de um advogado local]" e "tornar possível que

é atualmente considerado como ideologicamente de bom gosto pode ser facilmente ilustrado, para além do que já foi dito. Considere-se o fato de que alguns acadêmicos se consideram aptos a dedicar mais de 700 páginas a um argumento em favor da similaridade dos Direitos europeus no tocante à boa-fé em relações contratuais, enquanto ignoram, ao mesmo tempo, um artigo importante por um estudioso importante em uma revista importante que desenvolve um argumento sofisticado e interdisciplinar quanto ao fato de que os Direitos alemão e inglês em questão diferem e podem tão somente diferir.[189] Do mesmo modo, um capítulo que se propõe a "examinar [...] como o conceito de boa-fé objetiva é compreendido em vários países [europeus]", afirmando em conclusão que uma cláusula de boa-fé [...] pode ser particularmente importante para um novo código [civil ou contratual] para a Europa], preferiu não se referir à decisão de 1992 da Câmara dos Lordes no caso *Walford v Miles*, diante do qual a corte adotou a perspectiva de que no Direito inglês a doutrina da boa-fé é "inoperável na prática" dado que ela é "inerentemente repugnante à posição adversarial das partes".[190] Em nenhum lugar das 31 páginas ou 154 notas do capítulo o caso é sequer mencionado.[191]

[se] 'apreenda realmente' [...] aquela opinião", SCHLESINGER, R. B. *Comparative Law*. Saint Paul: Foundation Press, 1950, pp. [x/xi].

189 Ver ZIMMERMANN, R; WHITTAKER, S. (Coord.). *Good faith in european contract Law*. Cambridge: Cambridge University Press, 2000. A surpreendente omissão é TEUBNER, G. Legal irritants: good faith in british Law or how unifying Law ends up in new divergences. *Modern Law Review*, vol. 61, 1998, p. 11.

190 HESSELINK, M. W. "The concept of good faith". *In*: HARTKAMP, A. *et al.* (Coord.). *Towards a european civil code*. 4ª ed. Alphen aan den Rijn: Wolters Kluwer, 2011, pp. 620 e 648, respectivamente. O caso inglês é *Walford v Miles* 2 AC 128 (1992) (HL), p. 138 (Lord Ackner).

191 Estranhamente, o autor não se refere a nenhum caso inglês ao longo de todo o seu texto e restringe seu repertório de autoridades acerca do Direito inglês a uma regulação, um artigo de revista jurídica, e seis manuais. Mas essa extremamente fina linha de referências (holandocêntricas?) não evitam o pronunciamento de que a reticência inglesa vis-à-vis a boa-fé é "injustificada", HESSELINK, M. W. "The concept of good faith". *In*: HARTKAMP, A. *et al.* (Coord.) *Towards a european civil code*. 4ª ed. Alphen aan den Rijn: Wolters Kluwer, 2011, p. 648.

Ao longo de linhas convergentes, Vicki Jackson, uma notável constitucionalista americana, lançou um livro substancial em prol do caso da "compatibilidade no sentido de *similaridade*" a fim de a tranquilizar um público americano, em particular os elementos mais conservadores, de que referências judiciais ao Direito Estrangeiro não precisam ser temidas já que, bem, o Direito Estrangeiro não é tão diferente do Direito americano no fim das contas.[192] A apoiar sua afirmação, Jackson observa que a "França emendou sua constituição de modo a permitir revisões judiciais de leis depois de sua promulgação, distanciando-se de sua longa e duradoura oposição constitucional à obtenção desse poder pelos juízes", um desenvolvimento que ela sustenta revelar "um certo nível da convergência transacional rumo à efetividade judicial das constituições".[193] Tal qual eu interpreto essa passagem, o objetivo central de Jackson é demonstrar aos seus leitores americanos que após sua reforma institucional de 2008, a França está (finalmente?) operando como os Estados Unidos no que diz respeito à revisão judicial. Seguindo os termos dessa perspectiva americanocêntrica, o Direito francês não é apreendido como uma fonte de distúrbio ou ansiedade pelos constitucionalistas americanos. O Direito francês não sendo "outro" como poderia ter se temido, os advogados americanos não precisam ficar desconcertados diante dele como porventura expectado. Com efeito, o Direito Constitucional francês é (agora) tão "não-outro" ao ponto de justificar considerações ativas por parte dos constitucionalistas americanos. Argumentavelmente, o Direito francês compartilha essas comunalidades com o Direito americano que poderiam, de fato, serem encaradas como contendo algo de útil a ser dito para os juristas constitucionalistas americanos.

Mas para se propor prontamente essa conexão entre os Direitos francês e americano de um modo que pareça crível, muita coisa precisa permanecer não-dita. De fato, conforme Jackson produz sua *re-presentação*

---

192 JACKSON, V. C. *Constitutional engagement in a transnational era*. Oxford: Oxford University Press, 2010, p. 178. (ênfase no original).

193 JACKSON, V. C. *Constitutional engagement in a transnational era*. Oxford: Oxford University Press, 2010, p. 1.

tranquilizante do Direito Estrangeiro, ela exclui uma parcela substancial de informação tanto nessa parte inicial quanto em todo o restante de seu livro. Especialmente, ela se omite em discutir como, mesmo após a reforma de 2008, o modelo francês continua a diferir na maioria dos aspectos relevantes de sua contraparte americana.

Algumas das especificidades óbvias a caracterizar o Direito Constitucional francês pós-reforma, todas as quais permanecem sob rasura na monografia de Jackson, incluem o fato de que na França apenas o *Conseil constitutionnel* está intitulado a responder à questão da conformidade constitucional de textos legislativos quanto aos "direitos e liberdades" ("*droits et libertés*") garantidos pela Constituição.[194] Essa restrição significa que o controle de constitucionalidade é a prerrogativa de um colegiado (o qual, falando estritamente, não é uma corte) consistindo efetivamente de ex-políticos e outros *notables* nomeados a partir de um processo político-partidário. Enquanto isso, os juízes de carreira, alocados nas cortes ordinárias, seja na esfera do Direito Privado ou do Direito Administrativo, não possuem nenhum direito de se pronunciar a respeito da questão constitucional. No entanto, ainda que o requerimento por um exame da constitucionalidade de um dado texto legislativo, conhecida como "a questão constitucional prioritária" ("*question prioritaire de constitutionnalité*" ou "QPC"), esteja dentro da jurisdição exclusiva do *Conseil constitutionnel*, ela não pode ser argumentada imediatamente perante o colegiado. Em vez disso, a objeção constitucional deve ser feita primeiramente por um indivíduo perante uma "corte ordinária", seja de "direito-privado" ou de "direito administrativo", no bojo de processos dos quais ele seja uma das partes. Importantemente, o litigante deve mostrar que o texto legislativo contestado é relevante para a resolução do litígio em questão.[195] Assim que

---

194 Constituição francesa, artigo 61-1, conforme adicionado pela "Lei Constitucional n. 2008-724, de 23 de julho de 2008 sobre a modernização das instituições da V^{a} República" ["*Loi constitutionnelle no 2008-724 du 23 juillet 2008 de modernisation des institutions de la Ve République*"], artigo 29, *Journal officiel*, 24 de julho de 2008, p. 11890.

195 "Lei orgânica n. 2009-1523 de 10 de dezembro de 2009 relacionada à aplicação do artigo 61-1 da Constituição" ["*Loi organique no 2009-1523 du 10 décembre 2009*

esses requisitos básicos são satisfeitos, o desafio constitucional deve ser submetido a dois processos de filtragem por parte dos juízes franceses.

Uma primeira apreciação do caráter da objeção constitucional é feita pela corte inferior à qual a questão foi inicialmente submetida. Para o argumento ser recebido nesse nível, requer-se "não ser privado de um caráter sério" ("*ne pas être dépourvu de caractere sérieux*").[196] De novo, observe-se que a corte inferior não é intitulada a se pronunciar quanto aos méritos constitucionais da alegação e que seu papel está estritamente confinado à avaliação da importância da violação. Se a corte inferior confirma a significância da questão levantada, interrompe-se os procedimentos e expede a questão constitucional "sem delongas" ("*sans délai*") à mais alta corte que é ou a *Cour de cassation* (no lado do "direito-privado") ou o *Conseil d'Etat* (em questões "jurídico-administrativas").[197] Uma dessas duas cortes superiores (em termos estritos, o *Conseil d'Etat* não é uma "corte"), então, terá três meses para decidir se deseja enviar o caso para sua resolução constitucional ao *Conseil constitutionnel*, o critério relevante para despacho sendo um pouco mais restritivo que aquele aplicado pelos juízes das cortes inferiores, dado que o *Cour de cassation* ou o *Conseil d'Etat* devem ser persuadidos que o argumento constitucional é "sério" ("*sérieux*").[198] Esse processo de triagem é qualquer coisa menos acessório. Assim, durante os quatro primeiros meses seguintes à promulgação da reforma, em 1º de março

---

relative à l'application de l'article 61-1 de la Constitution"], artigo 23-2, *Journal officiel*, 11 de dezembro de 2009, p. 21379.

196 "Lei orgânica no 2009-1523 de 10 de dezembro de 2009 relacionada à aplicação do artigo 61-1 da Constituição" ["*Loi organique no 2009-1523 du 10 décembre 2009 relative à l'application de l'article 61-1 de la Constitution*"], artigo 23-2, *Journal officiel*, 11 de dezembro de 2009, p. 21379.

197 "Lei orgânica no 2009-1523 de 10 de dezembro de 2009 relacionada à aplicação do artigo 61-1 da Constituição" ["*Loi organique no 2009-1523 du 10 décembre 2009 relative à l'application de l'article 61-1 de la Constitution*"], artigo 23-2, *Journal officiel*, 11 de dezembro de 2009, p. 21379.

198 "Lei orgânica no 2009-1523 de 10 de dezembro de 2009 relacionada à aplicação do artigo 61-1 da Constituição" ['*Loi organique no 2009-1523 du 10 décembre 2009 relative à l'application de l'article 61-1 de la Constitution*'], artigo 23-4, *Journal officiel*, 11 de dezembro de 2009, p. 21379.

de 2010, o *Cour de cassation* despachou apenas 99 das 256 alegações (ou 39% do número total de submissões) e o *Conseil d'Etat* 26 de 75 (ou um pouco mais de 33% das petições).[199] Se a objeção constitucional é transferida para o *Conseil constitutionnel*, o *Conseil* tem três meses para chegar a uma decisão. Caso o *Conseil* sustente que o texto legislativo impugnado de fato falha em se conformar com as garantias concernindo aos "direitos e liberdades" inscritos na Constituição, esse texto se vê ab-rogado do momento da publicação da decisão do *Conseil*. Contudo, o *Conseil constitutionnel* pode deferir a aplicação de sua resolução até uma data posterior, a qual ele próprio está apto a definir.[200] Ainda que a presença continuada no livro de leis de um texto legislativo declarado como inconstitucional seja obviamente muito problemática, o objetivo dessa postergação é permitir ao governo tempo suficiente para preparar uma legislação alternativa, de modo a se evitar o vácuo legal.

Além dessas tecnicidades, o que o livro de Jackson falha em indicar é que a reforma francesa endereça as preocupações locais verificáveis, traçáveis, à inquietação política que atormentou a França no final dos anos 1940, de um lado, e o cada vez mais forte impacto na França do Direito da União Europeia e da Convenção Europeia sobre Direitos Humanos, de outro. Por exemplo, políticos franceses importantes, fazendo referência específica às instituições europeias, têm argumentado desde pelo menos 1990 que se um texto legislativo francês é legalmente problemático, dever-se-ia reservar aos próprios franceses a resposta à essa questão, localmente, ao invés de serem repreendidos no cenário internacional por uma entidade supranacional como a Corte Europeia

---

199 BRAMERET, S. "La motivation des décisions d'irrecevabilité des questions prioritaires de constitutionnalité par le Conseil d'Etat". *Petites Affiches*, 5 de maio de 2011, p. 18, nota 3.

200 Constituição francesa, artigo 62 conforme emendado pela "Lei Constitucional . 2008-724, de 23 de julho de 2008 sobre a modernização das instituições da V^{a} República" ['*Loi constitutionnelle no 2008-724 du 23 juillet 2008 de modernisation des institutions de la Ve République*'], artigo 30, *Journal officiel*, 24 de julho de 2008, p. 11890.

de Direitos Humanos.[201] Assim que a decisão por reformar a Constituição Francesa foi tomada, contudo, uma desconfiança histórica do poder judicial tornou impossível aos juízes o exercício definitivo do controle constitucional. A pulverização da autoridade adjudicativa através de um sistema de certo modo intricado de despachos e triagens – sem mencionar a contenção das recém-estabelecidas avaliações constitucionais a circunstâncias delineadas pela lei e solicitude que se permitiu demonstrar ao estado no caso de ab-rogação – também atestam à prevalência continuada de uma cultura jurídica legiscêntrica, na qual um texto legislativo é considerado, em termos rousseaunianos consolidados pelo tempo, como uma expressão da vontade geral e, por conseguinte, digno de uma reverência profunda.

Em suma, as emendas de 2008 à Constituição Francesa desvelam nenhuma preocupação com qualquer coisa que seja senão uma agenda local. Muito razoavelmente, então, um comentador escreve que "para bem ou para mal, a reforma não apaga o excepcionalismo ou as 'anomalias' francesas", adicionando que "a reforma de fato segue nenhum dos modelos [o americano ou o alemão] de controle de constitucionalidade *ex post*".[202] Pode-se facilmente enfatizar ainda a singularidade do modelo francês adicionando que o tipo de exame constitucional tornado possível pela revisão de 2008 suplementa a determinação constitucional a priori existente desde 1974, segundo a qual 60 membros de quaisquer das duas casas do Parlamento, inferior ou superior ("*Assemblée nationale*" ou "*Sénat*") podem solicitar ao *Conseil constituionnel* que avalie a cons-

---

201 Em 24 de abril de 1990, o Primeiro-Ministro Michel Rocard afirmou o seguinte: "se existe em nosso Direito provisões duvidosas, eu prefiro, pessoalmente, e de longe, que elas sejam declaradas enquanto tais por juízes francês, em vez de ter a humilhação a nós infligida através de uma punição [...] por um colegiado supranacional em Strasbourg [...]. O único fato que importa é [...] que a decisão seja tomada por autoridades francesas". A referência é à Corte Europeia de Direitos Humanos. Quanto ao discurso de Rocard, ver CARCASSONE, G; DUHAMEL, O. *La question prioritaire de constitutionnalité* (QPC). Dalloz, 2011, p. 19. A versão oficial se encontra *no Journal officiel* [Débats parlamentaires/Assemblée nationale], 25 de abril de 1990, p. 591.

202 HUNTER-HÉNIN, M. "Constitutional development and human rights in France: one step forward, two steps back". *International and Comparative Law Quarterly*, vol. 60, 2011, p. 172. (ênfase no original).

titucionalidade de uma lei depois de ter sido aprovada, mas antes de ser promulgada em Direito. Correspondentemente, o Direito francês apresenta agora duas formas de avaliação constitucional, uma a priori (reservada, enquanto uma expressão típica do republicanismo francês, à elite política) e outra a posteriori (revelando uma medida limitada de descentralização), uma evidenciando uma atitude hierárquica e a outra um *ethos* mais democrático.

Mais uma vez, a persuasividade da correlação então desenhada entre os Direitos francês e americano por Jackson depende muito da sua escolha por silenciar a singularidade francesa tanto quanto dela não se encaixe na visão transnacional então defendida. Aqui, como em qualquer outra instância, parece que "o comparativista presume similaridades entre jurisdições diferentes no próprio ato de buscar por elas",[203] enquanto, com efeito, gostar-se-ia que o comparativista-no-direito se comportasse da maneira precisamente oposta. Por exemplo, ao invés de buscar enquadrar o bloco quadrado da similaridade no buraco redondo da singularidade, Jackson poderia se basear no seu conhecimento especializado do Direito Estrangeiro e, contra o pano de fundo de sua re-presentação do Direito francês, *o qual nunca será excessivamente localizado*, relatar aos juristas americanos que na medida em que eles esperam que o Direito Estrangeiro seja como "seu" Direito ou assumam que os Direitos ao redor do mundo operem como uma declinação de "seu" Direito, suas visões acerca da similaridade e da convergência entre Direitos seriam, de pronto, etnocêntricas e simplistas.

Para entender o porquê de Jackson defender o Direito americano como uma linguagem de significância geral à qual se convida a tradução *French constitutional law* (isto é, de novo, não insignificativamente, "*droit constitutionnel*") e se considerando capaz de assim fazê-lo sem qualquer adendo, precisa-se apreciar, como indicado, que seu livro busca incentivar um discurso doméstico mirando circunstâncias domésticas (nesse

---

203 VINING, J. *The authoritative and the authoritarian*. Chicago: University of Chicago Press, 1986, p. 65. Cf. SPIVAK, G. C. "Rethinking comparativism". *New Literary History*, vol. 40, 2009, p. 611, que castiga a "descoberta de variedades da mesmidade" como muito "fácil".

caso, a disputa americana acerca da legalidade e da legitimidade da Suprema Corte norte-americana de se referir ao Direito Estrangeiro em adjudicações constitucionais). Minha crítica não consiste em dizer que a Suprema Corte dos Estados Unidos não pode se referir proveitosamente ao Direito Estrangeiro; de fato, referências estrangeiras são citações que qualquer comparativista não tem como não desejar em uma decisão judicial. Mas a moção comparativa requer que se mostre como um Direito existente enquanto Direito enculturado (de fato, *inevitavelmente* existindo como Direito enculturado) *em um lugar outro* pode ter relevância normativa *aqui*. E essa demonstração parece pedir por muito mais sofisticação do que aquela permitida pelos devotos, em sua insistência de que "fenômenos culturais, políticos, sociais, mas também legais contribuem para espalhar problemas comuns e o desenvolvimento de ideias comuns sobre como lidar com eles"[204] – ou, nesse tocante, que "nós compartilhamos tradições, problemas, e desafios com muitas outras nações com culturas similares".[205]

O fato ("não-hiperparticular") é que o problema respondido pela França no contexto de sua reforma constitucional em 2008 não é comum em relação às dificuldades enfrentadas pelas cortes americanas na (e desde então) decisão crucial da Suprema Corte em *Marbury v Madison* de 1803. E o fato ("não-hiperparticular") adicional é que a "ideia" francesa mobilizada para responder àquilo que percebia como uma questão em jogo na França também não é comum à "ideia" americana. Sugerir, para se citar a sentença-chave de Jackson mais uma vez, que o desenvolvimento francês pode revelar "um certo nível da convergência transacional rumo à efetividade judicial das constituições" traz à mente a crítica de Laurence Tribe à decisão da Suprema Corte

---

204 JACKSON, V. C. *Constitutional engagement in a transnational era*. Oxford: Oxford University Press, 2010, p. 279.

205 DWORKIN, Ronald. Justice Sotomayor: the unjust hearings. *The New York Review of Books*, 24 de setembro de 2009, p. 40. Embora ensaiado como uma superioridade doutrinária em certos círculos de elite cosmopolitas, deve-se insistir que esse discurso se prova seriamente equivocado, senão e apenas em razão de sua trivialidade. Para uma litania mais longa, ver SLAUGHTER, A-M. *A new world order*. Princeton: Princeton University Press, 2004, pp. 65-103.

americana em *Lawrence v Texas*,[206] na qual a opinião da maioria sustentou derivar certa vantagem normativa de um naco das mais superficiais referências ao Direito Estrangeiro. Em um comentário, Tribe lamenta a comparação "bruta" da Corte.[207] Para Jackson, "a breve referência comparativa à Europa (em *Lawrence v Texas*) parece sensata em razão dos compromissos compartilhados quanto a Direitos Civis e Políticos, democracia e governo das leis".[208] Se uma dose saudável de ceticismo ("não-hiperparticular") vis-à-vis presunções referenciais é permitida, suscita-se a indagação: de que modo o "compartilhado" é "compartilhado"? Em outras palavras (literalmente!), como se diz "*civil rights*" em francês ou "*rule of law*" em alemão?

Resta que o desejo por convencer os leitores locais a se engajarem com o Direito Estrangeiro não pode justificar uma re-configuração dramática do, diga-se, Direito francês, pretendendo extirpar suas características salientes. Apenas um tanto de instrumentalização do Direito do outro com vistas a avançar os objetivos do si pode ser defendida. Talvez essa declaração devesse ser, de fato, reformulada assim: sempre se instrumentaliza o outro em busca da realização de suas próprias ambições, mas, tendo em conta o reconhecimento devido ao outro e em razão do respeito que cabe ao outro como *alter ego*, dada esta *dívida*, qualquer instrumentalização deve visar ser a *menor* instrumentalização. Para Jackson, o argumento comparativo mais valioso – uma alegação

---

206 *Lawrenve v Texas*, 539 US 558, 2003.

207 TRIBE, L. H. "Lawrence v Texas: the 'fundamental right' that dare not speak its name". *Harvard Law Review*, vol. 117, 2004, p. 1931. Outra crítica pertinente a essa "comparação leve" está em RAMSEY, M. D. "International materials and domestic rights: reflections on Atkins and Lawrence". *American Journal of International Law*, vol. 98, 2004, p. 82, onde o autor adverte que a "integridade" da pesquisa comparativa está em jogo. Nos Estados Unidos, uma quantidade inumerável de pixels foi devotada à questão da referência judicial ao Direito Estrangeiro nos últimos anos. Para uma análise particularmente pertinente, situando a questão em comparação ao lugar do Direito Internacional na adjudicação, ver KNOP, K. "State law without its State". *In*: SARAT, A; DOUGLAS, L; UMPHREY, M. M. (Coord.). *Law without nations*. Stanford: Stanford University Press, 2004, pp. 66-100.

208 JACKSON, V. C. *Constitutional engagement in a transnational era*. Oxford: Oxford University Press, 2010, p. 394. (ênfase adicionada).

infinitamente mais complexa e desafiadora – seria "tornar [o Direito francês] 'estranho', tornando as formas [francesas] difíceis, aumentando a dificuldade e o alcance da percepção [para seus leitores americanos]",[209] isto é, *interrompendo* as expectativas americanas e demonstrando que o Direito Constitucional americano tem muito a aprender do Direito Constitucional francês *porque o Direito francês é tão irredutivelmente diferente dele ou tão irreconciliavelmente singular vis-à-vis o Direito americano.* Que eu prefira favorecer a problematização do diferendo ilustra o quão otimista eu sou no tocante "às possibilidades de aprendizado" vangloriadas por Jackson; de fato, sustento que se aprende pela diferença, e não pela mesmidade (se A se comporta do mesmo jeito que B, o que há para B *aprender* com A?).[210]

---

209 SHKLOVSKY, Viktor. "Art as technique". *In*: LEMON, Lee T.; REIS, Marion J (Trad.). *Russian Formalist Criticism*: four essays. Lincoln: University of Nebraska Press, 1965 [1917], p. 12.

210 Eu gostaria de adicionar que quando Jackson decide confrontar "a sugestão em meio-tom [...] de que os [Estados Unidos], enquanto uma nação poderosa e importante, tem pouco a aprender com outrem" (JACKSON, V. C. *Constitutional engagement in a transnational era.* Oxford: Oxford University Press, 2010, p. 391), se trata de um empreendimento intelectual corajoso, sugestivo do que há de melhor na militância comparativista. Nesses termos, eu aplaudo seu esforço admirável por aumentar a relevância do Direito Estrangeiro no constitucionalismo norte-americano. Ao enfatizar a seriedade do propósito de Jackson, eu não posso senão lembrar que um professor de Direito francês, que tendo aplicado para uma vaga docente no *Institut d'études politiques de Paris* (familiarmente conhecido como "*Sciences Po*") foi convidado a fazer uma aula-teste em maio de 2010, à qual eu atendi como um membro do público (confesso que meu interesse residia na aula do outro finalista), ao ser questionado pelo comitê de contratação o porquê de seu interesse em Direito Constitucional comparado, o professor francês respondeu, "por diversão" ("*pour le plaisir*"). Como eu compreendi nas negociações a *sotto voce* tendo lugar no momento crucial do processo de contratação, a mensagem enviada pelo candidato era de que ele continuava sendo "material contratável" para uma escola de Direito francesa ainda que ele revelasse um estranho, mesmo que crescentemente elegante, interesse no Direito Estrangeiro (no Direito *out of the land...*). Em outros termos, a instituição não tinha motivos para se alarmar (o que haveria para se temer de uma *comparison de délassement*?) e a majestade do Direito francês estava a salvo. Ao observar que ele praticava o Direito Estrangeiro estritamente como um passatempo, do mesmo modo que outros professores se permitem o tango ou a caligrafia, o concorrente estava sinalizando, em última instância, o caráter inócuo de seu empreendimento

De acordo com o principal tratado no campo dos estudos jurídicos comparativos, o comparativista-no-direito deve de alguma forma conduzir seu empreendimento de homogeneização em um estilo "puro e desinteressado".[211] Em seu texto, Kötz advoga expressamente por um reducionismo científico entre Direitos, uma espécie de resposta matemática à questão levantada pela situacionalidade do esforço interpretativo envolvido em qualquer comparação. Por exemplo, ele argumenta em favor da comparação-no-direito como uma "ciência jurídica internacional" ou uma "ciência jurídica universal".[212] Ele também alega que o comparativista deve aspirar à "exatidão e objetividade científicas".[213] De fato, os estudos jurídicos comparativos exigiriam um operar tal qual a "física", a "microbiologia", ou a "geologia".[214] Não é surpreendente, talvez, que através da expressão de sua predileção pelo direito-como--ciência – essa inveja da ciência – e em vista da determinação concomitante de que os comparativistas deveriam focar exclusivamente em áreas consideradas (pelo próprio Kötz) como sendo "relativamente 'apolíticas'" (o que incluiria, restringindo-se à terminologia do Direito Comum anglo-saxão, Direitos Contratuais, Fiduciários e de Restituição),[215] o autor está a replicar os *schemata* epistemológicos de apreciação e ação característicos de sua Alemanha nativa e da cultura jurídica alemã que o interpelou e na qual ele foi socializado (alguns desses enquadramentos sendo traçáveis na longa duração, por exemplo, até aos tempos romanos).[216] São esses modelos com os quais Kötz foi encarnado através de

---

e, assim sendo, mantendo um decoro discursivo. Em um forte contraste, Jackson, felizmente, não está escrevendo "por diversão".

211 ZWEIGERT, K.; KÖTZ, H. *Introduction to comparative Law*. 3ª ed. Trad. T. Weir. Oxford: Oxford University Press, 1998 [1996], p. 34.

212 ZWEIGERT, K.; KÖTZ, H. *Introduction to comparative Law*. 3ª ed. Trad. T. Weir. Oxford: Oxford University Press, 1998 [1996], pp. 45 e 46.

213 ZWEIGERT, K.; KÖTZ, H. *Introduction to comparative Law*. 3ª ed. Trad. T. Weir. Oxford: Oxford University Press, 1998 [1996], p. 45.

214 ZWEIGERT, K.; KÖTZ, H. *Introduction to comparative Law*. 3ª ed. Trad. T. Weir. Oxford: Oxford University Press, 1998 [1996], p. 15.

215 ZWEIGERT, K.; KÖTZ, H. *Introduction to comparative Law*. 3ª ed. Trad. T. Weir. Oxford: Oxford University Press, 1998 [1996], p. 40.

216 Para Heideger, "sempre se existe facticamente". Assim, não se é "uma auto-projeção livre e flutuante". Pelo contrário, é-se "determinado pelo estar-lançado como um Fato da entidade que é; e, assim determinada, ela em cada caso já foi entregue à existência,

um arranjo de mecanismos institucionais que se impuseram a ele (como aulas, seminários, leituras obrigatórias, e avaliações) e que ele incorporou efetivamente em sua história pessoal e intelectual, em seu temperamento e gosto cognitivos, e em sua agenda política. Consequentemente, ele agora encarna uma das formas de existência da instituição. Nesse processo, ele oferece um bom exemplo da constituição da mente individual e da colonização social do indivíduo que, através da internalização do poder institucional, é inscrito em um sistema de crenças e precipitado para fora da escola de Direito não apenas como uma pessoa controlada, mas também alterada – e isso, assim mesmo, quando ele se considera bem-sucedido em descartar modos paroquiais, substituindo-os por um cosmopolitismo provocador.[217] (A esse respeito, a epistemologia de Kötz tem muito em comum com o essencialismo de Descartes. De fato, Descartes "não notou nem [...] o quanto que ele considerara reflexões

---

e assim permanece constantemente", HEIDEGGER, Martin. *Being and time*. Trad. J. Macquarrie; e E. Robison. Oxford: Blackwell, 1962 [1927], p. 321.

217 Tipicamente evidenciado em Schlesinger, conforme mencionado (nota 123 supra), a predileção pelo direito-como-matemática ostenta um pedigree memorável, especialmente em países substancialmente marcados pelo Direito romano como a Alemanha e a França. Por exemplo, ver DUARENUS, Franciscus. "In primam partem Pandectarum, sive Digestorum, methodica enarratio". *In*: MARENZIO, Luca. *Opera omnia*, vol. 1, 1765 [1561], p. 3: "os elementos do Direito, as fundações de suas máximas e de seus pontos fundamentais são como os pontos, as linhas, e as superfícies da geometria". Famosamente, Domat também pensou que o Direito deveria ter na geometria seu modelo. Para ele, "esse modo de raciocínio é mais simples, mais natural e mais fácil que aquele da lógica": DOMAT, J. *Les quatre livres du droit public*. tomo I, cap. 17. Paris: Université de Cae, [1697], p. 307. Talvez a influência difundida do modelo científico também pode ser exposta pelo fato de que dois protagonistas no debate acerca da codificação do Direito Civil alemão no começo do século XIX, embora amargamente contrapostos no tocante a essa questão fundamental, estavam em acordo quanto outro ponto, o qual ambos consideram claramente como ainda mais primordial, isto é, que ambos estavam defendendo a relevância de um paradigma matemático para o Direito. Por exemplo, ver THIBAUT, A. Friedrich Justus. "Ueber die Nothwendigkeit eines allgemeinen bürgerlichen Rechts für Deutschland". *In*: *Civilistische Abhandlungen*. Heidelberg: Mohr, 1814, p. 43; SAVIGNY, F. C. von. *Vom Beruf unserer Zeit für Gesetzgebung und Rechtswissenschaft*. 3ª ed. Tübingen: Mohr, 1840, p. 22. Thibaut, favorecendo a criação do código, advogava especificamente por uma "matemática jurídica pura". Enquanto isso, seu oponente argumentava que a congruência entre Direito e geometria, a qual deveria ser obtida inquestionavelmente, era particularmente óbvia no Direito romano.

espontâneas da sua mente eram de fato repetições de sentenças e frases de seus manuais de escola. Mesmo o *Cogito* é encontrável em Santo Agostinho".[218] Em outras palavras, Descartes reconheceu a si mesmo equivocadamente como um indivíduo não-alienado, como alguém que escapou do impacto estrutural da construção institucional do si).

Crucialmente, o consenso em torno do projeto de homogeneização é tão ubíquo no campo dos estudos jurídicos que esse empenho intelectual permaneceu largamente imune à crítica, e evidências discrepantes e questões embaraçosas sendo prontamente ignoradas por aqueles que têm um interesse na manutenção dessa "atmosfera" dominante.[219] No entanto, a apreciação de Kötz é abjurada pelo fato inescapável de que qualquer elemento da ordenação jurídica – mesmo o Direito das relações contratuais, responsabilidade civil, ou enriquecimento ilícito! – tem implicações distributivas sendo, por conseguinte, político.[220] Mais ainda, Kötz assume uma perspectiva obsoleta da ciência, tendo em vista que a pesquisa científica já foi convincentemente situada em termos das suas condições históricas, políticas, sociais e filosóficas em meio às quais ela se manifesta. De fato, desde os anos 1980, o campo dos estudos científicos – seja em sua versão *Science, Technology and Society* (*STS*) seja como *Sociology of Scientific Knowledge* (*SSK*) – tem apresentado um número crescente de relatos interdisciplinares sofisticados desafiando as compreensões tradicionais da prática científica e da construção do conhecimento científico, todos eles defendendo a visão de que nenhum argumento persuasivo visando explicar o porquê de certas alegações

---

218 MACINTYRE, A. "Epistemological crises, dramatic narrative and the philosophy of science". *The Monist*, vol. 60, 1977, p. 458. (ênfase no original).

219 Portanto, Richard Hyland especificamente observa como "é estranho que tenha levado tanto tempo para que qualquer um contestasse a visão funcionalista", HYLAND, R. *Gifts*. Oxford: Oxford University Press, 2010, p. 68. Uma exceção proeminente é FRANKENBERG, G. *Critical comparisons*: re-thinking comparative Law. *Harvard International Law Journal*, vol. 26, 1985, p. 411. Ver também HILL, J. "Comparative Law, Law reform and Legal Theory". *Oxford Journal of Legal Studies*, vol. 9, 1989, p. 101. Dado que Kötz nunca conduziu nada nas linhas de um *Auseinandersetung*, sua reação a essas críticas permanece desconhecida.

220 Ver KENNEDY, Duncan. "The political stakes in 'merely technical' issues of contract law". *European Review of Private Law*, vol. 10, 2002, p. 7.

científicas triunfarem sobre outras pode se basear seja em evidências objetivas seja na verdade do enunciado vitorioso.[221] Por exemplo, observou-se que mesmo a alegada objetividade do biólogo é informada por um interesse determinado. Ou se notou que os instrumentos usados para descrever o mundo são ao mesmo tempo determinados e qualificados historicamente (e que se eu quero acessar esses instrumentos, preciso de outros instrumentos que são igualmente determinados e qualificados...).

Em suma, pode-se afirmar que a despolitização pretendida por Kötz é melhor compreendida como uma configuração de um tipo específico de política (conservadora) pretendendo ter neutralizado o político através da re-presentação do "jurídico" na forma do meramente técnico. O positivismo de Kötz, então, não pode escapar de sua membrana teorética a envolver o todo. Não se trata de um "ponto de vista ausente". Com efeito, é tudo menos um anódino teorético. De fato, através de sua afirmação da hegemonia positivista, tendo em conta seu "privilégio da perfeição em detrimento de quaisquer outros compro-

---

221 Para uma seleção de textos pioneiros que em seus títulos e subtítulos oferecem insights reveladores quanto às abordagens intelectuais a governar as pesquisas atuais nos estudos científicos, ver CHEMLA, K; FOX KELLER, E. (Coord.). *Cultures without culturalism*: the making of scientific knowledge. Durham: Duke University Press, 2017; BARNES, B.; BLOOR, D.; HENRY, J. *Scientific knowledge*: a sociological analysis. Chicago: University of Chicago Press, 1996; KNORR-CETINA, K. *The manufacture of knowledge*: an essay on the constructivist and contextual nature of science. Oxford: Pergamon Press, 1981; LATOUR, B.; WOOLGAR, S. *Laboratory life*: the construction of scientific facts. 2ª ed. Chicago: University of Chicago Press, 1986; PICKERING, A. *Constructing quarks*: a sociological history of particle physics. Chicago: University of Chicago Press, 1984; SHAPIN, S; SCHAFFER, S. *Leviathan and the air-pump*: Hobbes, Boyle, and the experimental life. Princeton: Princeton University Press, 1985; BIAGIOLI, M. *Galileo, courtier*: the practice of science in the culture of absolutism. Chicago: University of Chicago Press, 1993; LICOPPE, C. *La formation de la pratique scientifique*. Paris: La Découverte, 1996; SHAPIN, S. *A social history of truth*: civility and science in seventeenth-century England. Chicago: University of Chicago Press, 1995; LONGINO, H. E. *Science as social knowledge*. Princeton: Princeton University Press, 1990. Para uma visão global influente acerca da filosofia da ciência escrita em uma perspectiva distinta daquela dos estudos científicos, mas, não obstante, repetidamente lançando dúvida acerca da pertinência da "verdade" na ciência, ver em geral GODFREY-SMITH, P. *Theory and reality*. Chicago: University of Chicago Press, 2003.

missos",[222] porque, para citar um discípulo provincial, ele "tem dado muito mais importância a alguns objetivos 'formais', como racionalidade, segurança jurídica, previsibilidade, e eficiência",[223] dado que seu esforço intelectual promove "evidência objetiva, claridade terminológica, consistência lógica, coerência sistemática, e orientação histórica",[224] já que sua postura parcial e contestável quanto ao foco da pesquisa jurídica comparativa exclui de antemão a realização de outras possibilidades que falhariam no teste de sua certeza positivista e de seus limites semióticos claros, Kötz produz "exatamente o tipo de teoria politizada que [ele] alega rejeitar e da qual [ele] busca [se] distinguir" (algo que ele falha em considerar em razão de sua indisposição em sondar suas convicções).[225]

Notavelmente, mesmo quando ele está propondo a comparação-no-direito como uma "*science pure*" desmundanizada, consistida de conceitos "neutros,"[226] Kötz se atola em uma contradição fundamental. Enquanto promove o modelo abstrato alemão para todos – um exemplo impressionante de como, conscientemente ou não,[227] ele não consegue evitar as acepções sobreaprendidas e sobrevalorizadas da sua própria cultura jurídica, de como "a força e a eficácia do sistema [...] transforma transgressões em 'falsas saídas'",[228] de como "a cena [alemã] [...] não

222 HUTCHINSON, Allan C. *The province of jurisprudence democratized*. Oxford: Oxford University Press, 2009, p. 100.

223 BAR, Christian von. "The launch of the draft common frame of reference". *Juridica International*, vol. 14, 2008, p. 9.

224 HUTCHINSON, Allan C. *The province of jurisprudence democratized*. Oxford: Oxford University Press, 2009, p. 41.

225 HUTCHINSON, Allan C. *The province of jurisprudence democratized*. Oxford: Oxford University Press, 2009, p. 40. A esse respeito, o despreparo de Kötz para se engajar com seus críticos merece ser destacado mais uma vez.

226 ZWEIGERT, K.; KÖTZ, H. *Introduction to comparative Law*. 3ª ed. Trad. T. Weir. Oxford: Oxford University Press, 1998 [1996], pp. 6 e 10, respectivamente. A primeira formulação aparece em francês tanto na edição inglesa quanto na alemã.

227 Cf. GADAMER, Hans-George. *Heidegger's ways*. Trad. J. W. Stanley. New York: SUNY Press, 1994 [1975], p. 58: "a experiência da história, a qual nós mesmos temos, é também coberta, mas apenas em um pequeno grau por aquilo que nós chamaríamos de consciência histórica". [ênfase no original].

228 DERRIDA, Jacques. *Marges*. Paris: Editions de Minuit, 1972, p. 162.

obstante permanece ativa, mexendo, inscrevendo em tinta branca, um desenho invisível e encoberto no palimpsesto"[229] – ele também apoia o retorno à "era do Direito Natural" (a palavra "retorno" aparece como especialmente apta, já que Kötz, ao que parece, nos levaria de volta ao tempo de Grotius ou Suárez, há aproximadamente 500 anos).[230] Fique claro, é difícil, mesmo em uma leitura caridosa, reconciliar o caso por uma *Dogmatisierung* distendida com aquele pelo transcendentalismo – a não ser, talvez, se se adota a perspectiva a lá Paul Dirac de que a matemática abstrata revelaria as leis da natureza. Seja como for, ambas as estratégias de Kötz parecem sugerir fortemente uma ou outra forma de um generalismo enganoso. Mesmo em uma versão mais sofisticada que a de Kötz, a afirmação prescritiva em favor de uma compreensão genérica do Direito continua se baseando nas presunções rasteiras e inaceitáveis de que os problemas entre Direitos são os mesmos, que os métodos usados para respondê-los são os mesmos, e que as soluções formuladas para resolvê-los são as mesmas.[231] Mas o fato é que, muito longe de serem espécies para um gênero (nenhuma generalidade do tipo existe), os Direitos diferentes são concretos e irredutíveis quanto seus localismos.

Um panorama do positivismo não examinado da *doxa* também revela Gordley expressando, em termos ressoadamente platônicos: "eu estou preocupado com aquilo que o Direito é", e sustentando que uma comparação interdisciplinar "não deveria ser confundida com uma descrição do [...] Direito".[232] Outros comparativistas propuseram uma

---

229 DERRIDA, Jacques. *Marges*. Paris: Editions de Minuit, 1972, p. 254.

230 ZWEIGERT, K.; KÖTZ, H. *Introduction to comparative Law*. 3ª ed. Trad. T. Weir. Oxford: Oxford University Press, 1998 [1996], p. 116.

231 Ver, por exemplo, LAW, D. S. "Generic Constitutional Law". *Minnesota Law Review*, vol. 89, 2005, p. 652. Eu percebo uma tensão entre a aspiração transcendental deste autor no tocante ao constitucionalismo e seu cometimento mais geral com a pesquisa empírica. Ver agora JAKAB, A.; DYEVRE, A.; ITZCOVICH, G. (Coord.). *Comparative constitutional reasoning*. Cambridge: Cambridge University Press, 2017, passim.

232 GORDLEY, J. "When Is the use of foreign Law possible? A hard case: the protection of privacy in Europe and the United States". *Louisiana Law Review*, vol. 67,

perspectiva semelhante, mantendo que "o Direito é apenas aquilo que é vinculante".[233] No processo, eles similarmente recusam a aceitar que o Direito está sempre mudando, tal qual convém a algo que depende da interpretação, e que nenhuma explicação consegue superar o vazio entre *signum* e *res*, de modo que toda descrição é uma inscrição (nenhum comparativista é um *scriptor absconditus*). De fato, Gordley se preocupar com "o-direito-como-ele-é", visando alcançar a "quididade" do Direito, não é diferente de buscar acessar futyirep votkgemirrec silpdxqa. E é também o positivismo que incita Kötz a insistir que os estudos jurídicos comparativos "deixem de lado os tópicos muito carregados por perspectivas e valores morais".[234]

Em última instância, entretanto, os esforços da ortodoxia para disciplinar a comparação-no-direito, para regular e controlar a pesquisa comparativa, para incutir *boas maneiras comparativas* de modo que o brando seja o correto, falha em superar a carência epistemológica da "*praesumptio similitudinis*", a deficiência teorética do "funcionalismo" e a falência erudita da "manipulação". Em suma, as tentativas da doxa não conseguem obviar a vacuidade intelectual da "comparação pura dos Direitos".[235] Apenas algo como uma clausura interpretativa forçada pode permitir ao comparativista afirmar que direitos-em-co-presença podem existir como um conjunto não-conflitual e harmonioso – uma ilustração de como, mesmo enquanto afirmam estarem fundados soli-

---

2007, p. 1081 e 1077, respectivamente. Ver também MARKESINIS, B. *Comparative Law*: a subject in search of an audience. *Modern Law Review*, vol. 63, 1990, p. 13, que escreve que "a casuística pode revelar o que Direito realmente é".

233 BAR, Christian von; LANDO, O. "Communication on european contract Law: joint response of the commission on european contract Law and the study group on a european civil code". *European Review of Private Law*, vol. 10, 2002, p. 232.

234 ZWEIGERT, K.; KÖTZ, H. *Introduction to comparative Law*. 3ª ed. Trad. T. Weir. Oxford: Oxford University Press, 1998 [1996], p. 40. A objeção de Beckett a Vico, que "içaria o real de maneira injustamente clara de seus limites dimensionais" parece apropriada, BECKETT, Samuel. "Dante... Bruno. 'Vico... Joyce'". *In*: AUSTER, Paul (Coord.). *The grove centenary edition*. vol. 4, New York: Grove Press, 1984 [1929], p. 495.

235 ZWEIGERT, K.; KÖTZ, H. *Introduction to comparative Law*. 3ª ed. Trad. T. Weir. Oxford: Oxford University Press, 1998 [1996], p. 47.

damente no analítico e no empírico, os positivistas retém a qualidade utópica irenista derivada, por sua vez, de uma ânsia despreocupada por acesso não-controlado e endemonístico ao Direito Estrangeiro. Especificamente, a identificação da "mesmidade" entre Direitos – isto é, o empreendimento de homogeneização – pode *apenas* ser alcançado se os discursos *constitutivos* históricos, políticos, sociais, filosóficos, linguísticos, econômicos, dentre outros, aos quais os direitos-textos podem ser traçados, são dogmática/artificialmente excluídos da estrutura interpretativa. A busca frenética por comunalidades-que-claramente-devem-estar-lá-dado-que-nós-queremos-que-elas-estejam-lá é necessariamente baseada na repressão da singularidade localizada na matriz na qual qualquer manifestação do Direito situado é *inevitavelmente* escondida. O Direito é fundado: ele não simplesmente existe *in der Luft*.

O argumento pela homogeneidade através de um espectro de Direitos postos – a imposição neocolonial de uma monocultura (ou da monocultura de alguém) de conhecimento jurídico – deve, por conseguinte, ser considerada como um empreendimento demonstradamente coercitivo: as singularidades ou diferenças heterogêneas são manipuladas a se parecerem entre si (de fato, tem-se "apenas diferenças [que são feitas para se] parecerem entre si").[236] Um exemplo impressionante dessas táticas opressoras está disponível nos *Princípios de Contratos Comerciais Internacionais* da *Unidroit*, os quais expressamente buscam "estabelecer um conjunto balanceado de regras designadas para o uso em todo o mundo independentemente das tradições jurídicas ou das condições econômicas e políticas dos países em que elas serão aplicadas".[237] Essa afirmação mostra que qualquer comunalidade afirmada entre direitos-em-co-presença é estritamente mental e que apenas advém por um

---

236 DELEUZE, Gilles. *Logique du sens*. Paris: Editions de Minuit, 1969, p. 302.

237 GOVERNING COUNCIL OF UNIDROIT. "Introduction". *In*: *Unidroit principles of international commercial contracts*. 2ª ed. Roma: International Institute for the Unification of Private Law, p. [xv]; 4ª ed. reimpr. 2016, p. [xxix]. O que lembra o castigo de Beckett aos "go-getters, os gerimandlers", aqueles que avançam com "soluções presas aos problemas como um apagador em uma vela", BECKETT, Samuel. "Intercessions by Denis Devlin". In: COHN, R. (Coord.). *Disjecta*. New York: Grove Press, 1984 [1938], p. 92.

disfarce utilitário, isto é, com referência a uma dada estratégia intelectual e seus limites são deliberadamente postos. De fato, "a similaridade [...] é incoerente se se assume que a similaridade é independente de nossas teorias ou interesses".[238] Com efeito, "ninguém acredita ou quer que o texto signifique aquilo que se quer ou se acredita" – uma observação que leva seu autor, um destacado filologista francês, a pontuar que "essa busca pela não-diferença é a mais forte censura".[239]

Apreensões dos direitos-em-co-presença que fazem tanta violência àquilo que ali está, que buscam ativamente suprimir outros conhecimentos, por exemplo ao buscar mostrá-los igual a todos os outros (e, em particular, como "nós mesmos"), não podem se configurar em nenhum apelo defensável aos comparativistas-no-direito. O ponto de Leibniz se sustenta, o qual, para repetir, ensina que na co-presença de mais de um Direito a diferença necessariamente está ali, que ela é inevitavelmente presente, não importa o quanto qualquer comparativista-no-direito possa desejar desconsiderá-la. Em vez de desempoderar o conhecimento estrangeiro, em uma forma de injustiça epistemológica ou, de fato, "epistemicídio",[240] a tarefa do comparativista deve ser, por conseguinte, enquanto ele se encontre enredado em uma experiência de formas de vida-no-direito irredutivelmente complexas e singulares, caracterizar, articular, e justificar – *redimir* – responsiva e responsavelmente o Direito Estrangeiro através de um enfoque resoluto no conhecimento *estrangeiro*, melhor descrito nos termos de sua histórica local, de sua política local, de sua socialidade local, de sua episteme local, e assim por diante.[241]

---

238 BOERSEMA, D. *Pragmatism and reference*. Cambridge: MIT Press, 2009, p. 180.

239 BOLLACK, J. *Sens contre sens*. Paris: La Passe du Vent, 2000, pp. 179/180.

240 Ver SANTOS, Boaventura de Sousa (*et al.*). "Opening up the canon of knowledge and recognition of difference". *In*: SOUSA SANTOS, B. (Coord.). *Another knowledge is possible*. New York: Verso, 2007, p. [xix].

241 Eu aceito que não existe nada que obviamente exista como "local" – ou o contrário – e que a noção de "local" pede por sua problematização, senão e apenas para se evitar as armadilhas da romantização e de uma super-exoticização. Assim, Whitehead se refere à "falácia da localização simples": WHITEHEAD, A. N. *Process and reality*. New York: Free Press, 1978, p. 137. Para uma reflexão profunda acerca

O que é exigido dos estudos jurídicos comparativos em uma era de globalização – diante das desconcertantes transformações na organização econômica, regulação social, governança política, e nos regimes jurídicos – é uma profunda compreensão de como "comunidades" jurídicas estrangeiras, enquanto respondem seja a questões locais, seja a padrões transnacionais em suas múltiplas aparências locais, pensam sobre o Direito, por que elas pensam sobre o Direito como tal, por que elas achariam desafiante pensar acerca do Direito de outras maneiras que aquela praticada, e *como seus pensamentos diferem em relação a outras configurações do "jurídico"*.[242] Note-se que deixar o outro falar é tudo

---

desse ponto, ver LATOUR, B. *Reassembling the social.* Oxford: Oxford University Press, 2005, passim.

242 A noção de "comunidade" requer uma profunda investigação teórica (levando-se em conta desde o início que "comunidade" é expressada por muitos como um constrangimento do qual eles querem se emancipar). Nenhuma discussão da "comunidade", contudo, pode convincentemente ser dissociada de um input profundamente autobiográfico. Por exemplo, o fato da minha francofonia não pode senão influenciar minha visão (cética) da "comunidade". Afinal de contas, eu sou, por nascimento, um francófono de Quebec, um *Québécois* que também é um francófono colonizado, alguém que fala a língua dos primeiros colonizadores reconhecidos de Quebec, daqueles mestres e professores, de outros francófonos. A esse respeito, eu me relaciono com a experiência de Derrida de ser exilado na linguagem, como ele diz, "Eu tenho uma linguagem apenas, ela não é minha", DERRIDA, Jacques. *Le Monolinguisme de l'autre.* Paris: Galilée, 1996, p. 13. Mas eu também sou um francófono que ensina na Sorbonne, argumentavelmente a instituição acadêmica mais "central" no mundo francófono. E o *Québécois* que eu continuo sendo não fala francês ao modo de seus colegas parisienses. Para o francófono de Quebec em Paris, falar seu francês que ele assim fala é mais uma vez, ainda que em uma maneira diferente da de antes, falar em uma língua estrangeira, na língua do outro – o que implica em abandonar a possibilidade de um "reconhecimento parisiense", "para sempre desejado e desejável", uma perda que também tem a ver, evidentemente, com a familiar desconfiança francesa frente à estrangeiridade e sua não menos habitual condescendência vis-à-vis as culturas coloniais, GAUVIN, L. "Traversal of languages". *In*: McDONALD, Christie; SULEIMAN, Susan R. (Coord.). *French global.* New York: Columbia University Press, 2010, p. 420. Eu poderia continuar. Sendo um *Québécois* de nascimento, eu também sou um canadense, mas não um canadense no modo que meus colegas nascidos em Toronto podem o ser. Enquanto ser canadense é ser periférico, ser *Québécois* é ser periférico dentro da periferia. Mas não termina aí. Como um canadense, eu sou também um pouco americano, ainda que eu não o seja no modo que os canadenses anglófonos podem ser americanos. À

menos um gesto passivo. Trata-se de uma atividade: trata-se de *fazer* o outro falar. Em suma, ao invés de ser vítima do positivismo disponível, os comparativistas-no-direito devem se engajar na construção de narrativas extremamente complexas enquanto atuam sob o conselho de Montesquieu: "não considerar similares aquelas instâncias que são realmente diferentes e não ignorar as diferenças naquelas que parecem similares".[243] O objetivo então deve ser mobilizar o diferendo como uma forma alternativa de ordem ou uma articulação do Direito Estrangeiro. Apenas contra o pano de fundo dos insights edificantes da comparação diferencial, e não, certamente, por meio de assimilações falaciosas, pode-se tornar possível aos comparativistas considerar como, através de seus pensamentos e ações, em razão de suas escritas, eles podem começar a fazer justiça ao outro-no-direito que se manifesta através do diferendo. E, para que isso aconteça, o comparativista-no-direito deve, resolutamente, *traçar*.

Rejeitando a ideia de que o Direito seria livre de certos constrangimentos de lugar e tempo como pouco convincente – sustentando que, de fato, é difícil pensar qualquer coisa mais suscetível ao lugar e ao tempo

---

sombra das considerações de Heidegger sobre o "*Mitsein*" (um filosofema traduzível literalmente como "ser-com") em sua relação com o "Dasein" (ser-aí), três textos em particular chamam por uma leitura cuidadosa: BLANCHOT, M. *La communauté inavouable*. Paris: Editions de Minuit; NANCY, Jean-Luc. *La communauté désoeuvrée*. Paris: Bourgois, 1986. AGAMBEN, Giorgio. *The coming community*. Trad. M. Hardt. Minneapolis: University of Minnesota Press, 1993 [1990]. Ver também LINIGIS, A. *The community of those who have nothing in common*. Bloomington: Indiana University Press, 1994; CORLETT, W. *Community without unity*. Durham: Duke University Press, 1989. Ver por todos HERBRECHTE, S; HIGGINS, M. (Coord.). *Returning (to) communities*. Amsterdam: Rodopi, 2006; ESPOSITO, R. *Communitas*. Trad. T. Campbell. Stanford: Stanford University Press, 2010 [1998]. Famosamente, Benedict Anderson argumenta que as comunidades (nacionais) são imaginadas: ANDERSON, Benedict. *Imagined communities*. 2ª ed. New York: Verso, 2006. Ainda que Ludwig Wittgenstein falhe em me cativar do mesmo modo que Derrida, eu me beneficiei de uma leitura de uma investigação bastante erudita acerca dos modos em que o motivo do "exílio" pinta a obra do filósofo austríaco, KLAGGE, J. C. *Wittgenstein in exile*. Cambridge: MIT Press, 2011.

243 MONTESQUIEU. "De l'esprit des lois". *In*: CAILLOIS, R. (Coord.). *Oeuvres completes*. vol. 2, Paris: Gallimard, 1951 [1748], p. 229.

que o Direito –, eu acho conveniente o uso da palavra "cultura" para capturar de um modo sintético os traços a informar constitutivamente o Direito e aos quais uma comparação diferencial responsável deve responder.[244] Falando concretamente, eu acredito ser útil poder falar que o Direito existe como cultura, que o Direito é assombrado pela cultura, a fim de transmitir de maneira abreviada a dinâmica entre Direito e mundo – aquilo que os positivistas estão propensos a considerar como "o detrito infeccioso do mundo"[245] – através da mediação do traço. Em outras palavras, *o Direito existe como cultura, a qual existe como traço, o qual existe como Direito* (para aqueles que gostam de acrônimos, DCTD poderia oferecer uma enérgica capitulação dessa sequência). Nesse aspecto, portanto, eu assumo a perspectiva de que a cultura não é primariamente um objeto a ser discutido por uma disciplina especializada como "estudos culturais" ou antropologia, mas o idioma construído em termos do qual a problematização do Direito deve se materializar. Consequentemente, não quer dizer que eu estou buscando o cultural de um domínio fora

---

244 Bons exemplos de pesquisas sobre o direito-como-cultura incluem KAHN, P. W. *The cultural study of Law*. Chicago: The University of Chicago Press, 1999; CHASE, O. G. *Law, culture, and ritual*. New York: New York University Press, 2005; ROSEN, L. *Law as culture*. Princeton: Princeton University Press, 2008. Previsivelmente, o positivismo tem ativado suas defesas de imunização, mirando-as diretamente na cultura, na diferença, e no traço – desafiando todas as ideias, que a *doxa* está determinada a ser mantida a uma distância segura. Para um exemplo da expulsão precipitada da espectralidade do Direito (*as if one could simply wave one's wand...*), ver MILHAUPT, C. J.; PISTOR, K. *Law and capitalism*. Chicago: The University of Chicago Press, 2008, p. 208, que dispensam a "cultura" fundados no fato de ser "[um] conceito em aberto" e que seu uso "abrir[ia] uma caixa de Pandora de pesadelos interpretativos". Para outro positivista, uma investigação "deve permanecer dentro do Direito sem se recorrer à cultura social geral, porque a cultura e sua relação com as regras jurídicas são *pouco claras*", MICHAELS, R. "Two paradigms of jurisdiction". *Michigan Journal of International Law*, vol. 27, 2006, p. 1017. (ênfase adicionada).

245 MITCHELL, A. J. *Heidegger among the sculptors*. Stanford: Stanford University Press, 2010, pp. 55/56. Se eles quisessem se emprestar de Beckett, os positivistas poderiam denegrir "todos esses malditos particulares", BECKETT, Samuel. "Murphy". *In*: AUSTER, Paul (Coord.). *The grove centenary edition*. vol. 1, New York: Grove Press, 2006 [1957], p. 11. Ainda mais dramaticamente, eles poderiam escoriar "as miudezas da experiência", BECKETT, Samuel. "Proust". *In*: AUSTER, Paul (Coord.). *The grove centenary edition*. vol. 4, New York: Grove Press, 2006 [1931], p. 546.

do Direito e trazendo-o para dentro do Direito, mas que defendo a afirmação de que a cultura não é separável do Direito, que ela constitui um aspecto irredutível do Direito. De novo, proponho que o Direito existe *como* cultura. Ao formular essa afirmação, eu permaneço ciente do quão fortemente os positivistas defendem a perspectiva de que se deve abordar o Direito apenas como aquilo que é (juridicamente) vinculante – uma compreensão tautológica do "jurídico" que, apesar de seu vigor político, permanece senão uma interpretação e que, enquanto tal, não pode impedir outras interpretações.

Em um contexto no qual as definições de cultura, embora abundantes, tendam a se provar pouco satisfatórias e prontas a frequentes sofismas infrutíferos, eu passei a valorizar a caracterização de Giorgio Agamben: "toda cultura é essencialmente um processo de transmissão e de *Nachleben*".[246] Na tradução para o inglês de seu ensaio, a palavra "*afterlife*" é sugerida entre parêntesis ao lado de "*Nachleben*", a qual, no texto italiano, Agamben insiste por manter no alemão original sem oferecer qualquer insight complementar. "*Nachleben*" de fato abriga uma dimensão póstuma, tanto que permite "*uma derivação do deve a partir do era*".[247] Mais precisamente, ela conota as ideias combinadas de "sobrevivência" e "influência" de uma maneira que evoca perspicazmente o direito-como-cultura e a cultura-como-traço (e o direito-como-traço).

Ao tentar um esboço – e, de fato, uma medida de concretização – da noção de "cultura jurídica", eu quero enfatizar que a tarefa primordial do comparativista-no-direito permanece sendo a atribuição de sentido a Direitos outros, que são inerentemente hiperculturais, e ao outro-no-direito, que é intrinsicamente hipercultural. Agora, eu argumento que *um comparativista lendo culturalmente um Direito E*

strangeiro não pode não afirmar a alteridade, enquanto um comparativista lendo o Direito Estrangeiro positivisticamente não pode não negá-la.

---

246 AGAMBEN, G. *Stanzas*. Trad. R. L. Martinez. Minneapolis: University of Minnesota Press, 1992 [1977], p. 112.

247 HARDIN, R. *How do you know?*. Princeton: Princeton University Press, 2011, p. 171. (ênfase no original).

CAPÍTULO III

UM EXCURSO ACERCA DA CULTURA

Qualquer compreensão da "cultura" é ela própria cultura, no sentido de que no mínimo ela varia de acordo com o lugar e com o tempo. E qualquer apreciação da "cultura" é inevitavelmente abordada a partir de um ponto de vista cultural no sentido de que no mínimo quem o assume é ele próprio situado em um lugar e tempo.[248] Em resumo, a palavra cultura busca enformar um fenômeno de agregação que é es-

---

248 Cf. WAGNER, R. *The invention of culture*. Chicago: The University of Chicago Press, 1981, p. 35: "nós estudamos a cultura através da cultura". Para um argumento excelente situando a emergência de um sentido moderno de "cultura" em 1922, com referência específica a três textos transformadores de paradigma na literatura e na antropologia – *The Waste Land*, de T. S. Eliot, *Ulysses*, de James Joyce, e *Argonauts of the Western Pacific* de Bronislaw Malinowski – ver MAGANARO, M. *Culture, 1922*. Princeton: Princeton University Press, 2002. Interessantemente, a supremacia da "cultura" nos textos de Eliot e Joyce é destacada muito embora a palavra não seja mencionada no primeiro e apareça apenas seis vezes no segundo. Ver também NORTH, M. *Reading 1922*. Oxford: Oxford University Press, 1999. Ver em geral WILLIAMS, R. *Culture and society*: 1780-1850. 2ª ed. New York: Columbia University Press, 1983. A história eurocêntrica da noção reside no centro do bem-conhecido desafio à "cultura" em DOMINGUEZ, V. R. "Invoking culture: the messy side of 'cultural politics'". *In*: TORGOVNICK, M. (Coord.). *Eloquent obsessions*. Durham: Duke University Press, 1994, pp. 237-259.

tabilizado por imitação e padronizado através da reprodução ao longo do tempo (cultura diz respeito menos à atualidade do que à tradição). E então, tem-se o direito-como-cultura, ou cultura jurídica, que é "melhor exemplificada por referência à linguagem jurídica, ao raciocínio jurídico, ao argumento jurídico e à justificação jurídica" – todos os signos da ação humana através dos quais a cultura se manifesta tem a ver com a "ostensividade" de uma cultura.[249] Deixando as coisas mais complicadas, na cultura jurídica também se inclui percepções facilmente mutáveis, sensibilidades rudimentares e presunções inconscientes. Resumidamente, uma perspectiva do direito-como-cultura acena para a ideia de que qualquer que seja aquilo que o Direito é, ele é, em importantes aspectos, construído, de um lado, e que, de outro, qualquer formação do "jurídico" é, de maneiras significantes, local. Note-se que, sem mais adendos, talvez contraintuitivamente, o "todo" – a cultura jurídica – deve ser abordado como sendo menor que suas "partes" – qualquer agente jurídico dado – porque mesmo que a noção de "cultura jurídica" possa ser assumida como abrangendo tudo que pertence ao "jurídico" dentro de qualquer indivíduo, ela nunca se refere à mais que uma muito pequena dimensão do tecido da identidade de um indivíduo (é impossível se conectar a limites e distinções estáveis, seja como for): qualquer indivíduo é muito mais que sua identidade jurídica.[250]

É óbvio que a cultura jurídica, enquanto uma forma de governança, não pode ser reduzida a uma configuração estática, linear, totalizante, permanente e idealizada. Falar da "cultura jurídica" certamente não privilegia automaticamente a coerência, não implica em reificação, não insinua um essencialismo, não exagera distinções, não acarreta interdição de mudanças temporais, nem no apagamento de variações individuais ou contestações que podem tomar a forma de participação ou não-participação em um espectro de subculturas, não fetichiza a

249 WILSON, G. "English legal scholarship". *Modern Law Review*, vol. 50, 1987, p. 845. A noção de "ostensividade" é apresentada em INGLIS, F. *Culture*. New York: Polity, 2004, p. 29.

250 Esse ponto é um leitmotiv em LATOUR, B. *Reassembling the social*. Oxford: Oxford University Press, 2005, passim.

identidade colocando-a além da crítica, não trivializa a agência ou o raciocínio individual, nem transforma seus advogados em conservadores cegos.[251] Em suma, argumentar em favor da cultura não é defender uma força tirânica a "ossificar" uma "comunidade" ao longo de linhas estereotipadas e desabilitando qualquer indivíduo de abrigar comportamentos idiossincráticos vis-à-vis o grupo. Com efeito, apenas detratores da cultura atribuem essas implicações simplistas à cultura – a extensão de sua tentativa em desqualificar a noção através de uma caricatura provavelmente sendo uma medida da significância da ameaça que a "cultura" parece colocar no caminho do "universalismo" com o qual esses críticos permanecem amplamente engajados. Ainda no tocante aos depreciadores da cultura, eu entendo importante adicionar o seguinte: ainda que a noção de "cultura" possa ser explorada por aqueles que desejam usá-la em um sentido anticosmopolita, com vistas a inflar a padronização e uniformidade da ação humana, essa estratégia não pode oferecer uma razão para se abandonar a cultura. Afinal de contas, o fato de uma ideia poder ser usada para alimentar um projeto político reacionário, bem como um progressista, dificilmente é um embaraço

251 Eu reservo o caso de um "essencialismo estratégico", uma ideia que pode ser aptamente introduzida em situações caracterizadas por uma inaceitável violência simbólica. Por exemplo, se, enquanto um comparativista-no-direito, eu quero argumentar pela legitimidade epistemológica do raciocínio ideográfico dentro da União Europeia diante do ataque ideológico lançado pelos juristas continentais os quais, em razão de seus próprios condicionamentos culturais, se consideram mais confortáveis com um modelo nomotético, haverá razões estratégicas – não apenas de um ponto de vista didático – para mostrar como apropriado destacar "a" abordagem do Direito Comum anglo-saxão quanto ao pensamento jurídico, mesmo que eu tenha ciência da existência de dois ou três juristas de Oxford ou Londres que gostariam da codificação. Meu argumento é que as vezes é vantajoso para o comparativista "essencializar" temporariamente uma unidade cultural – independentemente de ser "o" Direito comum anglo-saxão ou o Direito "francês" ou "os juristas comerciais suecos" – a fim de trazer à tona uma identidade grupal simplificada com vistas a alcança certos objetivos. Eu tenho em mente, se se quiser, o esboço de uma solidariedade temporária objetivando a ação social na qual a heterogeneidade inerente de um grupo é tornada subserviente a seu objetivo estratégico. Evidentemente, a decisão do comparativista-no-direito em se valer do essencialismo estratégico deve ser... estratégica. Eu agradeço a Professora Karen Knop por me convidar a refinar meu argumento.

específico da cultura. Quem consideraria não se valer mais da palavra "democracia" em razão do abuso dela cometido pelo regime soviético por grande parte do século XX?

Importantemente, portanto, o recurso à cultura jurídica não implica em aquiescência com as demandas opressivas ou repressivas por conformidade e certamente não exige a "aceitação" de qualquer um que seja de regimes islâmicos fundamentalistas – ou danças da chuva, à propósito. Mais ainda, *uma cultura jurídica não é monolítica*. Indivíduos não agem dentro da, precisamente, mesma estrutura cognitiva em resposta a objetos e eventos típicos (nem, incidentemente, seriam as visões de mundo individuais internamente consistentes). Mais ainda, a cultura jurídica não precisa estar subordinada à ideia de "nativismo". Uma cultura jurídica não é uma mônada sem janelas não permitindo nem interações interculturais nem sobreposições culturais. Ela é permeável e, ao invés de arestas e limites firmes, ela apresenta "uma multiplicidade sem fim de dobras, desdobramentos, dobraduras, dobramentos, hiperdobras, e múltiplas outras dobras": o enquadramento não é enquadrado.[252] Correspondentemente, a cultura jurídica não pode ser compreendida como a assumir um número de heranças discretas unidas organicamente a pátrias específicas, considerando-se melhor mantê-las separadas (como as espécimes laboratoriais em placas de Petri que também são chamadas por "culturas") – aquilo que James Tully estigmatizou como a concepção "bola de bilhar" da "cultura".[253] Em outras palavras, a cultura jurídica não deve ser reduzida a um isolacionismo. De fato, a cultura jurídica existe *caracteristicamente* em *relação* com outras culturas jurídicas: ela tem múltiplas camadas e uma pluralidade de vozes, descentrada e fragmentada, aberta e fluída – ou líquida, para escrever como Zygmunt Bauman. Assim, Derrida faz bem em nos lembrar que "aquilo que é peculiar a uma cultura não é idêntico a si mesmo".[254] A cultura é um sempre-se-tornar – e a sua representação pelo comparativista-no-direito, embora sempre-já situada, é sempre-móvel.

---

252 DERRIDA, Jacques. *La dissémination*. Paris: Le Seuil, 1972, p. 301.

253 TULLY, J. *Strange multiplicity*. Cambridge: Cambridge University Press, 1995, p. 10.

254 DERRIDA, Jacques. *L'Autre cap*. Paris: Editions de Minuit, 1991, p. 16. (ênfase omitida).

Todavia, a porosidade de uma cultura jurídica é restrita, que significa dizer que ela é só "finitamente elástica".[255] Em razão da cultura funcionar como um contínuo processo integrativo, aquilo que se encontra por meio de uma experiência alternativa é inteligilizável em contraste para com um pano de fundo de padrões existentes dentro do qual ela é incorporada em última instância, mesmo que ao custo de uma certa redução dissonante (se se deve creditar quaisquer insights à psicanálise, um avanço central certamente é a compreensão de que o estado psicológico de alguém, sua experiência passada, e suas memórias cerceiam seu campo de ação, de modo que se desfruta tão somente de uma liberdade intersticial para se passar além de si mesmo). Se se quiser, a questão envolve a invenção de salvaguardas epistemológicas, a partir das quais perturbações externas são codificadas como informação nos termos pré-definidos da cultura de modo que as mudanças tendam a ser marginais e incrementais. Como outros organismos, uma cultura jurídica almeja manter um equilíbrio homeostático em relação ao seu ambiente e perpetuar a si mesma através da duplicação: ela visa superar transgressões. Ela se "sustenta em um corpo de conhecimento que, em certo sentido, tem uma fronteira em torno de si, uma fronteira que está mais ou menos segura em relação a entrada de novos conhecimentos contrários".[256] Conforme observado, "culturas jurídicas, como linguagens, podem absorver grandes quantias de material estrangeiro enquanto preservam uma estrutura e aroma distintos".[257]

Caracteristicamente, a cultura jurídica se refere a elementos que não universais, mas que vão além do indivíduo (essa observação enfaticamente não quer sugerir que eu estou aparelhando a cultura jurídica em defesa de qualquer coisa próxima ao nacionalismo *Westfaliano*, um modelo que os estudos jurídicos comparativos buscam superar seja como for através de seus processos de desterritorialização). Para levar em consideração a ideia de que predileções e práticas são "culturalmente"

---

255 BOHANNAN, P. *How culture works?*. New York: Free Press, 1995, p. 167.

256 HARDIN, R. *How do you know?*. Princeton: Princeton University Press, 2011, p. 166.

257 GALANTER, M. "Predators and parasites: lawyer-bashing and civil justice". *Georgia Law Review,* vol. 28, 1994, p. 680.

reguladas e mantidas, é importante apreender a cultura como um efeito e não como uma causa. Em vez de se manifestar como o escondido e controlador governante que justificaria alguém dizer "a cultura me fez agir assim", a cultura existe como um *resultado* de um espectro de disposições cognitivas e afetivas no indivíduo, que são iteradas entre um número de indivíduos engajados em interações sociais continuadas entre si. De fato, é em razão das ações serem replicadas por indivíduos que uma cultura se mantém junta. Tendo dito isso, e ainda no tocante ao tópico obscuro da atribuição causal, o argumento pode ser apresentado como a sustentar que a cultura exerce um papel causal não no sentido de que teria eficácia causal em si mesma como uma força invisível supraindividual, supraorgância, ou suprafísica, mas na medida em que sua influência no comportamento humano é retransmitida por entidades físicas tais quais neurônios sensitivos à dopamina no lóbulo frontal do cérebro. É de fato através do cérebro que uma cultura é efetuada pelas ações de indivíduos orgânicos. *Nesse sentido*, essas ações podem inteligivelmente ser descritas como relacionadas causalmente à cultura.[258]

Uma noção, e não uma coisa, a cultura jurídica é uma ferramenta que auxilia na descrição, não um objeto que está sendo descrito (as linhas de perspectiva em uma tela estão lá para ajudar a pintora enquanto ela busca dar a impressão de profundidade. Mas elas não estão lá como o objeto que está sendo pintado).[259] Tem-se, então, o trabalho

---

258 Por exemplo, ver LAKOFF, G.; JOHNSON, M. *Philosophy in the flesh*. New York: Basic Books, 1999, p. 555, onde os autores argumentam que "nosso sistema conceitual é fundado no, faz uso neural do, e é crucialmente formado pelo nosso sistema perceptual e motor". Ver também SEARLE, J. R. *The construction of social reality*. New York: Free Press, 1995, p. 228: "tem-se um contínuo desde a química dos neurotransmissores, tais quais serotonina e norepinefrina ao conteúdo de certos estados mentais como a crença que Proust é um romancista melhor que Balzac" (minha referência a John Searle se restringe a esse ponto e não implica na adoção da sua teoria mais ampla acerca do sentido). Para argumentos acerca de como a cultura e a biologia estão intrinsicamente entrelaçadas, ver WEXLER, B. E. *Brain and culture*. Cambridge: MIT Press, 2006; RICHERSON, P. J.; BOYD, R. *Not by genes alone*. Chicago: The University of Chicago Press, 2005.

259 Eu me baseio em LATOUR, B. *Reassembling the social*. Oxford: Oxford University Press, 2005, p. 131.

daqueles que fazem a cultura trabalhar ao invés do trabalho da cultura. Nesse respeito, deve-se dizer que não há qualquer enunciado acerca do direito-como-cultura-como-traço-como-cultura que possa ser "independente de qualquer teoria",[260] de que haveria alguma consideração acerca do "cultural" que não comportasse uma dimensão inerentemente performativa, que não seja inventada (no sentido etimológico com o qual eu usei a palavra acima). Evidentemente, nega-se qualquer possibilidade quanto a uma enunciação "corresponder [...] àquilo que está 'realmente lá'" (seja lá o que *isso* for), qualquer ideia similar de replicação sendo "ilusória desde o princípio".[261] E essa observação se aplica à mais básica intervenção comparativa como a interpretação de uma lei estrangeira. Aqui também, o "realmente lá" (seja lá o que *isso* for) está além da "reconstrução" livre de qualquer input advindo do próprio comparativista-no-direito[262] (note como eu não estou sugerindo que a "realidade" seria nada senão uma projeção do pensamento ou que ela teria uma base estritamente mental, ao invés de uma material. Minha afirmação é epistemológica, e não ontológica. Em resumo, meu argumento não é que não haveria qualquer "realidade" independente da mente, mas que uma "realidade" assim independente é *inconcebível*, o que significa, literalmente, que ela não pode ser concebida. Se se quiser, não quer dizer que não há nenhum "em-si" e apenas um "para-nós", mas que qualquer "em-si" é inconcebível *enquanto tal* porque apenas "através-de-nós" que qualquer concibilidade é concebível. Esse ponto será retomado de maneira considerável abaixo).

Dado que ela nunca poderá ser totalmente articulada de uma maneira fundada em evidências indubitáveis, a cultura jurídica enfaticamente não é capaz de gerar achados científicos ao modelo do escritório de Gibraltar. Mas a indeterminação da cultura jurídica, diga-se, a impossibilidade de

260 KUHN, T. S. *The structure of scientific revolutions*. 3ª ed. Chicago: The University of Chicago Press, 1996, p. 206.

261 KUHN, T. S. *The structure of scientific revolutions*. 3ª ed. Chicago: The University of Chicago Press, 1996, p. 206.

262 KUHN, T. S. *The structure of scientific revolutions*. 3ª ed. Chicago: The University of Chicago Press, 1996, p. 206.

distinguir entre a cultura e a não-cultura de maneiras empiricamente verificáveis deve aparecer como uma desvantagem apenas ao positivista que busca o tipo de orientação clara e determinada normalmente associada a programas de computador. A maleabilidade em torno da noção de "cultura" não previne a articulação de várias características concernentes aos Direitos Estrangeiros em focos de pesquisa, imputando-os com a marca de uma eficácia determinante, tornando-os elementos de relevância direta para a realização dos estudos jurídicos comparativos. Em última instância, tal qual a filosofia, a "cultura" nos permite "compreender como as coisas no sentido mais amplo possível do termo mantêm-se juntas no sentido mais amplo do termo".[263] O fato é que em qualquer lugar se encontra conjuntos de elementos aprendidos que são compartilhados de maneira extensiva por um povo que interage entre si – e que tem interagido entre si por um período consideravelmente longo – e que diferem de outros conjuntos de elementos aprendidos encontráveis em outro povo com o qual não se teve o mesmo nível de interação. De novo, eu tenho em mente padrões e regularidades (não uma homogeneidade imperturbável) emergindo em consideração a predileções e predisposições (não um determinismo consumado).

Por exemplo, meus estudantes de Direito francês organizam seus ensaios em duas partes e quatro subpartes. A esse respeito, eles foram ensinados a imitar seus professores do mesmo modo que esses professores foram instruídos a copiar o que seus próprios professores estavam fazendo. Essa prática poderia presumivelmente ser rastreada a influências epistemológicas que se fizeram sentidas através de um período bastante longo, a qual, muito provavelmente incluiria o Ramismo (uma escola de pensamento do séc. XVI a exigir, por sua vez, uma sua interpretação) e precisaria ser específica o suficiente para considerar o fato de que essa disposição particular, ou *plano*, não se verifica nos departamentos franceses de literatura ou ciência política.[264] De toda

263 SELLARS, W. *Science, perception and reality*. New York: Routledge & Kegan Paul, 1963, p. 1.

264 Para um relato sobre o trabalho de Ramus (Pierre de lá Ramée, 1515-1572) e suas afirmações epistemológicas influentes por claridade, medida, e ordem; a enunciação

sorte, muitos dos meus alunos de Direito francês sentem que precisam se conformar a essa disposição bipartite específica, e muitos deles de fato seguem esse modelo (com o cometimento de cada estudante sendo reforçado em razão do cometimento expresso por outros estudantes), enquanto muitos alunos de Direito inglês, americano ou alemão não se conformam a esse arranjo, de modo a me tornar apto a dizer, legitimamente, que os "estudantes de Direito francês" dividem seus ensaios em duas partes e quatro subpartes e que essa prática pode ser atribuída àquilo que se pode chamar, utilmente, por "cultura jurídica francesa" (distinguida assim, diga-se, do Direito francês no sentido positivista do termo). Deixe-se claro, eu ocasionalmente vejo um ensaio de três partes ou com seis subseções (nunca com cinco, contudo!). E eu suspeito de que há estudantes de Direito do segundo ano na Universidade de San Diego que ocasionalmente optam por divisões bipartites. Mas esse fato é incomum o suficiente e notável o suficiente quando se manifesta, de modo que a afirmação geral resista a qualquer acusação de ser tão somente uma formulação hegemônica desprovida de qualquer valor heurístico. Ainda que meus alunos franceses possam ter parado de pensar na disposição bipartite em termos culturais, abordando-a em vez disso como aquilo que é correto (para eles? Para os alunos de Direito em todo o mundo?) – o ponto exato em que o conhecimento factual teria se desviado em conhecimento moral sendo, por evidente, discutível –, tem-se que rejeitar a noção de que "cultura jurídica" implicaria em aceitar que modos identificáveis de sentir, pensar e agir quanto ao Direito, ou padrões específicos de produção e uso do conhecimento jurídico, seriam distribuídos randomicamente entre indivíduos ou estritamente determinados pela hereditariedade biológica – ambas as hipóteses tendo sido repetidamente refutadas pela pesquisa antropológica. Àqueles que não gostam da noção de "cultura jurídica" e que prefeririam deixar

---

de axiomas diretos e concisos; a prevalência por arranjos conceituais e definições marcando a expulsão do empirismo e da indução; a elaboração do pensamento rigorosamente dedutivo; a formulação de esquemas dicotômicos procedendo através de uma divisão em partes de acordo com os graus de decrescente generalidade; a expulsão da homogeneidade e da reciprocidade dos elementos relevantes do conhecimento, ver BRUYÉRE, N. *Méthode et dialectique dans l'oeuvre de La Ramée*. Paris: Vrin, 1984.

inominada e não-teorizada o esquema de formação da identidade jurídica que uma prática como a estruturação bipartite do conhecimento jurídico instancia, eu pergunto: qual é o seu modelo concorrente de coerência epistemológica no Direito? Ou você também não gosta da ideia de "coerência epistemológica"?

A afirmação de que a disposição francesa usada nas escolas de Direito pertence à cultura jurídica francesa (e que ela poderia ser traçada ao Ramismo – para não mencionar a predileção autoritativa de Descartes pelo método) pode ser prontamente estendível a provisões mais técnicas do Direito. Considere-se o artigo 1184 (3) do Código Civil francês de 1804 (não mais em vigor) e sua determinação com o efeito de que o "término", ou "*résolution*", de um contrato deve ser requerido perante uma corte judicial. Os positivistas confinariam reflexivamente a análise desse artigo aos seus elementos exegéticos, buscando precisar como as cortes (e, possivelmente, os principais escritores de manuais ou artigos de periódicos jurídicos) têm interpretado as palavras-chave relevantes. Nesse processo, esse exercício interpretativo se encontraria preso por uma compreensão circular e superficial do significado do dispositivo. Com efeito, ele abraçaria a perspectiva de que o Direito (o código civil) significa isso ou aquilo porque o Direito (o juiz) diz que ele significa isso ou aquilo. Para um culturalista, contudo, o direito-texto se prova traçável, de maneira muito mais recompensadora, até a ideias constitutivas – todas elas manifestações da cultura francesa e, em particular, da cultura jurídica francesa – tais quais um estado forte e assertivo, uma demanda social bem afiada por intervencionismo estatal, uma profunda desconfiança em que o indivíduo é prontamente mantido, uma aversão consolidada pelo tempo quanto ao jogo sem restrições do mercado, e a presunção relacionada de que apenas o estado pode vir a garantir a dose apropriada de *solidarité* que deve se fazer presente dentro de um relacionamento contratual francês.[265] Uma perspectiva

265 A proeminência da "*solidarité*" no pensamento francês pode ser prontamente traçada a Durkheim e através dele a Rousseau, quem, em seu *Du contrat social* de 1762, famosamente emparelhou o contratual e o social, ROUSSEAU, Jacques-Jean. "Du contrat social". *In*: GABNEBIN, B.; RAYMOND, M. (Coord.). *Oeuvres completes*. vol. 3, Paris: Gallimard, 1964 [1762], pp. 347-470. Para uma discussão da

do direito-como-cultura indica esses vários aspectos do direito-texto como sendo elementos chave do dispositivo do código civil, compelindo a necessidade de autorização judicial antes de um contrato poder ser "terminado", ao invés de permitir à parte que declare unilateralmente o fim do contrato, sujeitando-se ao pagamento de danos no caso de qualquer litígio retaliativo subsequente – posição a qual é, em uma casca de noz, aquela presente na tradição do Direito Comum anglo-saxão.[266] Mas a fim de gerar esse tipo de "produto" interpretativo a permitir, sozinho, uma compreensão profunda ou densa do direito-texto,[267]

"*solidarité contractuelle*", ver DURKHEIM, E. *De la division du travail social*. Paris: Presses Universitaires de France, 2007 [1930], pp. 177-209. Não é nada surpreendente que Durkheim tenha dedicado um curso inteiro ao *Du contrat social* de Rousseau, publicado em 1918 logo após sua morte, DURKHEIM, Émile; HAYAT, P. (Coord.). *Le contrat social de Rousseau*. Paris: Kimé, 2008 [c1900]. Para um exame detalhado da "*solidarité*" na filosofia política francesa, ver SPITZ, Jean-Fabien. *Le Moment républicain en France*. Paris: Gallimard, 2005. Da sua parte, René Demogue é amplamente considerado como um dos primeiros defensores da ideia de "*solidarité*" no Direito das obrigações contratuais, DEMOGUE, R. *Traité des obligations en general*. vol. 6, Paris: Rousseau, 1931, p. 9. Mas, em sua dissertação doutoral, Emmanuel Gounot, posteriormente um professor de Direito em Lyon, argumentou 20 anos antes que um contrato resumia "um princípio de união e *solidarité*", GOUNOT, E. L*e principe de l'autonomie de la volonté en droit privé*: contribution à l'étude critique de l'individualisme juridique. Paris: Rousseau, 1912, p. 376. Para um exemplo poderoso do alcance contemporâneo da ideia de "*solidarité*", ver "Lei no. 96-588, de 1° de julho de 1996 sobre Lealdade e Paridade nas Relações Comerciais" ('*Loi no 96-588 du 1er juillet 1996 sur la loyauté et l'équilibre des relations commerciales*'], *Journal officiel*, 3 de julho de 1996, p. 9983. Ver em geral GRYNBAUM, L.; NICOD, M. (Coord.). *Le Solidarisme contractuel*. Paris: Economica, 2004; CEDRAS, J. "Liberté – egalité – contrat: le solidarisme contractuel en doctrine et devant la Cour de cassation". *In*: *Rapport de la Cour de cassation 2003*, 2004, pp. 215-233; MEZEAUD, D. "La politique contractuelle de la Cour de cassation". *In*: ANSEL, Pascal *et al.* (Coord.). *Libres propôs sur les sources du droit*: mélanges em l'honneur de Philippe Jestaz. Paris: Dalloz, 2006, pp. 371-396.

266 Vez ou outra, as cortes francesas pareceram dispostas a ignorar a exigência do código civil por um pronunciamento judicial e se mostram preparadas para validar uma "terminação" unilateral do contrato. E.g.: *Civ 1°*, 9 de julho de 2002, Bula I, n° 187, p. 145; *Civ 1°*, 28 de outubro 2003, Bula I, n° 211 p. 166. A presença de dissidentes, uma característica de qualquer cultura jurídica, pode ajudar, como no presente caso, a confirmar a força do padrão governante.

267 Essa palavra útil aparece em EWALD, W. "Comparative jurisprudence (I): what was it like to try a rat?". *University of Pennsylvania Law Review*, vol. 143, 1995, p. 1944.

um comparativista precisa estar preparado para abordar o Direito *como cultura* (isto é, tratar o Direito como direito-como-cultura) e traçar o direito-texto a seus elementos constitutivos sob a compreensão de que os traços considerados relevantes são uma parte integral do texto, que esses traços sobrevivem *como* texto (remete-se então à ideia agambeniana de "*Nachleben*"), que eles existem *como* texto que por conseguinte existe *como* cultura. Em outros termos, o comparativista-no-direito escrevendo sobre o artigo 1184 (3) do Código Civil francês de 1804 deve estar disposto a *escrever cultura*.

Para os positivistas, as ideias de ativismo estatal, suspeita do indivíduo, aversão ao mercado, *solidarité*, e assim por diante, devem talvez concernir aos teóricos políticos, ou aos sociólogos, ou aos economistas, mas certamente não aos juristas – uma reação conservadora, disciplinar acerca da qual eu discuti acima através da referência à sua recusa da "espectralidade". Eu afirmo que da perspectiva do intérprete de uma cultura jurídica, tal qual o comparativista-no-direito, não pode haver nada "jurídico" por excelência ou automaticamente fora do "jurídico". Porque não existe nenhum algoritmo a determinar os valores da extensão cultural, a seguinte observação permanece adequada:

> seria insensato [...] considerar qualquer coisa da sociedade japonesa como irrelevante prima facie à compreensão do Direito japonês em um primeiro contato para apreendê-lo. Os elos entre Direito e linguagem, Direito e ordem política ou social ou econômica, Direito e a História e as tradições do país, seus códigos de moralidade, seus sensos de justiça e a relação entre a profissão jurídica e outras profissões e entre a pesquisa jurídica e outras formas de pesquisa, as posições relativas de diferentes atores dentro e em torno do sistema jurídico, tudo isso tem seu impacto no Direito e em sua administração e na definição do Direito e na pesquisa jurídica.[268]

Em linguagem mais sucinta, o escritor austríaco Thomas Bernhard expressa como, potencialmente, "o mundo é completamente,

---

268 WILSON, G. "English legal scholarship". *Modern Law Review*, vol. 50, 1987, p. 831.

minuciosamente jurídico".[269] A qualidade de "legalidade" (se essa é uma palavra apta) é então conferida ao *interpretandum* com base em elementos heterogêneos que o comparativista-no-direito conecta e reúne ao compreendê-los como pertencentes ao "jurídico", e que ele nomeia como "o Direito francês da 'terminação' do contrato" (eu discuto depois o fato de que os próprios franceses se refeririam à "*résolution*").[270]

Note-se que, como é o caso em qualquer esforço investigativo, embora a construção do conhecimento irá dever muito ao exercício de produção de conhecimento dependente da situacionalidade do comparativista e aos insights que suas circunstâncias o permitirão contribuir à tarefa interpretativa, ela também terá, falando pragmaticamente, algo a ver com a contingência temporalmente emergente (eu tenho em vista aqui, por exemplo, à serendipidade das leituras do comparativista-no--direito – um livro que pode estar faltando na biblioteca ao tempo de suas visitas de pesquisa – e o acaso existencial ditando seus encontros com juristas locais). De um ponto de vista culturalista, permanece o fato de que o processo de atribuição de sentido através do traçado é incompatível com a ideia do "jurídico" ser estruturalmente fechado: nunca se chega ao estágio em que se pode dizer convincente e precisamente que o Direito "começa" ou "termina".

A noção de "cultura jurídica" contesta os modos jurídicos profundamente entranhados de uma outra importante maneira. Tradicionalmente, "os grandes ideais de justiça, imparcialidade e equanimidade parecem ter removido o Direito dos caminhos ordinários e desordenados da vida".[271] Se se quiser, a justiça, em razão daquilo que foi apreendido

---

269 BERNHARD, Thomas. "Ist es eine Komödie? Ist es eine Tragödie? " *In*: *Erzählungen*. Frankfurt: Suhrkamp, 2001 [1967], p. 74.

270 Segundo meu conhecimento, o tratamento mais recompensador desse amplo espectro de questões teoréticas quanto a traduzibilidade advinda do Direito se encontra em GLANERT, S. *De la traductibilité du droit*. Paris: Dalloz, 2011. Ver também GLANERT, S. (Coord.). *Comparative law* – engaging translation. New York: Routledge, 2014.

271 POST, R. "The relatively autonomous discourse of Law". *In*: POST, R. (Coord.). *Law and the order of culture*. Berkley: University of California Press, 1991, p. [vii].

como sua necessária transcendentalidade, têm sido considerada como irreconciliável com qualquer configuração singular do "jurídico" dada, seja lá ou aqui, e os juristas interessados em alcançar a justiça se acharam correspondentemente desconsiderando ou desacreditando as ocorrências específicas do Direito. Tem-se uma influente aplicação desses postulados na completamente abstrata *Uma Teoria da Justiça* de John Rawls.[272] Da sua parte, os estudos jurídicos comparativos convidam os juristas a revisar suas presunções acerca de como a justiça – ou pelo menos algo parecido com a justiça – deve estar completamente desenraizada do localismo. De fato, é reducionista macular o conhecimento local como inerentemente preconceituoso – no sentido depreciativo, e não epistemológico, do termo – em razão de seu caráter situado. Por que o conhecimento local deve ser considerado fútil ou preconceituoso e estigmatizado como uma fonte de embaraço, como algo que precisa ser superado? Com efeito, "dizer que o Direito é cultural não desmantela por si só a força da ideia de justiça", muito pelo contrário.[273] *Pace* Rawls, é sustentável que um argumento convincente acerca da justiça de fato requer não um processo de abstração, mas de concretização.[274]

---

272 RAWLS, J. *A Theory of justice*. Cambridge: Harvard University Press, 1971. Gayatri Spivak se refere à "suposições intermináveis" de Rawls, SPIVAK, G. C. *Other asias*. London: Blackwell, 2008, p. 29.

273 GREENHOUSE, C. J. "Just in time: temporality and the cultural legitimation of law". *Yale Law Journal*, vol. 98, 1989, p. 1650.

274 Admitidamente, indo além dos dois princípios de justiça abstratos desenvolvidos em RAWLS, J. *A Theory of justice*. Cambridge: Harvard University Press, 1971, Rawls sugere oito princípios a serem aplicados na arena internacional em RAWLS, J. *The Law of peoples*. Cambridge: Harvard University Press, 1999. Mas mesmo essa versão da justiça global, ainda que se possa dizer que ela leva o pluralismo cultural a sério, permanece atolada em um transcendentalismo abstrato. Por exemplo, Rawls endossa "Direitos universais" e se refere ao Direito dos povos como "universal em alcance", RAWLS, J. *The Law of peoples*. Cambridge: Harvard University Press, 1999, pp. 80 e 85, respectivamente. (ênfase omitida). Ele adiciona que "a paz universal entre as nações é possível", RAWLS, J. *The Law of peoples*. Cambridge: Harvard University Press, 1999, p. 103. Interessantemente, mesmo depois de *The Law of peoples*, um universalista comprometido como Amartya Sen declara fortes ressalvas quanto ao transcendentalismo de Rawls, SEN, Amartya. *The idea of justice*. Cambridge: Harvard University Press, 2009. Para uma profunda avaliação do desafio de Sen, ver SCHMIDTZ, D. "Nonideal Theory: what it is and what it needs to

Assim, enquanto programas de ações afirmativas para estudantes universitários afro-americanos podem ser abordados como defensáveis nos Estados Unidos, eles seriam considerados como sem sentido no seu vizinho Canadá, onde as universidades, contudo, concederam tratamento preferencial aos aborígenes. Essa diferença é facilmente explicável e pode argumentavelmente ser mostrada como "justa" desde que se aceite que a "justiça" pertence às circunstâncias locais – e, evidentemente, aos empecilhos locais – de maneira muito mais significante que ao reino das ideias. O que os estudos jurídicos comparativos permitem que se considere é precisamente que a justiça, se dissociada dos modos locais, pode rapidamente se transformar em algo vazio e pouco convincente (não parece ser preciso adicionar minha aceitação quanto à possibilidade do conhecimento local, incluindo uma concepção local de "justiça", se provar opressivo a uma "comunidade" ou certos indivíduos. E eu não quero afirmar, qualquer que seja a compreensão da justiça local, que ela seja intrinsicamente boa e deva sempre triunfar sobre outros valores. Em outras palavras, a afirmação do comparativista-no-direito do conhecimento local deve permanecer impermeável a equações fáceis). O que eu mantenho, contudo, é que o localismo não pode ser desqualificado de pronto como quando Jürgen Habermas escreve (de certo modo portentoso) que "o Direito de uma comunidade jurídica concreta precisa, se é para ser legítimo, de um mínimo de compatibilidade com os padrões morais que afirmam validade universal para além da comunidade jurídica"[275] (eu retorno à questão do universalismo abaixo).

Para os estudos jurídicos comparativos, valorizar o direito-como--cultura atesta o cometimento para com uma unidade de análise que não mais considera os aspectos técnicos do Direito posto como o centro controlador da ação interpretativas e isso inclui o direito-na-situação.[276]

---

be". *Ethics*, vol. 121, 2011, p. 772. Eu agradeço ao professor Larry Alexander por ter me referido a essa resenha.

275 HABERMAS, J. *Between facts and norms*. Trad. W. Rehg. Cambridge: MIT Press, 1996 [1992], p. 282.

276 Os contornos da "unidade" variarão de acordo com a intervenção do comparativista. Em outros termos, a localização da cultura dependerá da questão específica que o comparativista está respondendo. Por exemplo, a cultura jurídica em questão pode ser aquela da Corsica, das cortes comerciais na França, dos juristas trabalhistas em Poitiers. Em cada caso, as medidas da comparação influenciarão o

De maneira nenhuma, contudo, deve a análise diferencial das jurisculturas dispensar os artefatos jurídicos usuais, tais quais leis e decisões judiciais. De fato, meu argumento é precisamente que as culturas são encontradas operando, por assim dizer, *como* leis e decisões judiciais, que devem, por conseguinte, permanecer como um dos principais focos da pesquisa para os estudos jurídicos comparativos. Mas o Direito posto não pode ser onde a comparação se interrompe. Pelo contrário, deve ser algo de onde a comparação começa sua *presentificação*; ele deve agir como o ponto de partida da comparação (eu digo "ponto de partida" de modo a ser econômico na escrita: tal qual qualquer traçado revelará, a lei ou a decisão judicial são uma construção que necessariamente chega depois de algo, isto é, inerentemente *atrasada*). Para o comparativista-no-direito, então, o objetivo é se recusar a receber as leis e as decisões judiciais como coisas dadas e, através de um movimento incessante de oscilação rumo a e para longe do posto, algo como o *Verwindung* heideggeriano,[277] tentar ver como esses direitos-textos estão condicionados e são formados por padrões epistemológicos contingentes direcionados

---

que será considerado como informação ou o que será sustentado como material interpretativo. A "unidade" também poderia ser – e de fato normalmente é – coextensiva com os juristas franceses como um todo, isto é, com o grupo de agentes jurídicos que, pode-se dizer, têm em comum a cidadania francesa ou a prática do Direito na França (isto é, para colocar rapidamente, que são "franceses") – ainda que noções como "cidadania" ou "prática" dificilmente possam se afirmar como fronteiras intelectuais impermeáveis, não sendo possível as considerar como formações estruturais totalizantes. Tem-se mais, porque os fatos são vertiginosos. Como indicado, o "jurídico" não é o único elemento de uma identidade individual. Com efeito, qualquer indivíduo toma parte em um arranjo aparentemente infinito de formações culturais averiguáveis. Pode-se ser um jurista trabalhista em Poitiers, enquanto se é um feminista, um expatriado belga, um europeu, um militante da Anistia Internacional, um criador de gatos siameses participando regularmente de competições internacionais, e um membro de longa-data do *Parti socialiste*. Agora, a decisão do comparativista-no-direito por responder a apenas uma única específica manifestação da cultura não pode ser tomada como a negar a legitimidade da análise cultural. Na prática, qualquer postura investigativa deve lidar em última instância com a questão da limitação. Nem pode a determinação mapear um particular elemento da expansão discursiva que é a cultura ser tomada como a sugerir uma falta de ciência do caráter composto da identidade cultural.

277 Para uma apreciação profunda da ideia emancipatória de Heidegger, ver KÜCHLER, T. *Postmodern gaming*. Bern: Lang, 1994, pp. 1-18 e passim.

a valores – e também como aquilo posto em ação sustenta e amplifica esses valores à sua maneira.

Retornando ao código civil francês e à "terminação" do contrato, poderia se esperar de um comparativista-no-direito favorecendo uma abordagem cultural do Direito Estrangeiro em busca de uma compreensão profunda ou densa, por conseguinte, a sustentação de que o ativismo estatal ou a desconfiança do indivíduo se provariam como dimensões mais significativas do direito-texto – merecendo serem traçadas à exaustão – do que qualquer coisa que as cortes possam estar dizendo acerca do significado de "terminação", no que esses pronunciamentos judiciais perdem, portanto, a centralidade interpretativa tradicionalmente conservada pelos positivistas. Incidentalmente, eu argumento que não há nada no traçar do dispositivo do código civil à demanda social por um estado forte ou o desconforto diante de um mercado não regulado que possa sugerir algo como uma reificação ou uma totalização ou uma estereotipificação do conhecimento. Enquanto o traçado do comparativista permanecer a melhor resposta que ele pode oferecer com vistas a fazer sentido do Direito local e singular, qualquer traçado é provisional. De fato, como eu indiquei acima, não apenas os traços são constitutivos do direito-texto, mas seu vir-à-tona não pode ser exterior à intervenção do comparativista-no-direito. Um conhecimento aumentado da história ou sociedade francesas poderia levar o comparativista, no seu devido tempo, a revistar seu traçado ou de fato a inventar novos traços com vistas a aprimorar ainda mais a compreensão do Direito francês de "terminação" de contratos.

De novo, não é uma questão de abandonar o Direito posto, mas de vir a ele *tortuosamente*. O fato é que nenhuma formulação do Direito posto pode escapar em segurança de uma interpretação cultural e que todas as formulações do Direito posto podem, por conseguinte, ser beneficamente encaradas como expressões culturais. Nas palavras de Lawrence Rosen, "ao considerar o Direito, não se pode falhar em vê-lo como parte da cultura".[278] Eu insisto que, conforme faço essas várias afirmações, não estou argumentando, contudo, que o Direito exista apenas como cultura ou que ele possa ser reduzido exclusivamente à

278 ROSEN, L. *Law as culture*. Princeton: Princeton University Press, 2008, p. 5.

cultura. O que eu argumento, contudo, é que esses artefatos jurídicos tais quais leis ou decisões judiciais existem *como* formas culturais incorporantes não importando quaisquer outros modos de existência simultâneos que eles possam também ter. Assim, leis e decisões judiciais existem como articuladores ou vetores de uma sensibilidade cultural que é efetivamente inscrita nos próprios fragmentos textuais e que pode ser traçada aos arranjos de formações histórica, política, econômica, social, filosófica, ideológica, linguística, dentre outras. Argumentar que o Direito existe como cultura sugere que um elemento saliente do discurso jurídico reside precisamente em seu *entranhamento*. De fato, mesmo deixando de lado a questão do tempo (o conhecimento estabilizado é vulnerável a desestabilizações posteriores), eu afirmo que o discurso jurídico nunca pode transcender por completo a facticidade. Seja em relação ao lugar ou aos seus detalhes (mas a extensão do *genius loci* é infinita), o caráter situado é sempre-já um elemento estrutural do Direito (que significa dizer que o Direito não pode sequer ser imaginado como senão situado). O Direito, então, não goza de um status independente de qualquer ponto de vista. Ele é inerentemente direito-na-situação – com a preposição "in" buscando capturar o tipo de envolvimento globalmente abrangedor que uma sentença como "Imogene is *in* love" pode sugerir. Crucialmente, ver o Direito como direito-na-situação permite se apreciar que nenhum Direito nunca é absolutamente certo ou errado, mas que o Direito é certo ou errado para uma "comunidade".

O Direito permanece direito-na-situação mesmo quando ele busca ser de-situacionado, seja através de uma convenção internacional seja através de outros supostos processos globalizantes. O fato é que esses panópticos retêm uma dimensão local ou talvez "glocal", não podendo sumir com a disjunção espacial. A diversidade, de mais de um Direito, daquilo que é – o diferendo – é irredutível. Sua pretensa reunião em uma forma que seria "a única" forma não muda em nada essa situação. Nem mesmo a postulação de uma unidade formal pode evitar a manifestação persistente da multiplicidade. Através do Direito uniformizado, por exemplo, os muitos Direitos, embora agora acrescidos de mais um (diga-se, a convenção internacional), não se transformam em um. Essa síntese conectiva não é em si mesma suficiente para definir o tornar-se efetivo dos direitos-mundos. Inscritos no domínio do texto internacional, ter-se-á lugar uma síntese disjuntiva de rotas e permutações (note-se, mais uma vez, que a multiplicidade disjuntiva não deve ser compreendida como implicando a existência de entidades monádicas, mas sim como permitindo uma rede complexa de intersecções sofisticadas). Nas palavras de Gunther Teubner, tem-se "a fragmentação do Direito global" remetendo às "contradições entre racionalidades institucionalizadas socialmente, as quais um Direito [uniforme] não pode resolver".[279]

De fato, seja persuasivo ou vinculante o caráter que uma decisão do órgão de apelação da OMC possa apresentar, ela se sustenta conforme é implementada *desse* modo por *esse* país no tocante a *essa* disputa comercial. E qualquer que seja o caráter, persuasivo ou vinculante, disposto por uma cláusula do Modelo Contratual da Federação Internacional de Engenheiros Consultivos, ela é instituída conforme é implementada *desse* modo por *essa* construtora no tocante a *esse* sítio de construção. E qualquer convenção internacional é interpretada localmente em última instância por esses juristas, esses juízes... (e qualquer iniciativa global supostamente empreendida para responder ao aquecimento global só se pode afirmar localmente também). Em outros termos, entre qualquer supostamente Direito não-local e sua instanciação há um hiato inevitável.[280] É nesse *entre-deux*, através desse processo de re-territorialização talvez sempre-tão-fugidio, mas sempre-tão-primordial, que o localismo e a singularidade do Direito forçada e incontornavelmente vem à tona – sendo a tarefa permanente dos estudos jurídicos comparativos manifestá-lo. Mesmo diante da administração e investimento transnacionais, permanece um elemento irredutível de autoctonia a constranger a receptividade epistemológica à globalização, o que significa que a diferença local persiste (de fato, e por vezes, tem-se o sentimento nítido de que a diferença local se vê exacerbada em razão da globalização, como quando uma cultura é apreendida como um recurso valioso a ser usado para vários fins socioeconômicos e políticos contestáveis). "O ponto é que o povo em cada lugar faz seus próprios usos mesmo das *commodities* mais

279 FISCHER-LESCANO, A.; TEUBNER, G. *Regime-collisions*: the vain search for legal unity in the fragmentation of global law. *Michigan Journal of International Law*, vol. 25, 2004, p. 1004.

280 Cf. RICOEUR, P. *Philosophie de la volonté*. vol. 1, Paris: Aubier, 1950, p. 165, que observa que mesmo "entre a menos contraditória das regras e sua aplicação, sempre restará um hiato".

globais", de modo que a "homogeneidade [...] ainda é de tipo local".[281] Se se quiser, "a cultura [...] dissolve a globalização [...] em um espectro variado de diferentes mutações, dado que cada manifestação da economia multinacional chega a e é absorvida por costumes, cognições, compromissos, e significâncias que juntas constituem as localidades da cultura".[282] Resumidamente, "o que quer que seja que a globalização venha a ser [...], ela é refratada, rebatida, repelida e reconstituída por culturas".[283] Porque, quando tudo está dito e feito, a cultura permanece o paradigma ideal do local que os comparativistas-no-direito têm a sua disposição, de modo que uma comparação que ouça atentamente ao direito-como-cultura possa prestativamente desvelar como o conhecimento local *assenta* o assim chamado Direito "global".

Os fenômenos jurídicos transculturais não são desprovidos de cultura tão somente em razão de seu surgimento de uma diversidade cultural que os precede; mas também por serem o *resultado* de um fluxo cultural. Qualquer suposto *consensus gentium* – diga-se, os distintos agrupamentos de sentidos, símbolos e práticas associados com a *lex mercatoria* ou com a arbitragem internacional – se encontra, assim, ancorado nas variações em sistemas de sentido que diferentes indivíduos reúnem para se constituir, de modo que o produto final continue a revelar uma dependência de um certo tipo de aprendizado, de um padrão que inevitavelmente põe os limites à variabilidade cultural. Sim. Eu argumento que até mesmo os globalizadores jurídicos são, em certa medida pelo menos, construídos a partir dos materiais de sentido e expressão de suas próprias culturas jurídicas e, também em alguma medida pelo menos, permanecem possuindo suas culturas jurídicas.[284] Em última instância, "não existe nenhum lugar que se possa dizer 'não-local'".[285]

---

281 APPIAH, K. A. *Cosmopolitanism*. New York: Norton, 2006, pp. 113 e 102, respectivamente.

282 INGLIS, F. *Culture*. New York: Polity, 2004, p. 144.

283 INGLIS, F. *Culture*. New York: Polity, 2004, p. 74.

284 Para estudos insistindo na centralidade da cultura para a globalização, mostrando como a atuação cultural é negociação em meio a contextos globalizados, ver e.g., ONG, A.; COLLIER, S. J. (Coord.). *Global assemblages*. Londres: Blackwell, 2005; KRAIDY, M. *Hybridity, or the cultural logic of globalization*. Filadelfia: Temple University Press, 2005.

285 LATOUR, B. *Reassembling the social*. Oxford: Oxford University Press, 2005, p. 179.

CAPÍTULO IV

"OBJETIVIDADE" E "VERDADE"

O argumento que eu defendo pelo reconhecimento e respeito pela co-presença diferencial dentro dos estudos jurídicos comparativos precisa agora responder mais amplamente à perspectiva de que o dissenso entre os Direitos deve ser superado pela identificação da verdade – em outras palavras, pela exaltação de uma visão (ou Direito) como sendo "verdadeira" enquanto rebaixa outras visões (ou Direitos) que então seriam descritos como "falsos". Considere-se os escritos de Kötz com referência específica a sua prática de atribuição da verdade. Para ele, o comparativista-no-direito deve "descobrir qual solução de um problema é a melhor",[286] "indicar qual é a melhor solução aqui e agora"[287] e "decidir qual dentre as possíveis soluções é mais adequada e justa".[288]

---

286 ZWEIGERT, K.; KÖTZ, H. *Introduction to comparative Law*. 3ª ed. Trad. T. Weir. Oxford: Oxford University Press, 1998 [1996], p. 8.

287 ZWEIGERT, K.; KÖTZ, H. *Introduction to comparative Law*. 3ª ed. Trad. T. Weir. Oxford: Oxford University Press, 1998 [1996], p. 23. Ainda que essa passagem não esteja presente no texto alemão, ela pode ser legitimamente atribuída a Kötz, na medida em que ele esteve diretamente envolvido na preparação da versão inglesa de seu livro.

288 ZWEIGERT, K.; KÖTZ, H. *Introduction to comparative Law*. 3ª ed. Trad. T. Weir. Oxford: Oxford University Press, 1998 [1996], p. 47.

Em outras palavras, "o objetivo último" do comparativista-no-direito "é descobrir a verdade".[289] E a linguagem de Kötz é sobre soluções sendo "melhores", "piores", "igualmente válidas", "claramente superiores", e "superior a todas as demais".[290] Segundo ele, o engajamento do comparativista com outros Direitos deve agir como "uma '*ecolé de vérité*'" – uma expressão francesa que pode ser vertida com confiança como "escola da verdade".[291]

A ativação da verdade por Kötz aparece claramente em uma passagem de seu tratado em que ele nos informa que "os sistemas [inglês, francês, e alemão] atribuem consequências jurídicas diferentes à emissão de uma oferta" (presumivelmente em uma exceção a sua declarada "*praesumptio similitudinis*") e que "o crítico é forçado a concluir que nesse ponto o sistema alemão é o melhor".[292] Aparentemente construído sob a perspectiva de uma comensuração entre Direitos como aproblemática e descartando, semelhantemente, a presunção de que "as instituições civis são apenas 'melhores' ou 'as melhores' relativamente ao povo para o qual elas existem",[293] o argumento de Kötz é de que a verdade quanto "a emissão de uma oferta" é o Direito alemão, que se transforma no referente único a que todas as outras formas se encontram subordinadas. Aqui, para colocar a questão em

---

289 ZWEIGERT, K.; KÖTZ, H. *Introduction to comparative Law*. 3ª ed. Trad. T. Weir. Oxford: Oxford University Press, 1998 [1996], p. 3.

290 ZWEIGERT, K.; KÖTZ, H. *Introduction to comparative Law*. 3ª ed. Trad. T. Weir. Oxford: Oxford University Press, 1998 [1996], pp. 46/47. Por exemplo, ver também BOGDAN, M. "On the value and method of rule-comparison in comparative Law". *In*: MANSEL, H.-P. *et al.* (Coord.). *Festschrift für Erik Jayme*. Amsterdam: Sellier, 2004, p. 1240: "após comparar como dois (ou mais) sistemas jurídicos lidam com os mesmos problemas, é natural perguntar qual das duas (ou mais) soluções jurídicas é melhor ou a melhor".

291 ZWEIGERT, K.; KÖTZ, H. *Introduction to comparative Law*. 3ª ed. Trad. T. Weir. Oxford: Oxford University Press, 1998 [1996], p. 15. A formulação aparece em francês (sem itálico) tanto na edição inglesa quanto na edição alemã.

292 ZWEIGERT, K.; KÖTZ, H. *Introduction to comparative Law*. 3ª ed. Trad. T. Weir. Oxford: Oxford University Press, 1998 [1996], p. 362.

293 SUMNER, W. G. "Democracy and responsible government". *In*: KELLER, A. G. (Coord.). *The challenge of facts and other essays*. New Haven: Yale University Press, 1914 [1877], p. 244. William Sumner foi um influente antropólogo americano durante o séc. XIX.

termos cartesianos que ressoam com a *Weltanschauung* de Kötz, tem-se uma afirmação sendo feita por um "sujeito" (Kötz) em relação a um "objeto" ("o sistema [alemão]"). Kötz afirma um elemento do "objeto" (seu caráter "melhor" ou "correto" ou "verdadeiro"), isto é, algo que seria uma propriedade independentemente determinada do "objeto", um atributo fixo, uma qualidade inerente, e que almeja ser assim de uma maneira que é adequada ao próprio "objeto", que dá conta dele de tal maneira exata que se pode (e, de fato, deve) dizer ser "verdade". Em última instância, então, o Direito alemão é "verdadeiro" e aquilo que Kötz diz quando ele nos fala que o Direito alemão é "verdadeiro" é também "verdadeiro". A esse respeito, Kötz-como-verista efetua a tarefa que ele inscreve para os estudos jurídicos comparativos: a atribuição da verdade-no-direito.

Identificando o "melhor" ou o "correto" ou o "verdadeiro", Kötz, inscrevendo a si mesmo diretamente em uma mentalidade consolidada pelo tempo que apresenta a dinâmica sujeito/objeto, está nos oferecendo – ou, pelo menos, afirma estar nos oferecendo – o sistema alemão "apenas como" ele é, isto é, *as sich*. Tem-se, então, uma dimensão transcendental na abordagem de Kötz. Para ele, o "melhor" do Direito advém sem qualquer referência extensiva ao conhecimento local se fazendo necessária; é um atributo que "nós possamos ir de nação em nação, considerando ações e resultados uniformes em todos os lugares, como nós fazemos, por exemplo, com um motor a vapor ou um telescópio".[294] O "Direito alemão" é melhor independentemente de qualquer configuração política, econômica, ou histórica, de onde ele emerge, com aquilo que é conectado e com aquilo ao que se relaciona – ou, para citar a *Unidroit* mais uma vez, "independentemente das tradições jurídicas e das condições econômicas e políticas dos países aos quais [ele] se aplica".[295] O "Direito alemão" é o melhor para além de qualquer

---

294 SUMNER, W. G. "Democracy and responsible government". *In*: KELLER, A. G. (Coord.). *The challenge of facts and other essays*. New Haven: Yale University Press, 1914 [1877], p. 245.

295 GOVERNING COUNCIL OF UNIDROIT. "Introduction". *In*: *Unidroit principles of international commercial contracts*. 2ª ed. Roma: International Institute for the

"germanidade", e é por isso que se pode esperar que ele funcione na França, Inglaterra ou em qualquer outro lugar. O "Direito alemão" que Kötz tem em vista é um Direito alemão desincorporado, etéreo. Em um certo sentido, parece até mesmo incorreto referir-se a ele como o Direito "alemão". Trata-se simplesmente de uma forma de Direito que coincidentemente prevalece na Alemanha nessa conjuntura histórica (em que esse argumento é precisamente aquele de Gordley, para quem, diga-se, decisões judiciais alemãs não teriam nada de "alemão" nelas).[296] O "melhor" de Kötz busca, assim, evitar qualquer conexão local. Ele se situa em uma esfera que é localizada além de qualquer Direito local. Mas isso não termina aqui.

Não apenas Kötz visa colocar o projeto comparativo além-de-qualquer-direito (para ele, as soluções devem ser "retiradas de seus contextos conceituais e despojadas de suas conotações doutrinárias nacionais"),[297] como ele também quer situá-lo além-de-qualquer-comparativista – que é senão mais uma característica de seu empreendimento de transcedentalização. Assim: "[os juristas comparativos] sabem que eles precisam se retirar de suas preconcepções doutrinais e jurídicas, liberando-se dos seus contextos culturais a fim de descobrir conceitos 'neutros' para descrever [...] os problemas".[298] Dado que "o comparativista precisa erradicar as preconcepções de seu sistema jurídico nativo",[299] e porque se pode confiar que o "bom" comparativista procederá dessa maneira, torna-se possível para Kötz escrever que, no tocante à qualquer questão dada, "o crítico é forçado a concluir" de uma maneira particular,[300]

Unification of Private Law, 2004, p. [xv]; 3ª ed. reimpr. 2010, p. [xxiii].

296 GORDLEY, J. "Comparative legal research: its function in the development of harmonized Law". *American Journal of Comparative Law*, vol. 43, 1995, p. 563.

297 ZWEIGERT, K.; KÖTZ, H. *Introduction to comparative Law*. 3ª ed. Trad. T. Weir. Oxford: Oxford University Press, 1998 [1996], p. 44.

298 ZWEIGERT, K.; KÖTZ, H. *Introduction to comparative Law*. 3ª ed. Trad. T. Weir. Oxford: Oxford University Press, 1998 [1996], p. 10.

299 ZWEIGERT, K.; KÖTZ, H. *Introduction to comparative Law*. 3ª ed. Trad. T. Weir. Oxford: Oxford University Press, 1998 [1996], p. 10.

300 ZWEIGERT, K.; KÖTZ, H. *Introduction to comparative Law*. 3ª ed. Trad. T. Weir. Oxford: Oxford University Press, 1998 [1996], p. 362.

significando que qualquer crítico desenraizado, qualquer comparativista desengajado, está obrigado a chegar a uma conclusão somente, o que quer dizer que a conclusão não depende mais do comparativista, que a verdade-no-direito existe independentemente do comparativista, daquilo que o comparativista possa pensar ou dizer (o quão fortemente essa sentença sentenciosa evidencia a insolência epistemológica da *doxa* – ou sua audacidade?) Segundo Kötz, o Direito verdadeiro está lá, e o comparativista pode chegar até ele desde que aja conforme deve agir a fim de alcançá-lo. E ele terá sucesso desde que se deslocalize – "nunca se deve permitir o encobrimento da visão pelos conceitos do seu próprio sistema nacional"[301] – e use o método adequado, isto é, desde que sua análise comparativa se dê em "termos puramente funcionais".[302]

Para Kötz, completamente satisfeito que uma investigação metodologicamente eficaz levará o comparativista-no-direito à verdade, isto é, devota daquilo que Bernard Williams chama por um tipo de investigação de "aquisição da verdade",[303] a verdade se manifesta como o resultado da coalescência de três processos de objetificação. Particularmente, Kötz insiste no fato de que o comparativista deve auto-objetificar-se, mas também no fato de que as soluções jurídicas encontradas nos Direitos Estrangeiros devem elas também serem objetificadas, e ainda no fato de que os estudos do comparativista sobre os Direitos outros devem ser feitos de maneira objetiva.[304] A verdade então se afirmará ao comparativista-no-direito de um modo em que ele será "forçado" a aceitar, independentemente de suas próprias circunstâncias.[305] Aqui, como em outros momentos (por exemplo, quando ele favorece uma dicotomia

---

301 ZWEIGERT, K.; KÖTZ, H. *Introduction to comparative Law*. 3ª ed. Trad. T. Weir. Oxford: Oxford University Press, 1998 [1996], p. 35.

302 ZWEIGERT, K.; KÖTZ, H. *Introduction to comparative Law*. 3ª ed. Trad. T. Weir. Oxford: Oxford University Press, 1998 [1996], p. 34.

303 WILLIAMS, B. *Truth and truthfulness*. Princeton: Princeton University Press, 2002, p. 127. (ênfase omitida).

304 Ver ZWEIGERT, K.; KÖTZ, H. *Introduction to comparative Law*. 3ª ed. Trad. T. Weir. Oxford: Oxford University Press, 1998 [1996], pp. 10, 44, e 43 respectivamente.

305 ZWEIGERT, K.; KÖTZ, H. *Introduction to comparative Law*. 3ª ed. Trad. T. Weir. Oxford: Oxford University Press, 1998 [1996], p. 362. Essa formulação não aparece

sujeito/objeto), Kötz lembra Descartes, que sustentou que "nossa mente é de tal natureza que ela não pode senão assentir com aquilo que ela claramente concebe".[306] Kötz é, então, um buscador da verdade e um afirmador da verdade – não no sentido, por evidente, de que ele estaria buscando ou afirmando uma verdade originária ou essencial na compreensão estritamente filosófica do termo, mas que ele busca identificar e afirmar algo como a verdade-no-direito, isto é, a verdade em seu se tornar fenomenalmente explícita enquanto conhecimento jurídico (embora eu não queira digressionar, vale a pena mencionar que os enunciados de Kötz acerca da similaridade entre Direitos e suas visões concomitantes – no sentido de que o comparativista-no-direito deve averiguar o Direito "verdadeiro" – revelam uma tensão fundamental em seu pensamento. Para colocar a questão bruscamente, se todos os Direitos são similares "até mesmo nos detalhes",[307] como pode apenas um Direito ser o verdadeiro? Parece que os comparativistas-no-direito estão diante da afirmação simultânea de duas doutrinas incompatíveis).

As referências de Kötz à ideia de "objetividade" assumem um conceito monolítico e imutável. Com efeito, a objetividade não é nem uma coisa nem outra. De imediato, pelo menos três significados distintos do termo podem ser identificados – os quais Kötz colapsa em um só, o que não deixa de ser revelador. Quando Kötz insiste na objetividade do comparativista, ele tem em mente uma "objetividade aperspectivística". Esse tipo de "objetividade" busca excluir a "percepção, a qual pode nos enganar; o corpo, que tem suas fraquezas; a sociedade, que tem suas pressões e interesses particulares; as memórias, que podem desvanecer; as imagens mentais, que podem se distinguir de pessoa a pessoa; e a imaginação".[308] Em suma, o objetivo é a eliminação das idiossincrasias,

---

no texto alemão. Pelas razões já indicadas na nota 242, supra, pode-se, não obstante, razoavelmente atribuí-la a Kötz.

306 DESCARTES. "Carta a 'Regius'" *In*: C. Adam; P. Tannery (Coord.). *Oeuvres de Descartes*. vol. 2, 2ª ed. Paris: Vrin, 1988 [1640], p. 64.

307 ZWEIGERT, K.; KÖTZ, H. *Introduction to comparative Law*. 3ª ed. Trad. T. Weir. Oxford: Oxford University Press, 1998 [1996], p. 40.

308 LAKOFF, G. *Women, fire, and dangerous things*. Chicago: The University of Chicago Press, 1987, p. 183.

sejam elas atribuíveis ao indivíduo, excepcionando-se todos os demais, sejam elas associáveis a um indivíduo ao se levar em consideração o fato de ele ser culturalmente situado. Idealmente, para Kötz, contemplar-se-ia "uma visão a partir de lugar nenhum".[309] Contudo, quando Kötz foca na objetividade dos Direitos em análise, ou nos relatórios sendo escritos sobre esses Direitos, ele está se voltando para uma "objetividade mecânica", uma outra forma de objetividade que pode ser dita, sucintamente, como a se opor à ideia de "interpretação", buscando garantir a confiabilidade dos achados através do desenvolvimento de procedimentos que busquem escapar das armadilhas da personalização. E conforme Kötz discute a verdade de um Direito "no sentido de se constranger a concordância de todas as mentes racionais, estejam elas abrigadas em corpos humanos, marcianos ou angelicais",[310] ele acena rumo a algo como uma "objetividade ontológica", assim sendo, mais uma forma de objetividade.[311] Então, não apenas a objetividade apresenta uma extensão semântica complexa, a qual Kötz não comunica aos seus leitores, como também goza de uma ascendência que está intimamente conectada com o desenvolvimento da filosofia moral, de um lado, e práticas e ambições científicas, de outro. Por conseguinte, a objetividade é qualquer coisa menos o "dado trans-histórico" aproblemático e improblematizável que Kötz gostaria que seus leitores assumissem.[312] De fato, o caráter situado da objetividade aparece claramente até mesmo de uma breve análise da "objetividade aperspectivística", a primeira dos três tipos de objetividade ora mencionadas.[313]

A "objetividade aperspectivística", então, não é nem intrinsicamente atemporal nem inerentemente veraz. As primeiras manifestações da ideia

309 NAGEL, T. *The view from nowhere*. Oxford: Oxford University Press, 1989.

310 DASTON, L. "Objectivity and the escape from perspective". *Social Studies of Science*, vol. 22, 1992, p. 598.

311 Para os três sentidos de "objetividade" aqui usados, eu me baseio amplamente em DASTON, L. "Objectivity and the escape from perspective". *Social Studies of Science*, vol. 22, 1992, passim.

312 DASTON, L. "Objectivity and the escape from perspective". *Social Studies of Science*, vol. 22, 1992, p. 598.

313 No que se segue, eu me baseio amplamente em DASTON, L. "Objectivity and the escape from perspective". *Social Studies of Science*, vol. 22, 1992.

podem, de fato, ser traçadas ao final do séc. XVIII. Seu lar conceitual era então a filosofia moral. Assim, David Hume, discutindo a tarefa do crítico, convidava-o a "preservar sua mente livre de todo *preconceito*, permitindo nada a adentrar sua consideração, senão o próprio objeto sujeito à análise". O objetivo para o crítico deve ser, "considerando-se como um homem em geral, esquecer, se possível, [seu] ser individual e [suas] circunstâncias peculiares". Caso contrário, ele "evidentemente se afasta do padrão verdadeiro; e, por consequência, perde toda sua credibilidade e autoridade".[314] Alguns anos antes, Adam Smith em seu primeiro livro desvalorizou de maneira similar a apreensão perspectivística. Segundo Smith, não era suficiente para um indivíduo levar em consideração todos os pontos de vista referentes a uma situação, dado que distorções poderiam ser evitadas apenas pela adoção da perspectiva de alguém que estivesse completamente removido das circunstâncias, podendo assim se erguer completamente acima delas:

> Nós devemos ver [esses interesses opostos] nem do nosso próprio lugar nem do lugar [de outrem com quem nós não temos nenhuma conexão em particular], nem com nossos próprios olhos, nem com os dele, mas do lugar e com os olhos de uma terceira pessoa, que não tem nenhuma conexão com nenhum dos dois, e que julga imparcialmente entre nós.[315]

Se isso significa alguma coisa, procedendo com vistas a se deslocar da proeza empática rumo ao desenraizamento idealizado, Smith elevou o limiar da objetividade a um nível mais elevado que Hume, com o segundo se contentando à exortação da necessidade do indivíduo por superar suas próprias circunstâncias. Importantemente, em sua *Crítica da Razão Pura*, Kant, ao tratar da superação das idiossincrasias do jul-

---

314 HUME, D. "Essays: moral, political, and literary". *In*: MCCORD-SAYRE, G. (Coord.). *David Hume*: moral philosophy. New York: Hackett, 2006 [1777], pp. 353-354. (ênfase no original).

315 SMITH, A; RAPHAEL, D. D.; MACFIE, A. L (Coord.). *The Theory of moral sentiments*. Oxford: Oxford University Press, 1976 [1781], p. 135. Ver em geral RAPHAEL, D. D. *The impartial spectator*: Adam Smith's moral philosophy. Oxford: Oxford University Press, 2009.

gamento, não tardaria em adicionar a ideia de "comunicação" à compreensão moral da objetividade. Kant evidentemente não sustentava que a comunicabilidade de uma crença (*Fürwahrhalten*) era, em si e para si, suficiente para transformá-la em uma declaração objetiva completa, mas tendo assumido a perspectiva de que a "pedra de toque" de uma crença seria "sua possibilidade de [se] comunicar".[316] Conforme afirmava que "a comunicabilidade é tornada possível tanto pelo compartilhamento da racionalidade das mentes [...] quanto pelo objeto compartilhado ao qual a ideia se refere", Kant estava efetivamente valorizando o caráter público do conhecimento.[317] E é propriamente em torno dessas noções particulares de "comunicação" e "conhecimento público" que as ciências, respondendo a um conjunto específico de demandas organizacionais, começaram a articular diligentemente suas próprias compreensões de "objetividade" no meio do séc. XIX.

Ainda que a ciência colaborativa tenha se feito manifesta no séc. XVII, e embora a ciência tenha se tornado afirmativamente cosmopolita durante o séc. XVIII, é apenas ao longo do séc. XIX que uma comunidade científica mundial emergiu, tanto no que diz respeito à medicina quanto à astronomia, valendo-se diligentemente do aperfeiçoamento do transporte e dos sistemas comunicacionais. Em razão desses desenvolvimentos tecnológicos, "artigos circularam entre oceanos e continentes, medidas foram trocadas, observações contadas, instrumentos calibrados, unidades e categorias padronizadas".[318] Por exemplo, "comissões internacionais se encontraram e discutiram a respeito dos padrões e definições que tornariam os resultados de pesquisas, diga-se, estatísticas ou elétricas comparáveis".[319] Diante dessas importantes mudanças visando a coordenação transnacional da ciência, a comunicabilidade se tornou um valor significativo.

---

316 KANT, Immanuel. *Critique of pure reason*. Trad. W. S. Pluhar. New York: Hackett, 1996 [1781], p. 748 (A821/B849).

317 DASTON, L. "Objectivity and the escape from perspective". *Social Studies of Science*, vol. 22, 1992, p. 606.

318 DASTON, L. "Objectivity and the escape from perspective". *Social Studies of Science*, vol. 22, 1992, p. 608.

319 DASTON, L. "Objectivity and the escape from perspective". *Social Studies of Science*, vol. 22, 1992, pp. 608/609.

A fim de ser comunicável, contudo, o conhecimento precisa ser formatado de tal maneira a ser facilmente disseminável. E, por evidente, para que essa difusão aconteça, o conhecimento em questão precisa ser lançado na esfera pública. Daí o aprimoramento de um tipo de conhecimento científico que fosse ao mesmo tempo nômade e a manifestamente requerer formulações mecânicas, tal como afirmações quantitativas. Talvez tão somente porque os escritores e leitores inseridos nas ciências podiam estar localizados a uma distância considerável uns dos outros, o objetivo era evitar julgamentos personalizados e favorecer a ideia de

> observadores intercambiáveis e, por conseguinte, livres de quaisquer características – não marcados pela nacionalidade, por entorpecimento ou acuidade sensorial, por treinamento ou tradição; por dispositivos peculiares, por estilos de escrita chamativos, ou por qualquer outra idiossincrasia que pudesse interferir com a comunicação [...] dos resultados.[320]

Conforme a desindividualização, o auto-apagamento, e a imparcialidade estavam sendo fomentadas energeticamente, a objetividade passou a ser apreendida como um objetivo permanente. Mas é central apreciar que, não obstante à possibilidade de se discernir os traços da filosofia moral antecedente em meio a nova economia científica, a objetividade passou a ser valorada em razão da circulação pública dos dados que ela tornava possível, visando a formação de um certo tipo de comunidade científica. De fato, Theodore Porter mostra que certas formas de quantificação como a matematização passaram a ser associadas com a objetividade não diante do fato de elas espelharem a "realidade" mais precisamente, mas em razão de serem percebidas como servindo às necessidades da comunicabilidade de maneiras mais optimizadas.[321]

Conforme eu me dirijo à ortodoxia operante dentro dos estudos jurídicos comparativos, o que é crucial para os presentes propósitos, e que, portanto, justifica meu excurso na fabricação moderna da objeti-

---

320 DASTON, L. "Objectivity and the escape from perspective". *Social Studies of Science*, vol. 22, 1992, p. 609.

321 Ver PORTER, T. M. *Trust in numbers*: the pursuit of objectivity in science and public life. Princeton: Princeton University Press, 1995, pp. 85/86.

vidade, é que a objetividade não é nem uma ideia que estava aí desde sempre nem uma noção que sempre existiu transcendentalmente – ao contrário do que o texto de Kötz nos levaria a prontamente acreditar. Bem longe de ser qualquer coisa natural, por exemplo, a objetividade se desenvolveu nas ciências em um momento identificável no tempo e a fim de responder um problema específico. Por conseguinte, trata-se de uma ideia que foi *conquistada* em razão de uma "intensa disciplina social", uma configuração que não apenas envolveu a padronização dos dados, mas também no "concordar tácito de se limitar a atenção àquilo que podia ser sujeitado ao adequado controle experimental".[322] De fato, não se deve ignorar que o movimento rumo a objetividade "frequentemente [resultou na] perda de informações valiosas que antes eram parte integral do relatório de observação [...] mas informações muito particulares à pessoa e ao lugar".[323] Em suma, vê-se que a objetividade expressa valores contingentes relacionados a um lugar e a um tempo. Em outras palavras, ela é revelada como sendo *cultural*.

Como os comparativistas-no-direito bem sabem, a objetividade não é a única ideia que Kötz coloca a serviço como se fosse um tipo de "dado" que deve se impor como auto-evidente a qualquer estudo sério do Direito Estrangeiro sendo desenvolvido em qualquer lugar no mundo – muito embora permanecendo, após uma análise crítica, identificavelmente aleatório e incontornavelmente fático. Eu tenho em mente as repetidas referências de Kötz à "verdade". Mas, tal qual a objetividade, a verdade chama por uma des-absolutização, uma reimplementação fora do círculo dogmático e sua localização no lugar e no tempo. Conforme essa proposta evidencia a confusão elementar entre o empírico e o transcendental trazida por Kötz, ela mina a obstinação com a qual esse autor injustificadamente investe a noção de "verdade".

No sentido com o qual a verdade se refere à transmissão de conhecimento através da asserção de uma maneira que busca tornar a informação estritamente correlata àquilo que ali está, ela pode ser razoavelmente abordada como um artefato cultural. Uma das primeiras e

---

322 PORTER, T. M. "Quantification and the accounting ideal in science". *Social Studies of Science*, vol. 22, 1992, p. 646.

323 DASTON, L. "Objectivity and the escape from perspective". *Social Studies of Science*, vol. 22, 1992, p. 612.

influentes concepções de "verdade" é assim creditada a Platão (c428-c348 AEC) e Aristóteles (384-322 AEC). Na Grécia dos sécs. V e IV AEC, os debates públicos se organizavam com vistas a coincidir com as datas festivas. Esses eventos eram levados a sério e a credibilidade dos debatedores estava em jogo. Diz-se que até suas subsistências podiam estar em risco. Alguns debatedores, então já conhecidos coletivamente como os "sofistas", se especializaram nesse exercício. Famosamente, entre eles incluía-se Protágoras (c490-c420 AEC) e Górgias (c485-c380 AEC). Naquela época, ganhar o argumento significava basicamente apontar uma contradição no discurso de um oponente ou desenvolver um discurso tão coerente que seu oponente se visse simplesmente obrigado a aceitá-lo. Em razão de sua expertise, os sofistas eram particularmente competentes em adotar ambas as estratégias. De fato, eles afirmavam poder sustentar um argumento com base em um discurso enquanto sendo capazes de ganhar o argumento exatamente contrário com base em um discurso diferente. Platão e depois Aristóteles buscaram limitar a influência dessas táticas. Esses filósofos (um termo que, como a palavra sofista, começou a ser usado ao longo do séc. IV AEC) moveram o critério da validade discursiva da ausência de autocontradição – um instrumento de medida interno ou imanente ao discurso – para uma medida de referência externa ou transcendental a partir da qual o discurso seria considerado verdadeiro apenas se conformado àquilo que era proposto a justificar. Nos termos desse esquema, a ausência de autocontradição, embora uma condição necessária para o estabelecimento da verdade, passou a não ser mais suficiente. A elaboração desse modelo alternativo parece oferecer a primeira manifestação conhecida da noção de "*adaequatio rei et intellectus*". À medida que se implica uma referência a autoridades qual árbitros externos ao acordo de um enunciado com seu objeto, insinua-se à ideia de "objetividade". Concedendo-se o fato de que não se pode reconfigurar exatamente o locus ocupado pela verdade no pensamento filosófico grego há 2500 anos, permanece que a ideia é traçável a um contexto histórico específico, chamando para ser analisada como uma prática intelectual e cultural situada.[324]

---

324 Ver JORION, P. *Comment la vérité et la réalité furent inventées*. Paris: Gallimard, 2009, pp. 111-118. Ver também KOJÉVE, A. *Essai d'une histoire raisonnée de la philosophie païenne*. vol. 1, Paris: Gallimard, 1968, p. 247. Acerca das competições verbais na antiguidade grega, ver, e.g., LLOYD, G. E. R. *Demystifying mentalities*. Cambridge:

Enquanto me permite esvaziar afirmações exageradas concernindo sua obviedade, minha asserção acerca da contingência da verdade não implica, no contexto desse argumento específico pelo menos, na desqualificação da noção em qualquer um dos e em todos os seus usos. De fato, eu estou disposto a aceitar que a verdade pode se mostrar útil em um espectro de circunstâncias polidas e razoáveis: "– Eu ouvi dizer que Imogene atualmente está estudando em Londres. – Sim, isso é verdade"; "– Se eu me lembro corretamente, a loja de bolinhos abre às 9h30. – Sim, isso é verdade"; " – Washington é mais fria que San Diego nessa época do ano. – Sim, isso é verdade".[325] Em todos esses casos ilustrativos, a resposta podia ser simplesmente "sim" e indiscutivelmente tão efetiva quanto.[326] Seja como for, esses enunciados são dificilmente contestáveis no sentido de que eles não são politicamente controversos nem se dirigem ao tipo de convicções que dão forma e profundidade à personalidade. Eu estou concernido com uma problemática completamente diferente, envolvendo mais de um Direito em co-presença e, por conseguinte, envolvendo "afirmações de verdade seriamente conflitantes acompanhadas de fundamentos de autoridade epistêmica seriamente díspares e crenças prévias, presunções generalizadas e objetivos e interesses relevantes seriamente divergentes".[327] A esse respeito, e a título de um contraponto à prática prevalecente dentro dos estudos jurídicos comparativos ortodoxos, eu gostaria de disputar, por exemplo, a pertinência da verdade como um modo de atribuir posicionamentos relativos a diferentes direitos-mundo. No contexto da comparação-no-direito, e com referência específica à apreciação de

---

Cambridge University Press, 1990, p. 36. Para observações acerca da história das palavras "sofista" e "filósofo", ver NIGHTINGALE, A. W. *Spectacles of truth in classical greek philosophy*. Cambridge: Cambridge University Press, 2004, p. 30.

325 Incidentalmente, a questão do mundo físico não diz respeito a esse livro, dado que "a natureza física não se organiza culturalmente", HARDING, S. "After the neutrality ideal: sciences, politics, and 'strong objectivity'". *Social Research*, vol. 59, 1992, pp. 574/575. Acerca da verdade e do mundo físico, ver, e.g., BURGE, T. *Origins of objectivity*. Oxford: Oxford University Press, 2010.

326 Cf. QUINE, W. V. O. *Word and object*. Cambridge: MIT Press, 1960, p. 24: "dizer que o enunciado 'Brutus matou César' é verdade, ou que 'O peso atômico do sódio é 23' é verdade, é, com efeito, o mesmo que dizer Brutus matou César, ou o peso atômico do sódio é 23".

327 SMITH, B. H. *Scandalous knowledge*. Durham: Duke University Press, 2005, p. 47.

vários Direitos reciprocamente considerados, eu apreendo um apelo à ideia de "verdade" como insustentável, senão apenas em razão da suspeita de uma conotação metafísica que essa referência carrega consigo. O fato da questão é que não há nenhuma estratégia epistemológica que possa tornar a verdade assertiva, que possa trazer a verdade (mesmo se assumindo sua existência) dentro da circunscrição do conhecimento do comparativista-no-direito, que possa conferir a ela qualquer outra coisa que a garantia do comparativista. Correspondentemente, eu afirmo que enunciados que têm o Direito como seu foco de estudo não se admitem caracterizados como "verdadeiros"; eles não configuram um discurso apto à verdade. Para mim, "o primeiro passo rumo ao[s] novo[s] estudo[s] jurídico[s] [comparativos] implica colocar em suspenso qualquer pretensões de verdade pelo e acerca do Direito".[328]

Considere-se Kötz acerca do Direito de oferta. Quando esse autor, através da ideia da comparação como uma "*école de vérité*",[329] sugere que o Direito alemão sobre a oferta é o "verdadeiro", ele não pode estar afirmando uma relação necessária entre sua frase e o "Direito alemão" como se esse pertencesse a uma "realidade" extralinguística, à qual ele se dirigiria qual um descritor impassível capaz de dar conta dela *enquanto tal*. Qualquer que seja a afirmação proposta por Kötz, ela retém um vínculo ineliminável para com sua própria experiência do Direito e do mundo (observe-se que quando eu refiro à experiência "própria" a Kötz, a "propriedade" que eu tenho em mente excede a consciência de Kötz e mesmo sua capacidade para consciência, o que sugere que a questão da "experiência" é mais complexa, desde o ponto de enunciação do termo, do que normalmente se assume). A asserção de Kötz é, por conseguinte, incontornavelmente delimitada. O próprio fato de Kötz e seus discípulos implicarem o contrário ilustra mais uma vez o notável espectro de técnicas através das quais a ortodoxia busca seu auto-emparedamento. Conforme Kötz proclama a verdade

---

328 KAHN, P. W. *The cultural study of Law*. Chicago: The University of Chicago Press, 1999, p. 34.

329 ZWEIGERT, K.; KÖTZ, H. *Introduction to comparative Law*. 3ª ed. Trad. T. Weir. Oxford: Oxford University Press, 1998 [1996], p. 15.

do Direito – e conforme o leitor de Kötz se vê "forçado a concluir" tão-docilmente que a verdade, aparentemente livre de qualquer corrigibilidade,[330] é aquilo que Kötz diz que ela é – aí ocorre a imposição de um regime intelectual de fechamento da mente marcadamente adverso ao questionamento acadêmico.[331] Com efeito, resta alguma coisa a dizer quando se tem a verdade? Qual seria o objetivo dos comparativistas em continuar uma discussão razoável após se obter a Razão? A negociação entre enunciação e contra-enunciação está terminada. Não se exige de ninguém que revisite seus posicionamentos. Evidentemente, a situação seria diferente se Kötz explicasse o porquê do Direito alemão de oferta ser seu Direito *preferido*, se ele indicasse o que há acerca do Direito alemão de oferta e acerca de si mesmo, de seu conhecimento pessoal quanto aos vários Direitos de oferta, acerca de sua crença baseada na experiência quanto a quais Direitos sob escrutínio efetuariam de maneira mais optimizada os objetivos que ele considera dignos de serem perseguidos por um Direito de oferta, de modo que aquele Direito possa ser justificadamente selecionado por ele como sendo melhor que todos os outros (conforme escrevo essas palavras, permaneço ciente de que não há nada como uma mera subjetividade em operação). Mas então a afirmação de Kötz se revelaria derrotável, porque seria efetiva e basicamente o mesmo que apresentar a seus leitores "as causas de aquisição de [suas] crenças [...] e as razões para reter ou mudar [suas] crenças".[332] Privada de qualquer fundamentação na verdade, a plausibilidade da conclusão de Kötz dependeria do quanto seus leitores estão dispostos a considerar persuasivo seu argumento, que se revelaria precário.

Não importa o quão desafiante a situação epistemológica se mostre para o comparativista-no-direito, eu argumento que a finitude da dinâmica

330 ZWEIGERT, K.; KÖTZ, H. *Introduction to comparative Law*. 3ª ed. Trad. T. Weir. Oxford: Oxford University Press, 1998 [1996], p. 362.

331 STENGERS, I. "Comparison as a matter of concern". *Common Knowledge*, vol. 17, 2011, pp. 57/58: "a ideia geral de objetividade [...] nunca pode ser dissociada de uma determinação sobrepujante em silenciar e erradicar [...] reivindicadores do conhecimento inadequadamente credenciados".

332 RORTY, Richard. *Objectivity, relativism and truth*. Cambridge: Cambridge University Press, 1991, p. 121.

comparativa não permite nenhuma transgressão rumo à "objetividade" ou à "verdade" a permitir uma compreensão do Direito Estrangeiro que seja imune às intuições sensíveis pelas quais os indivíduos dotados de capacidade cognitiva podem apreender o direito-mundo. Qualquer coisa como uma cognição transcendental permanece fora do alcance do discurso do comparativista. Ela não pode ter lugar (literalmente, ela não pode ocupar um lugar, ela própria não pode se delimitar). Na melhor das hipóteses, "uma afirmação é verdadeira [...] para o mundo em que ela se adequa".[333] Isso não quer dizer que todos os enunciados sobre um dado direito-texto são igualmente válidos ou inválidos. De fato, é fácil projetar que algumas enunciações gerarão, diga-se, aos olhos dos leitores interessados confrontados com argumentos convincentes, um "produto" interpretativo a superar outras enunciações.[334] Implica então dizer que nenhum sentido pode ser assegurado através do vocabulário da "objetividade" ou da "verdade". Embora "[seja] inconcebível que a França seguiria Ptolomeu e a Itália optaria por Copérnico", George Flecther nos lembra que "o Direito é específico quanto a culturas".[335] E a implicação epistemológica disso é que "uma investigação cultural acerca da prática do Direito não pode ter quaisquer pretensões em relação a uma verdade incondicionada, seja empírica ou normativa".[336]

Acerca da impossibilidade de uma contenção transcendental do discurso sobre o Direito Estrangeiro, eu distingo duas principais restrições que pretendo investigar mais amplamente. Embora elas se cruzem (como meu argumento mostrará), uma envolve principalmente o Direito,

---

333 GOODMAN, N. *Ways of worldmaking*. New York: Hackett, 1978, p. 132. Cf. VATTIMO, G. A *Farewell to truth*. Trad. W. McCuaig. New York: Colombia University Press, 2009, p. 136, que se refere à verdade como "aquilo que funciona *para nós*". (ênfase no original).

334 EWALD, W. "Comparative jurisprudence (I): what was it like to try a rat?". *University of Pennsylvania Law Review*, vol. 143, 1995.

335 FLETCHER, G. P. "What Law is like". *Southern Methodist University Law Review*, vol. 50, 1997, p. 1610.

336 KAHN, P. W. *The cultural study of Law*. Chicago: The University of Chicago Press, 1999, p. 39. Cf. ELGIN, C. Z. *True enough*. Cambridge: MIT Press, 2017, p. 9: "a verdade não deve ser nosso objetivo epistêmico primordial".

enquanto a outra sobretudo o comparativista. Juntas, elas constrangem o impulso comparativo duplamente, isto é, elas agem como um duplo vínculo. Eu me apreço em adicionar que não há razão para o comparativista-no-direito experimentar essas limitações calamitosamente. Elas não dão espaço nem para a melancolia nem para o pessimismo. Através da agência por elas compelida, essas restrições epistemológicas de fato providenciam ao comparativista uma oportunidade sem igual para "lutar pelo ponto de vista de alguém comprometido com a relevância moral dos particulares contingentes",[337] para aceitar a interpretação como uma ênfase na heterogeneidade, na mobilização da diferença, na ativação do singular, e, para colocar a questão de maneira mais filosófica, como uma leitura que se esforça por se emancipar da metafísica da essência e sua expressão através de ideias insustentáveis como "objetividade" e "verdade".[338]

337 MINOW, M. *Making all the difference*. Ithaca: Cornell University Press, 1990, p. 381.

338 Cf. BASS, A. *Interpretation and difference*. Stanford: Stanford University Press, 2006, p. [xi]: "a interpretação não-metafísica é ativamente diferenciadora".

CAPÍTULO V

O DUPLO VÍNCULO

No que diz respeito ao Direito Estrangeiro – *qualquer* Direito Estrangeiro –, a aporia primordial a impedir qualquer idealização, como, por exemplo, através da sua designação como "verdadeiro", consiste no fato dele existir necessariamente como um constructo cultural, estando inevitavelmente entranhado na facticidade, situado no lugar e no tempo. Essa afirmação se refere no mínimo a dois conjuntos de circunstâncias empiricamente verificáveis. Primeiro, o Direito é fabricado por mulheres e homens que estão eles próprios situados na cultura, que ocupam uma cultura (que foram, de fato, *lançados* em uma cultura), e que internalizaram, como indivíduos localizados, estruturas normativas de atitude e referência através de um processo de socialização em uma dada "comunidade" (ainda que de textura aberta) e em uma dada "comunidade" jurídica (ainda que de textura aberta). Segundo, o Direito Estrangeiro – *qualquer* Direito Estrangeiro – é constituído por traços que, sejam eles os restos de uma configuração histórica, uma racionalidade política, uma lógica social, uma presunção epistemológica, ou qualquer outro tipo de instanciação cultural, revelam a entranhicidade do "jurídico" em uma economia semântica local expansiva, ainda que o fechamento conceitual subjacente à ideia positivista de "Direito" deseje dissimular esse excesso.

Para o Direito Estrangeiro, então, não existe nenhum lugar que seja um "não-lugar" – não importando o quão dedicadamente a doxa no âmbito dos estudos jurídicos comparativos pareça se desviar dessa questão em sua tentativa de deslocar o Direito inevitavelmente localizado, buscando a "substituição" de "uma expressão complexa, única, específica, variada, múltipla e original" por "um termo simples, banal, homogêneo, a servir todos os propósitos, sob o pretexto de que o segundo poderia explicar o primeiro".[339] Com efeito, um comparativista-no-direito deve marchar de maneira dolorosamente devagar conforme ele se engaja em exercícios custosos de tradução nos quais, em razão do caráter inerentemente situado do Direito, a mais ínfima conexão entre os Direitos só é possível diante de um pano de fundo de delineação constante de uma rede aparentemente infinita de traços a assombrar cada texto e a inscrever cada um deles como local. Nas palavras de Bruno Latour, "um bom estudo é aquele que traça uma rede", em que uma questão central é "o quanto de energia, movimento, e especificidade nossos [...] estudos conseguem capturar" conforme eles enunciam de maneira performativa, em vez de uma indicação direta, como o Direito existe.[340] A esse respeito, Derrida faz muito bem em nos lembrar de como "o pensamento do traço [...] não pode não levar o estilo em consideração".[341]

Talvez se possa me permitir ilustrar meu argumento mencionando mais uma vez os direitos-textos referentes às "vestimentas religiosas nas escolas", os quais venho discutindo. A fim de enfatizar como o movimento interpretativo do comparativista tem lugar com vistas a elucidar a singularidade jurídica/cultural inerente a qualquer Direito Estrangeiro, eu gostaria de considerar esses textos usando a noção de "empoderamento" como um conector. Conforme o meu proceder, estou incapacitado de superar completamente a artificialidade do empreendimento comparativo, dado que não há nada como um "empoderamento" *enquanto*

---

339 LATOUR, B. *Reassembling the social*. Oxford: Oxford University Press, 2005, p. 100.

340 LATOUR, B. *Reassembling the social*. Oxford: Oxford University Press, 2005, pp. 128 e 131, respectivamente.

341 DERRIDA, Jacques. *De la grammatologie*. Paris: Editions de Minuit, 1967, p. 233.

tal. Tudo que posso oferecer é uma "terceirização" de conhecimento, isto é, posso enquadrar uma noção que chamo por "empoderamento". Agora, essa ideia não é emprestada de nenhum dos Direitos em escrutínio. Correspondentemente, a noção de "empoderamento" que eu estou introduzindo se diferencia de cada um desses dois Direitos. Todavia, eu argumento que através do empoderamento consigo enfatizar algumas características que, me baseando na minha familiaridade daquilo que estou preparado para chamar por "cultura francesa" (eu sustento que permanece legítimo falar de *uma* perspectiva francesa ainda que as vozes francesas sejam múltiplas e díspares), eu me sinto capaz de associar com a França. Simultaneamente, a ideia de "empoderamento" torna possível a exposição por mim de várias especificidades que, diante da minha experiência com aquilo que estou disposto a chamar por "cultura canadense", eu me sinto na posição de ligar com o Canada. O fato de eu, qual comparativista, intervir como um canadense tendo residido na França em torno de quinze anos tanto ajuda quanto dificulta esse processo "trialético" que efetua, inevitavelmente, embora buscando transmitir informações sobre os Direitos, sua transformação e, justa e inescapavelmente, perpetua também uma deformação. Nesse sentido, pelo menos, como Mallarmé teve a oportunidade de observar, "qualquer comparação é enganosa desde o início".[342]

Ao sugerir silenciosamente que o "empoderamento" do indivíduo emerge da sua submissão ao estado, a lei francesa implementa a ideia que está, na França, intimamente associada à filosofia política de Rousseau, que tem como principal argumento a esse respeito a noção de que o estado é criado com vistas a preservar a liberdade e que é do interesse de qualquer um se submeter ao estado de modo a ser favorecido com a liberdade (algo que o despotismo negaria a qualquer um). Correspondentemente, o cidadão goza da liberdade conforme definida pelo estado, significando dizer que, em última instância, a liberdade é

---

342 MALLARMÉ, S. "Quelques médaillons et portraits en pied". *In*: MARCHAL, B. (Coord.). *Oeuvres complètes*. vol. 2, Paris: Gallimard, 2003 [1892], p. 138. Esse texto foi publicado na ocasião da morte de Tennyson.

conquistada através do estado.[343] Nas palavras de Lucien Jaume, um dos principais cientistas políticos franceses, que se refere à "precariedade do Direito Individual",[344] na França "o reconhecimento de um Direito Individual [...] não pode vir primeiro; ele é obtido pela subtração das prerrogativas da autoridade pública ou através de uma autolimitação dessas prerrogativas pela autoridade pública".[345] O estado é conceitualizado como "o corpo a definir, controlar e implementar o interesse geral", de modo que interesses particulares só podem gozar de uma legitimidade derivada.[346] Em suma, "a centralização e onipresença do estado são pensadas como indispensáveis para a liberdade individual".[347] De fato, se existe um Direito Individual, é o de "ser bem governado".[348] Em concordância com essa concepção de "empoderamento" é questionável que, após a promulgação da lei sobre "vestimentas religiosas na escola", um cidadão francês passa a gozar de mais liberdade do que antes. Especificamente, esse cidadão é dotado com uma camada suplementar de liberdade ante à perturbação, isto é, de ter que se ver diante de manifestações esquisitas de filiação religiosa na escola (anedoticamente, eu gostaria de adicionar que um número considerável de colegas franceses me indicou em conversas particulares como eles consideravam o uso de vestimentas religiosas na escola por uns poucos uma imposição chocante e inaceitável aos muitos).

Ao mesmo tempo, a decisão judicial canadense é considerada pelos canadenses como "empoderadora" na medida em que ela confirma o direito de se expressar livremente qualquer filiação religiosa na escola. Aqui, estando configurado em meio a um modelo diferente, não-rousseauniano, de "direitos-contra-o-estado", o "empoderamento" tem sua premissa no fato de que se "práticas culturais diversas dos cidadãos são

343 E.g.: TROPER, M. "French secularism, or laïcité". *Cardozo Law Review*, vol. 21, 2000, p. 1268.

344 JAUME, Lucien. *L'Individu effacé*. Paris: Fayard, 1997, p. 372.

345 JAUME, Lucien. *L'Individu effacé*. Paris: Fayard, 1997, p. 371.

346 JAUME, Lucien. *L'Individu effacé*. Paris: Fayard, 1997, pp. 18/19. (ênfase omitida).

347 SPITZ, Jean-Fabien. *Le Moment républicain en France*. Paris: Gallimard, 2005, p. 337.

348 JAUME, Lucien. *L'Individu effacé*. Paris: Fayard, 1997, p. 539.

excluídas ou forçadas à assimilação, [a ordem constitucional] é, nessa medida, injusta".[349] Esse postulado se encontra expresso no reconhecimento pelo estado de grupos identitários que manifestam encorpadas visões de mundo compreensivas e corroboráveis, dentre outros elementos constitutivos, por convicções religiosas e na complacência do estado em conceder a esses grupos certa autonomia jurídica ou forma de autogoverno no âmbito da esfera pública. Através da decisão judicial da Suprema Corte do Canadá, o Direito Estatal revela um compromisso normativo com a acomodação cultural que torna possível para um indivíduo ser governado, no que diz respeito ao Direito canadense, pelas instituições e tradições do grupo religioso ao qual essa pessoa professa seu pertencimento. Ao promover o respeito pelo pluralismo, essa abordagem à governança jurídica/cultural implementa um desenho institucional que apresenta uma distribuição específica de Direitos e autoridade entre o estado e o grupo, admitindo aquilo que tem se chamado de "direitos diferenciados por grupos".[350] Assim também se promove uma concepção da "comunidade" política a incorporar a perspectiva de que narrativas jurídicas/culturais precisam ser vistas como intrinsicamente entrelaçadas, mesmo se ao preço de uma certa fissiparidade social.[351] A demanda por reconhecimento público das perspectivas particulares de qualquer um é, por evidente, precisamente aquilo que Rousseau abominava. Assim, Charles Taylor aponta a uma passagem central no *Discours sur l'inégalité* onde Rousseau critica severamente o momento em que indivíduos começam a solicitar uma "estima preferencial" no seio da sociedade.[352] Para Rousseau, esse é "ao mesmo tempo o primeiro passo rumo à desigualdade e ao vício".[353] "Em contraste", nas palavras de

---

349 TULLY, J. *Strange multiplicity*. Cambridge: Cambridge University Press, 1995, p. 6.

350 KYMLICKA, W. *Multicultural citizenship*. Oxford: Oxford University Press, 1995, p. 6.

351 Ao longo desse parágrafo, eu me baseio em SHACHAR, A. *Multicultural jurisdictions*. Cambridge: Cambridge University Press, 2000, pp. 1/2.

352 TAYLOR, C. "The politics of recognition". *In*: GUTMANN, A. (Coord.). *Multiculturalism*. Princeton: Princeton University Press, 1994, p. 35.

353 ROUSSEAU, Jean-Jacques. "Discours sur l'origine et les fondemens de l'inégalité parmi les hommes". *In*: GAGNEBIN, B.; RAYMOND, M. (Coord.). *Oeuvres complètes*. vol. 3, Paris: Gallimard, 1964 [1754], pp. 169/170.

Taylor, "em uma sociedade republicana, onde todos se assumem iguais à luz da atenção pública, [Rousseau] vê a fonte da saúde pública".[354]

No fim, então, em ambas as jurisdições se acreditará que o Direito interveio de modo a "empoderar" seus cidadãos. Porém, pode-se esperar dos cidadãos franceses que assumam a perspectiva de que ao permitir a expressa manifestação de filiações religiosas nas escolas, a corte canadense está "forçando" religião para todos os estudantes na sala-de-aula e, assim, confinando a liberdade de muitos dos alunos de um modo que os "desempodera", enquanto os canadenses podem prontamente interpretar a lei francesa como uma afronta à liberdade individual e, enquanto tal, uma ilustração primordial do "desempoderamento" do indivíduo pelo estado. Conforme mencionado acima, deve ficar claro, contudo, que os franceses e os canadenses estão usando concepções diferentes de "empoderamento" – ou, melhor dizendo, aquilo que eu, qual comparativista, designo como "empoderamento" já que, conforme observado, nesse contexto eu estou *inventando* a ideia (impossível tanto de ser referida à objetividade quanto à verdade) de "empoderamento" através de uma "terceirização" do conhecimento em razão da qual eu então intervim por meio da minha capacidade de um comparativista-no-direito situado. Novamente, essa observação não implica na sugestão de que minha compreensão das manifestações locais de "empoderamento" seria reduzível a um figmento da minha imaginação. Em vez disso, isso significa que, em uma resposta interpretativa à informação reunida ao longo da minha investigação comparativa, eu enquadrei "empoderamento" em acordo com minha engenhosidade – ou meu "estilo"[355] – e ciente de que minha construção é enganadora pelo menos na medida em que um argumento mais convincente pode vir a afastar aquele avançado por mim. Dado que nenhum relato acerca do Direito Estrangeiro está completamente livre da narratividade, segue-se que todo estudo sobre o Direito Estrangeiro é, em parte, autobiográfico, a expressão de um ponto de vista parcial e engendrado que, como todo comparativista, eu chamo de "meu" (e que se vê competindo com outras observações

---

354 TAYLOR, C. "The politics of recognition". *In*: GUTMANN, A. (Coord.). *Multiculturalism*. Princeton: Princeton University Press, 1994, p. 35.

355 DERRIDA, Jacques. *De la grammatologie*. Paris: Editions de Minuit, 1967, p. 233.

parciais e engendradas de outros comparativistas). Note-se que não importa o quanto de lógica, precisão, ou claridade sejam dedicadas ao relato do Direito Estrangeiro pelo comparativista, a narratividade não pode ser eliminada. Argumentavelmente, de fato, o quão mais lógica, precisa ou clara for a escrita do comparativista – o quão mais ele "continue querendo acrescentar mais uma palavra, na esperança fútil de tornar tudo claro"[356] – mais narratividade se fará presente, dado que sua versão do Direito Estrangeiro será ainda mais *narrada*.

Eu entendo importante insistir no seguinte fato: ainda que o Direito Estrangeiro não possa ser revelado senão através da interpretação do comparativista, ele não deve ser "colapsado" em uma mera interpretação. Em outras palavras, minha afirmação de que, em termos do que é acessível, não há nenhum Direito Estrangeiro que não esteja sempre-já localizado em uma linguagem e, por conseguinte, em uma interpretação, não precisa implicar que o Direito Estrangeiro não existe senão conforme pensado ou que não é nada senão a leitura do comparativista-no-direito. Dizer que o comparativista inventa o Direito Estrangeiro não significa militar pela revogação da referencialidade (de fato, se convidado a expressar a visão mais superficial sobre a referência, eu pleitearia, ao lado de Willard Quine, por "inescrutabilidade" ou "indeterminabilidade", isto é, opacidade, um argumento que eu retomo abaixo).[357] Em vez disso, eu argumento – estou extremamente inclinado a escrever que eu *simplesmente* argumento – que não é possível ao comparativista-no-direito a concepção de algo existindo independentemente de seu pensamento sobre isso, uma perspectiva bem expressada por Berkeley, que chamou a proposição contrária de "uma repugnância manifesta".[358] Ainda em outros termos, meu ponto é que mesmo se assumindo um mundo

---

356 MILLER, J. H. "Zero". *In*: WOLFREYS, J. (Coord.). *Glossalalia*: an alphabet of critical keywords. New York: Routledge, 2003, p. 388.

357 Ver QUINE, W. V. O. *Word and object*. Cambridge: MIT Press, 1960, pp. 26-79. Trinta anos depois, Quine adotava a posição de que a expressão "'indeterminação da referência' teria sido mais adequada", QUINE, W. V. *Pursuit of truth*. 2ª ed. Cambridge: Harvard University Press, 1992, p. 50.

358 BERKELEY, G. "Principles of human knowledge". *In*: ROBINSON, H. (Coord.). *Principles of human knowledge and three dialogues*. Oxford: Oxford University Press, 1996 [1710], § 23, p. 33.

estabelecido, esse mundo estabelecido é inevitavelmente estabelecido *para o comparativista-no-direito.* Incidentalmente, nenhuma medida de "estabelecimento" concedida ao Direito Estrangeiro deveria levar à visão de que a contribuição do comparativista é supérflua fundada no fato de que, diga-se, o Direito Estrangeiro existiria independentemente dele, de que haveria um direito-texto estrangeiro significativamente existente para além de qualquer processo de leitura. Crucialmente, sem a realização do comparativista, o Direito Estrangeiro não teria nenhum sentido: ele não poderia *significar.*

Conforme re-presento cada direito-texto sobre "vestimentas religiosas nas escolas" qual enunciado singular em que a pretensão de verdade, se se quiser persistir no uso dessa linguagem (por ora!), oferece senão uma variação quanto ao tema do conhecimento local, eu renuncio qualquer identificação de ambos os direitos-textos como verdadeiros no sentido usual da palavra, isto é, como uma verdade carregada com uma importância transcendental. Entre os modelos francês e canadense, tem-se uma presentação racional de uma "pretensão de verdade" de uma sociedade para a outra, a qual, sincera e legitimamente, a rejeitará com base na sua "verdade". De forma percipiente e perspicaz, Beckett capturou a enigmaticidade dessa situação exemplar quando ele se referiu à "simples e necessária e ainda tão inatingível proposição de que o modo deles serem nós não [é] o nosso modo e que o nosso modo de sermos eles não [é] o modo deles".[359] Em outras palavras, o modo de *assim* ser do Estado francês (isto é, o lidar do estado com vestimentas religiosas nas escolas) ou o modo de ser do estado francês que, como o Canadá, está lidando com as vestimentas religiosas nas escolas ou, resumidamente, o modo de ser Canadá do Estado Francês quanto as vestimentas religiosas nas escolas não é o modo canadense. E vice-versa. E me é possível endossar o insight de Beckett, apontando que todo paradigma é compreendido – de fato, ele *só* pode ser compreendido – com base em outro paradigma, mesmo se se concede o fato (evidente) que existem pessoas na França que são inclinadas ao multiculturalismo e que existe um argumento pela laicidade que poderia ganhar algum

359 BECKETT, Samuel. "The capital of the ruins". *In*: CALDER, J. (Coord.). *As the story was told*: uncollected and late prose. Richmond, 1990 [1946], p. 25.

suporte no Canadá – ainda que se possa esperar seu ajuste, ou localização, de modo a ressonar para além da cultura jurídica da prática para a qual ele é a teoria.

O que deve permanecer quimérico, contudo, é a formulação de um argumento vindicando uma dentre as diferentes afirmações em uma maneira que se provasse aceitável tanto para os franceses quanto para os canadenses, ou que parecesse persuasiva em meio a ambos os paradigmas predominantes. Especificamente, não se pode razoavelmente imaginar uma situação na qual os franceses entenderiam a posição canadense em seus próprios termos e de acordo com suas próprias justificações; e então proceder à identificação de inadequações na posição canadense que os próprios canadenses aceitariam; e finalmente explicar como, recorrendo-se ao modelo francês, essas dificuldades poderiam ser evitadas de uma maneira que os canadenses aprovariam. E mesmo que uma afirmação fosse avançada como mais "digna de adesão" que a outra em praticamente todas as perspectivas e para praticamente todo mundo, esses fatos ainda assim não a tornariam "verdadeira" transcendentalmente. Ao invés disso, o argumento, embora popular em um ponto específico no tempo e em um lugar particular, permaneceria falível e contestável.

Em consonância com essa posição, como cada Direito tem seu regime de "verdade" (para continuar se valendo dessa linguagem... por ora!), eu sustento que a noção de "Direito universal" é uma contradição em termos (tem-se outras dificuldades advindas do universalismo, sem considerar o fato de que "a diferença entre culturas não é algo acomodável no âmbito de uma estrutura universalista".[360] Mais ainda, o uso do "universalismo" como um estratagema simbólico esconde uma das formas mais odiosas de essencialismo, a qual implica na compressão de diferenças intratáveis características da humanidade em um conjunto restrito de elementos ditos como pertencentes a todos os seres humanos em algum nível fundamental. Nesse contexto, falar em uma "humanidade comum é uma armadilha dado que se define a divergência como algo

360 BHABHA, Homi. "The third space". *In*: RUTHERFORD, J. (Coord.). *Identity*. London: Lawrence & Wishart, 1990, p. 209.

secundário").[361] Sem dúvida controversamente, eu assumo portanto a perspectiva de que não existe nenhum "Direito universal dos Direitos Humanos", outra ideia enganosa e sobrecarregada (tanto quanto "Direitos Humanos globais" ou, nesse tocante, "justiça global"), senão, conforme Quine expressaria, qual atribuição de referência às palavras pelo seu falante.[362] Muito longe de ser uma afirmação desinteressada, o universalismo é sempre o "universalismo" de alguém.[363] De fato, "a questão acerca da universalidade dos Direitos Humanos é uma questão cultural ocidental".[364]

Sendo mais preciso, essa questão concerne "o contínuo histórico do projeto colonial europeu no qual os brancos se colocam como os salvadores de um mundo não-europeu ignorante e selvagem", "o fanático Direitos Humanos branco [se] junta à corrente ininterrupta que o conecta ao administrador colonial, ao missionário portando sua Bíblia, e ao mercador da livre iniciativa".[365] De fato, "desde o início os

---

361 STENGERS, I. "Comparison as a matter of concern". *Common Knowledge*, vol. 17, 2011, pp. 62/63.

362 Ver em geral QUINE, W. V. O. *Word and object*. Cambridge: MIT Press, 1960, pp. 26-79. É necessário acrescentar que se contrapor à maneira pela qual os Direitos Humanos são compreendidos e re-presentados como universais, transcendentais ou eternos *não* significa ser contra os Direitos Humanos? O ponto, então, não é que o trabalho pelos Direitos Humanos deveria ser interrompido, mas que ele deveria continuar em nome de uma ideologia localizada no presente e verificável no presente, afirmando-se através de uma inscrição de poder.

363 Cf. SPIVAK, G. C. *Other asias*. Londres: Blackwell, 2008, p. 312, nota 62: "é loucura pensar que um universalismo sem quaisquer marcas pode ser produzido na política ou na filosofia".

364 SANTOS, Boaventura de Souza Santos. "Human rights as an emancipatory script? Cultural and political conditions". *In*: SANTOS, Boaventura de Souza (Coord.). *Another knowledge is possible*. New York: Verso, 2007, p. 12. Para outras críticas convergentes, ver e.g., WOODIWISS, A. "Human rights and the challenge of cosmopolitanism". *Theory, Culture & Society*, vol. 19, 2002, p. 139. OTTO, D. "Rethinking the 'universality' of human rights law". *Columbia Human Rights Law Review*, vol. 29, 1997, p. 1.

365 MUTUA, M. *Human rights*: a political and cultural critique. Filadelfia: University of Pennsylvania Press, 2002, p. 155. Ver também CHAKRABARTY, D. *Provincializing europe*. 2ª ed. Princeton: Princeton University Press, 2008, p. 5, que nota como

Direitos Humanos são algo que os euramericanos levam aos demais".[366] Por exemplo, as práticas usadas como medida por movimentos de direitos humanos no Sudão ou na Indonésia são efetivamente aquelas dos Estados Unidos ou da França, que são de algum modo projetadas como "outra coisa que não seja" estruturas de dominação, consideradas aptas à disseminação, e afirmadas como dignas de exportação com vistas à correção ou à substituição dos modos locais.[367] Como um resultado, curiosamente (!), o discurso prevalecente sobre os Direitos Humanos "universais" é um discurso no qual "prontamente se percebe [...] a face do feminismo liberal burguês, do constitucionalismo americano conforme interpretado pela Suprema Corte [americana], ou a vida familiar judaico-cristã na América do Norte e na Europa Ocidental de hoje em dia".[368] Com efeito, o alegado universalismo sendo defendido é senão um particularismo, com sua especificidade consistindo de importantes maneiras em sua definição/rebaixamento de conhecimentos rivais como particularistas – o que sugere que esse apelo a valores universais está manchado com a ideia de totalização, ou mesmo de totalitarismo.[369] A esse respeito, parece razoável dizer que "a retórica que nós ocidentais usamos na tentativa de fazer todos serem mais como nós seria aprimorada se nós fôssemos mais francamente etnocêntricos e menos pretensamente universalistas" – que não significa de maneira alguma o mesmo que

---

"o imperialismo europeu [...] reduziu a ideia [iluminista] [do humano] à figura do colonizador homem branco".

366 NADER, L. "Human rights and moral imperialism". *Anthropology News*, setembro, 2006, p. 6.

367 Para uma excelente demonstração desse ponto, ver GOODALE, M. *Surrendering to utopia*: an anthropology of human rights. Stanford: Stanford University Press, 2009.

368 SHWEDER, R. A. "Comment". *Current Anthropology*, vol. 49, 2008, p. 377.

369 Ver SANTOS, Boaventura de Souza (*et al.*). "Opening up the canon of knowledge and recognition of difference". *In*: SANTOS, Boaventura de Souza. (Coord.). *Another knowledge is possible*. New York: Verso, 2007, pp. [xl/xli]. Ainda que apenas tangencialmente relacionado com a agenda dos Direitos Humanos, o discurso do "rule of law", um discurso conservador por "law-and-order" intimamente conectado com o Estado e encarado como um modelo "técnico, jurídico, e apolítico", foi submetido a um processo análogo de difusão embora tendo também que se aculturalizar localmente, RAJAGOPAL, B. "Invoking the rule of Law in post-conflict rebuilding: a critical examination". *William and Mary Law Review*, vol. 49, 2008, p. 1349.

dizer que todas as pretensões por direitos são fracas.[370] Permanece que o diferendo é aquilo que se tem; em outras palavras, tem-se mais de um direito-como-cultura dos Direitos Humanos, com cada instância sendo singular e nenhuma delas em posição de se afirmar como objetivamente intitulada a ser a verdadeira.[371] O diagrama de Venn dos Direitos Humanos universais é um conjunto vazio.

Dado que eu estou discutindo a questão dos Direitos Humanos, eu entendo ser especialmente importante destacar que a aceitação da contingência não precisa vingar em um quietismo. "O que nós fazemos por aqui" não pode estar imune a críticas tão somente pelo fato de ser, bem, "aquilo que nós fazemos por aqui". Uma atuação forte, de fato, um partidarismo explícito, necessariamente informado pela história e circunstâncias em questão, é admissível e pode de fato se provar desejável. A esse respeito, não há razão para que uma consciência conhecedora de sua contingência deva desqualificar ou impedir a atuação do comparativista-no-direito. Argumentavelmente, ao se mostrar ciente do caráter situado de suas perspectivas, e se revelando sensível à existência de outras alternativas situadas, essa atuação se tornará, de fato, mais responsável e plausivelmente mais efetiva localmente do que uma intransigente con-

---

370 RORTY, Richard. *Philosophy as cultural politics*. Cambridge: Cambridge University Press, 2007 [1997], p. 55.

371 Se o Direito é intrinsicamente singular, e se ele só pode ser reconhecido significativamente como singular, sem perder sua singularidade no processo, não seria o caso de se admitir que o Direito apresenta, portanto, uma característica que pode ser assumida como compartilhada com todos os Direitos e que, correspondentemente, poderia ser legitimamente chamado de "universal"? Esse argumento exigiria que a singularidade, que é um elemento de todo Direito, fosse comum a todos os demais Direitos. Contudo, por definição, por assim dizer, a singularidade exclui a comunalidade. Em outras palavras, a singularidade é intrinsicamente não-universalizável (independentemente de qualquer medida de singularidades acumuladas) ou, se se quiser, a única propriedade "universal" acerca da singularidade do Direito é que... ela não pode ser universal. Agora, apenas alguém desesperadamente inclinado por reter a ideia de "universalidade" argumentaria que a não-universalibilidade é uma característica da singularidade do Direito que significativamente tem parte no universal. Cf. DERRIDA, Jacques (*et al.*). *Taste for the Secret*. Trad. G. Denis. New York: Polity, 2001 [1993], p. 58, onde Derrida se refere ao "compartilhamento daquilo que não é compartilhado", adicionando que "existe um consenso a respeito do *nada*" (ênfase no original).

vicção objetivista ou universalista.[372] De novo, é central observar que a ideia não é de forma alguma que todo Direito Estrangeiro seja tão bom quanto qualquer outro, um argumento que implicaria em "um ponto de vista epistemológico onisciente a partir do qual (e, evidentemente, em relação ao qual) toda a diferença está simultaneamente disponível ao seu olhar inspecionador e desenraizado" – uma espécie de ponto de vista arquimediano que simplesmente não pode ser sustentado.[373] Ao invés disso, eu argumento que qualquer estudo de um Direito Estrangeiro requer ao comparativista que o aprecie, através de um processo de traçado, qual direito-como-cultura, aceitando que seu caráter situado o priva de qualquer pretensão de objetividade ou verdade.

---

372 Eu me baseio diretamente em SMITH, B. H. "The chimera of relativism". *Common Knowledge*, vol. 17, 2011, pp. 24/25.

373 SCOTT, D. "Culture in political theory". *Political Theory*, vol. 31, 2003, pp. 104/105.

CAPÍTULO VI

O DUPLO VÍNCULO (BIS)

Eu mencionei que a outra questão, concernente à ideia de "objetividade" e "verdade" conforme elas se manifestam no contexto dos estudos jurídicos comparativos ortodoxos, se refere ao comparativista. São dois os argumentos básicos que quero avançar a esse respeito.

Meu primeiro argumento diz respeito à impossibilidade de haver qualquer ego – especificamente, nenhum comparativista-no-direito – que tenha sua compreensão livre de quaisquer heranças culturais constitutivas. Antecedendo a formulação de relações epistemológicas explícitas com o mundo, o comparativista-no-direito tem sempre-já um envolvimento com o mundo, tornando possível a atribuição de sentido às entidades por ele encontradas. Se se quiser, tem-se uma dependência assimétrica da aquisição de conhecimento quanto a pré-compreensão, de tal modo que qualquer apreciação daquilo que está constituído – o mundo – se volta a sua sempre-já constituída compreensão. Em outras palavras, o *habitus* do intérprete, em grande medida, "encerra" a situação epistemologicamente falando. Eu prontamente concedo que uma tal afirmação se tornou banal em muitos campos do conhecimento. Seja na antropologia, na sociologia, ou na literatura comparativa, para nomear apenas três disciplinas, se aceita que a linguagem age não apenas como um mero intermediário (deixando aquilo que ela transporta intacto), mas como um mediador (transformando aquilo que ela carrega).[374] E, para indicar apenas mais um exemplo, é igualmente compreendido que não há qualquer possibilidade de conhecer o mundo extra-experimentalmente. Mas esses insights têm falhado em serem apreciados pelos estudos jurídicos comparativos onde, na sua busca por diminuir os ricos conteúdos semânticos do "jurídico" em favor de um nivelamento do sentido, a *doxa*, enormemente influenciada pela analiticidade compulsiva, conceitualização peremptória e obsessiva sistematização favorecidas pelos juristas alemães e seus discípulos, na Alemanha e além, continua a elidir o papel construtivo da linguagem e da experiência. Por exemplo, ela persiste em proclamar que um relato buscando formular o "melhor" Direito pode ser "imparcial",[375] "desapaixonado",[376] e "neutro".[377]

Os comparativistas-no-direito que defendem essas perspectivas falham em compreender – ou estão dispostos a ignorar – que esses bromedos fracassados, na melhor das hipóteses se revelando como uma introspecção desleixada, se mostram sob uma luz epistemológica particularmente pobre. Como, por exemplo, se pode começar a diagnosticar aquilo que se considera como as deformações locais do "melhor" Direito sem presumir alguma noção material de "bom" Direito a motivar a análise, assim se revelando como inerentemente *interessada*? É como se faltasse a compreensão de que "nosso equipamento para cognição e

---

374 Latour nos lembra do significado da distinção entre esses dois termos, LATOUR, B. *Reassembling the social.* Oxford: Oxford University Press, 2005, pp. 37-42. Para uma discussão geral a respeito (não necessariamente formulada de acordo com a diferenciação de Latour), ver SIMPSON, D. *Situatedness.* Durham: Duke University Press, 2002.

375 BAR, Christian von; LANDO, O. "Communication on european contract law: joint response of the commission on european contract law and the study group on a european civil code". *European Review of Private Law*, vol. 10, 2002, p. 222.

376 BAR, Christian von; LANDO, O. "Communication on european contract law: joint response of the commission on european contract law and the study group on a european civil code". *European Review of Private Law*, vol. 10, 2002, p. 222.

377 BAR, Christian von; LANDO, O. "Communication on european contract law: joint response of the commission on european contract law and the study group on a european civil code". *European Review of Private Law*, vol. 10, 2002, p. 228.

ação está encharcado por particularidade".[378] Conforme observado por Heidegger, "em todo caso [...] a interpretação [...] está fundada em *algo que nós apreendemos antecipadamente – em uma pré-concepção*".[379] De fato, o compreender não emerge apesar da entranhicidade cultural, mas é tornado factível em razão dela. Essa é, se se quiser, a principal realização da enculturação: *ela torna o compreender possível*. Como poderia qualquer compreensão acontecer sem a antecipação do sentido? E como poderia haver antecipação do sentido sem enculturação? Enquanto isso, Kötz sustenta que "o comparativista deve se erradicar de todas as preconcepções de seu sistema jurídico nativo".[380] Ele desataria os comparativistas-no-direito de si próprios, fazendo-os neutralizar seus próprios horizontes existenciais, suas próprias mundanidades. Ele os deixaria epistemologicamente desolados. Mas como ele não consegue apreciar que "tentar escapar de seus próprios conceitos na interpretação não é apenas impossível, mas manifestamente absurdo?".[381] Como ele não pode aceitar que "interpretar significa precisamente colocar em jogo suas próprias preconcepções de modo a fazer com que o significado do texto fale para nós?".[382] (no meio dos estudos jurídicos comparativos, a negligência da teoria permanece negligenciada. Acima, eu perguntei se se deveria formular as presunções da doxa em termos de ingenuidade ou falta de engenhosidade, insolência ou audacidade, do fracasso em compreender ou a disposição em ignorar. A interpretação mais generosa seria aquela

---

378 UNGER, R. M. *The self awakened*. Cambridge: Harvard University Press, 2007, p. 55.

379 HEIDEGGER, Martin. *Being and time*. Trad. J. Macquarrie; e E. Robison. Oxford: Blackwell, 1962 [1927], p. 191 (ênfase no original). A versão em chamas dessa afirmação oferecida por Karl Marx pontua que "a tradição de todas as gerações mortas pesa como um pesadelo sobre o cérebro dos vivos", MARX, Karl. "The eighteenth brumaire of Louis Bonaparte". *In*: MCLELLAN, D. (Coord.). *Karl Marx*: selected writings. 2ª ed. Oxford: Oxford University Press, 2000 [1852], p. 329.

380 ZWEIGERT, K.; KÖTZ, H. *Introduction to comparative Law*. 3ª ed. Trad. T. Weir. Oxford: Oxford University Press, 1998 [1996], p. 10.

381 GADAMER, Hans-George. *Truth and method*. Trad. J. Weinsheimer; e D. G. Marshall. 2ª ed. rev. New York: Continuum, 2004 [1986], p. 398.

382 GADAMER, Hans-George. *Truth and method*. Trad. J. Weinsheimer; e D. G. Marshall. 2ª ed. rev. New York: Continuum, 2004 [1986], p. 398.

que sustentasse a doxa como nem desonesta nem incompetente, de que ela conta, de fato, com "pessoas inteligentes, por vezes eticamente motivadas, e frequentemente excepcionalmente bem-treinadas",[383] que foram, contudo, instruídas em um idioma muito específico de acordo com uma gramática e sintaxe muito particulares – uma educação que, de uma perspectiva jurídica/cultural, é profunda e localmente entranhada e, por conseguinte, irrevogavelmente contingente. *Quaere*: seria essa interpretação *demasiadamente* generosa?).

Para retornar à questão do compreender pré-interveniente, facilitação é limitação, e habilitação é desabilitação. Assim, aquilo que no mínimo pode ser chamado como "sugestibilidade cultural" restringe a apreciação a um horizonte particular (lembre-se que "horizonte" deriva de uma palavra grega conotando as ideias de "limite" e "fronteira"). Correspondentemente, um parisiense nunca poderá compreender a experiência jurídica canadense *como um montrealense*, porque "no mais das vezes [ele está] sempre-já 'lá ao lado'".[384] Isso não quer dizer que o parisiense nunca compreenderá a experiência jurídica canadense. Pode haver o compreender, mas o si não sendo o outro, *terá de ser* um compreender *diferente*, dado que o parisiense não pode *habitar* a cultura jurídica canadense. O Direito canadense, por exemplo, é aquilo que o parisiense observa, sendo ao mesmo tempo aquilo no qual um montrealense vive.[385] Isso me lembra o gracejo de Tony Weir: "a colaboração entre juristas de nações diferentes tem seus problemas: dois deles são

383 SMITH, B. H. "The chimera of relativism". *Common Knowledge*, vol. 17, 2011, p. 16.

384 A expressão é de Heidegger: HEIDEGGER, Martin. *Being and time*. Trad. J. Macquarrie; e E. Robison. Oxford: Blackwell, 1962 [1927], p. 282.

385 O que é "um parisiense"? Quem é "um montrealense"? Ainda que o contraste aqui desenhado por mim não pareça pedir por essa especificação, eu aceito que existem contextos nos quais um termo como "*Montrealer*" pediria por uma problematização de modo a mostrar que um "*Montrealer*" pode ser, por exemplo, "um francófono da zona leste" ou um "anglófono da zona oeste". E existem outras situações nas quais seria necessário ilustrar que um "anglófono da zona oeste" pode ser um "anglófono *de souche*", como se costuma dizer localmente (ao menos entre os francófonos), ou um "imigrante de segunda-geração". E sem dúvida existem contextos onde a noção de "imigrante de segunda-geração" teria que permitir uma distinção entre a imigração asiática e aquela do leste europeu. Nesse meio tempo, como a pessoa a

que nem as questões nem as respostas são compreendidas".[386] Esse erudito comparativista-no-direito então enfatizava, sem dúvida também com base em sua grande experiência estrangeira, que o abismo entre as culturas – ou entre direitos-como-culturas – não pode ser superado.[387] "É suficiente dizer que nós compreendemos diferente, se é que nós compreendemos".[388] Caso a mensagem venha a superar os caprichos imprevisíveis da errância, sendo transmitida, ela terá se transformado ao longo do caminho. Tendo verificado, portanto, que não se pode ter qualquer diálogo – que a interdição está interditada – e que apenas a *negociação* é possível (a qual, inevitável e crucialmente, apresenta uma relação de poder),[389] Derrida, desejoso por desconcertar o impulso totalizante subjacente à ideia de "comunidade" e querendo falar em vez disso em um "reunir-se de singularidades",[390] chega apropriadamente a uma conclusão crucial:

> entre o meu mundo, [...] aquilo que eu chamo por "meu mundo", [...] entre o meu mundo e qualquer outro mundo, tem-se inicialmente o espaço e o tempo de uma diferença infinita, de uma interrupção [que é] incomensurável diante de todas as tentativas

---

quem esse texto foi originalmente dedicado prestativamente observa, não se pode perder de vista que Jerusalém faz Montreal parecer homogênea.

386 WEIR, J. A. "Book Review". *Cambridge Law Journal*, vol. 27, 1969, p. 123.

387 Poetas como Rainer Maria Rilke e Paul Celan foram mais bruscos a esse respeito. Cf. RILKE, R. M. *In*: RILKE-ARCHIV. (Coord.). *Rilke Briefe*. vol. 1, Weimar: Insel, 1950 [1902], p. 41: "e ali permanecem aquelas linguagens estúpidas, inutilmente como duas pontes que atravessam o mesmo rio, lado a lado, mas então separadas entre si por um abismo. Trata-se de uma mera bagatela, de um acidente, e, no entanto, ele separa". Nessa carta escrita de Paris, Rilke comentava acerca da impossibilidade de se comunicar com Rodin na ocasião de uma sua visita. A palavra "abismo" ("*Abgrund*") também aparece na correspondência de Celan em referência específica à separação entre linguagens: LYON, J. K. *Paul Celan and Martin Heidegger*. Baltimore: John Hopkins University Press, 2006, p. 37.

388 GADAMER, Hans-George. *Truth and method*. Trad. J. Weinsheimer; e D. G. Marshall. 2ª ed. rev. New York: Continuum, 2004 [1986], p. 296 (ênfase no original).

389 Ver DERRIDA, Jacques.; LABARRIÈRE, Pierre-Jean. *Altérités*. Paris: Osiris, 1986, p. 83. A passagem ora relevante é de Derrida.

390 DERRIDA, Jacques. *Sauf le nom*. Paris: Galilée, 1993, p. 38.

> de passagem, ligação, canalização, comunicação, tradução, tropo, e transferência que o desejo pelo mundo ou a falta de mundo, o ser [humano] em falta de mundo tentará pôr, impor, propor, estabilizar. Não sem nenhum mundo, tem-se apenas ilhas.[391]

Conforme eu o leio, o argumento de Derrida consiste em que o jurista francês, por exemplo, nunca poderá ver o Direito inglês como a apresentar a presença de um não-código em vez da ausência de código. Ao invés de comunicação, tem-se distanciamento – não do tipo alienante, mas do tipo produtivo, permitindo que uma comparação aconteça no tempo em que o comparativista age e no terceiro espaço no qual ele habita, não enquanto um acorde ou harmonia interpretativa, os quais significariam uma totalização, mas como aquilo que está *fora dos eixos*. O caráter tênue da posição contrária é expressado por um filósofo analítico que não entende ser apropriado sequer a formulação de um repúdio perfunctório ao ponto de vista ao qual ele se opõe: "eu não argumentei nem argumentarei que nossa cultura tem os recursos intelectuais a tornar possível compreender, em boa vontade e por meio de uma imaginação compreensiva, culturas estrangeiras. Eu tomo por evidente que esse é o caso".[392] Um enunciado tão vago parece de acordo

---

391 DERRIDA, Jacques; LISSE, M. *et al.* (Coord.). *La bête et le souverain.* vol. 2, Paris: Galilée, 2010 [2002], p. 31. Tendo indicado "*a incomunicabilidade enquanto tal entre os seres*", Pierre Klossowski insere uma reserva crucial conforme observa que "tem-se apenas uma comunicação [...] autêntica", isto é, "a troca de corpos através da língua secreta dos sinais corporais": KLOSSOWSKI, P. *La monnaie vivante.* Paris: Rivages, 1997 [1970], p. 61 (ênfase no original).

392 RAZ, J. *Between authority and interpretation.* Oxford: Oxford University Press, 2009, p. 46. A ética discursiva de Jürgen Habermas a qual, com base no princípio da universalidade que ele próprio enuncia, assume a possibilidade da descentralização do si, comunicação irrestrita e sem distorções, a busca cooperada pela verdade, e pelo consenso, passa apenas marginalmente como uma alternativa melhor. As dificuldades a respeito do que é, efetivamente, o apoio de Habermas em uma postura metafísica a fim de "explodir toda provincialidade em pedaços" (HABERMAS, J. *The philosophical discourse of modernity.* Trad. F. Lawrence. Cambridge: MIT Press, 1987 [1985], p. 322) não ficam mais aparentes do que quando, em seus escritos mais recentes, ele busca combinar uma razão situada com uma transcendente através da noção de uma "transcendência de dentro", HABERMAS, J. *Between facts and norms.* Trad. W. Rehg. Cambridge: MIT Press, 1996 [1992], pp. 17-27. Para colocar a

com presunções que implicam o entrecruzamento diário de assustadoras barreiras culturais por muitos indivíduos ou que textos podem significar as mesmas coisas em linguagens diferentes.

Eu mantenho que a errância não é simplesmente um acidente que de alguma forma se acomete à comunicação intencional. Em vez disso, defendo que não há simplesmente qualquer possibilidade de um comparativista-no-direito alcançar um ponto no qual ele possa se colocar e contemplar, diga-se, os direitos-textos francês e canadense sobre "vestimentas religiosas nas escolas". De fato, não há qualquer distinção ou separação estáveis entre a mente do comparativista e os textos comparados. Não quer dizer, evidentemente, que a mente é a mesma coisa que um texto. Mas sim que é impossível identificar um momento definitivo no qual a mente para de atuar produtivamente em seu enredamento com o texto e começa a se comportar de maneira estritamente receptiva em relação ao texto de modo a vê-lo como um "objeto". Para retornar à minha referência ao "empoderamento", não há nenhum acesso a uma concepção objetiva – ou a uma metaconcepção – de "empoderamento" que permitirá a um hipoteticamente desenraizado comparativista-no-direito se colocar à tamanha distância, de algum modo tendo se extirpado de toda cultura, de modo a prevenir qualquer envolvimento interpretativo de qualquer tipo que seja em como as concepções franceses e canadenses de "empoderamento" se ranqueariam em uma sua balança hipotética. Longe de ser um denominador "comum", conforme uma apreensão superficial da questão poderia sugerir, "empoderamento" como "terceirização" do conhecimento é *não-comum* diante da sua emergência como uma manifestação da apreciação situada dos Direitos em comparação por um comparativista-no-direito. Na ausência de "qualquer co-compreensão

questão de uma maneira generosa, conforme ele afirma a independência da razão de quaisquer condições culturais de inteligibilidade e possibilidade, "Habermas [...] falha em ouvir a pluralidade de vozes por meio das quais a razão vem a falar", KOMPRIDIS, N. *Critique and disclosure*. Cambridge: MIT Press, 2006, p. 86. Com efeito, o neo-kantismo de Habermas basicamente dissolve a teoria crítica normalmente associada à Escola de Frankfurt, em particular com Max Horkheimer e Adorno, mesmo quando Habermas defende sua filiação intelectual.

de antemão",[393] a ideia de "comunalidade" entre Direitos foi sempre-já interrompida. Agora, a delineação desse terceiro espaço cria diferenciações ulteriores, conforme a noção de "empoderamento" desenvolvida pelo comparativista-no-direito parece diferir de sua particularização ao modo francês ou à maneira canadense.

Em razão de seu caráter situado, então, a lei francesa resiste à objetificação como errada, incorreta, ou pior que a decisão judicial canadense, a qual similarmente evita uma objetificação como certa, correta, ou melhor que a lei francesa. E, na ausência de um acesso a um ponto de vista objetivo, um comparativista-no-direito não pode afirmar que a lei francesa incorpora um padrão verdadeiro de empoderamento a ser adotado por meninos Sikh nas escolas públicas canadenses ou que a decisão judicial canadense incorpora um padrão verdadeiro de empoderamento a ser seguido por meninas muçulmanas nas escolas públicas francesas. O que o comparativista pode afirmar, evidentemente, operando a partir do pano de fundo de seu específico ponto de partida,[394] é que de acordo com ele, conforme ele aborda a questão, a lei francesa ou a decisão judicial canadense devem ser adotadas por ambos, ou de fato por todos os direitos-como-culturas. Possivelmente, o comparativista-no-direito pode convencer outros a pensarem como ele. Talvez ele possa até mesmo garantir um número grande de convertidos. Mas nem as predileções da sua parte nem a formulação de um consenso a sua volta dão espaço à objetividade ou permitem a aferição da verdade. Note-se que em nenhum momento o comparativista-no-direito está dizendo que as duas leis são indiferentemente valiosas. A esse respeito, Richard Rorty utilmente formula a distinção entre "dizer que toda

---

393 HEIDEGGER, Martin. *Being and time*. Trad. J. Macquarrie e E. Robison. Oxford: Blackwell, 1962 [1927], p. 207.

394 Ver DERRIDA, Jacques. *De la grammatologie*. Paris: Editions de Minuit, 1967, p. 233: "nós devemos começar *em algum lugar em que nós estamos*", "*em algum lugar em que nós estamos*: dentro de um texto no qual nós já acreditamos estar" (ênfase no original). Contrariamente, o positivismo assume que a influência do intérprete deve ser minimizada o quanto for possível e, idealmente, apagada por completo. As decisões anônimas e (aparentemente) rigorosamente silogísticas da *Cour de cassation* francesa oferecem uma ilustração exacerbada da posição a assumir como sua suposição pressuposta que uma posição pode ser sustentada sem qualquer suposição pressuposta.

comunidade é tão boa quanto qualquer outra e dizer que nós devemos trabalhar a partir das redes que somos, das comunidades com as quais nós presentemente nos identificamos".[395]

Entretanto, alguém como Ronald Dworkin argumenta que "há de se ter objetividade e verdade nos domínios da ética e da moralidade",[396] que se deve estar preparado "a afirmar a verdade absoluta como a base de uma teoria dos Direitos Humanos".[397] Na perspectiva de Dworkin, "não se tem outra opção", não devendo se "importar em aparecer tanto arrogante quanto mal-educado" ao argumentar em nome da verdade.[398] Por exemplo, segundo Dworkin, "um estudioso que trabalha por anos e anos em uma leitura de Hamlet não pode acreditar que suas várias conclusões interpretativas são tão válidas quanto as conclusões contraditórias de outros estudiosos [...]. Se [os intérpretes] chegam à conclusão de que uma interpretação de alguma coisa é a melhor, eles também podem razoavelmente pensar que uma interpretação corresponde ao teste definidor do sucesso em um empreendimento, mesmo se eles não puderem articular esse teste em muitos detalhes. Logo, eles podem pensar em termos de verdade objetiva quanto à interpretação".[399] Da minha parte, eu não consigo ver como o intérprete de Dworkin consegue legitimamente – e credivelmente – ir de "razoavelmente pensar que [sua] interpretação corresponde ao teste a definir o sucesso no empreendimento" a "pensar em termos de verdade objetiva quanto à interpretação".[400] Agora, considere-se um comparativista-no-direito

---

395 RORTY, Richard. *Objectivity, relativism and truth*. Cambridge: Cambridge University Press, 1991, p. 202.

396 DWORKIN, Ronald. *Is democracy possible here?*. Princeton: Princeton University Press, 2006, p. 46.

397 DWORKIN, Ronald. *Justice for hedgehogs*. Cambridge: Harvard University Press, 2011, pp. 338/339.

398 DWORKIN, Ronald. *Justice for hedgehogs*. Cambridge: Harvard University Press, 2011, pp. 339 e 338 respectivamente.

399 DWORKIN, Ronald. *Justice for hedgehogs*. Cambridge: Harvard University Press, 2011, p. 151 (ênfase no original).

400 Para uma afirmação igualmente problemática, ainda que talvez mais confusa, ver DWORKIN, Ronald. *Justice in robes*. Cambridge: Harvard University Press, 2006,

inscrevendo um Direito Estrangeiro (de Direitos Humanos). Assuma-se ainda mais que esse comparativista está agindo seriamente e que ele deseja ser levado a sério. Por evidente, pode-se esperar que esse comparativista considera sua interpretação do Direito Estrangeiro (de Direitos Humanos) como oferecendo uma leitura mais convincente do que, diga-se, outras interpretações existentes a serem encontradas em vários livros e revistas. Mas, essa sensação de realização não significa, nem precisa significar, e não pode significar, que o comparativista-no-direito precisaria sustentar sua interpretação (ou um Direito Estrangeiro de Direitos Humanos) como sendo "verdadeira". O que se pode exigir que esse comparativista acredite, e aquilo que outrem precisa acreditar acerca do seu trabalho, é que sua interpretação (ou o Direito Estrangeiro de Direitos Humanos em questão) carrega um "produto" interpretativo mais elevado que outras interpretações (ou outros Direitos Estrangeiros de Direitos Humanos).[401] Eles não precisam pensar em termos de verdade. De fato, "verdade" é algo supérfluo no que diz respeito a qualquer expressão de convicção quanto a supremacia de uma interpretação diante das demais. Mais ainda, ela é enganosa, porquanto se invoca autoridade, ela falha em ter consideração pela vulnerabilidade que inerentemente se sucede a qualquer interpretação.

Meu segundo argumento, o qual já foi por mim discutido, mas que eu gostaria de re-afirmar nesse momento, é que o próprio comparativista fabrica o Direito Estrangeiro do qual ele faz seu "objeto" de estudo (de fato, ele também constrói seu "próprio" Direito, mas esse fato está além do alcance desse livro). Uma presunção epistemológica prevalecente, embora não examinada, em meio à ortodoxia dos estudos jurídicos comparativos concerne a questão da referencialidade. Particularmente, toma-se por evidente que "o Direito inglês do divórcio" existe na "realidade" ou como "realidade", tal qual a posição que se

p. 14: "uma proposição do Direito é verdade [...] se ela advém dos princípios da moralidade pessoal e política que providenciam a melhor interpretação das outras proposições do Direito generalizadamente tratadas como verdadeiras na prática jurídica contemporânea".

401 EWALD, W. "Comparative jurisprudence (I): what was it like to try a rat?". *University of Pennsylvania Law Review*, vol. 143, 1995, p. 1944.

assume a respeito dessa pedra ou daquela árvore. Especialmente, ter-se-ia "o Direito inglês do divórcio" existindo independentemente dos comparativistas que chegam até ele a fim de o atribuir sentido em um contexto no qual "ele" estaria lá, já perfeitamente determinado, esperando pelo compreender. Ter-se-ia, se se quiser, o Direito-inglês-em-si, tal qual a *Ding an sich* kantiana. Eu sugiro que essa abordagem pode ser considerada o mais generosamente possível como favorecendo uma injustificável metafísica da presença. Com efeito, conforme indicado acima, não é como se o "em-si" do Direito não existisse (sendo essa um tipo de afirmação ontológica que eu não quero fazer), mas que a *sua* própria ideia é inacessível ao pensamento, já que não se pode ter em mente algo que existiria fora da mente (que é o tipo de enunciado epistemológico que eu quero defender). Longe de haver uma descontinuidade entre o Direito Estrangeiro e o comparativista, entre um "objeto" e um "sujeito", tem-se uma *interface*. Na prática, assim que o comparativista reúne seus livros, ele procede a agir como um produtor de conhecimento diligente (e impiedoso), mesmo tendo que aceitar um tipo de submissão ou subscrição silente e inelutável, um ser-tornado-refém, ao direito-texto estrangeiro (afinal, ele dificilmente poderia dizer de maneira credível acerca da lei inglesa sobre o divórcio que ela concerne à definição de preços por seguradoras no âmbito do transporte aéreo internacional). Em suma, o comparativista-no-direito se comporta de importantes maneiras como se ele estivesse construindo uma narrativa ficcional.[402]

Imagine-se o comparativista na biblioteca de Oxford, em uma tristonha tarde de novembro, conforme ele se coloca para traçar "o Direito inglês do divórcio"! Intervindo sobre os materiais disponíveis, isto é, nos livros sobre os quais ele se volta e que se voltam sobre ele (que significa dizer que há uma dimensão oportunista quanto a aquisição de conhecimento acerca do "Direito inglês do divórcio"), operando dentro do tempo à sua disposição, o qual lhe permitirá pesquisar tão somente até certo ponto, ele decide usar esse manual em vez daquele, citar uma

402 Esse ponto é excelentemente argumentado por BERCEA, R. "Toute comparaison des droits est une fiction". *In*: LEGRAND, P. (Coord.). *Comparer les droits, résolument*. Paris: Presses Universitaires de France, 2009, pp. 41-68.

passagem na página 345, em vez de simplesmente se referir a ela em uma nota de rodapé, ou dar lugar de destaque à crítica publicada por Smith em uma revista que ele mesmo considera como menos conhecida ou ignorá-la em razão de seu caráter idiossincrático, acentuar essa decisão de 2002 da Corte de Apelações em vez do julgamento de 1998, citar a opinião de Lorde Jones em vez daquela proferida por Lord Thomas, e assim em diante. Ao longo do caminho, esse comparativista dependerá prontamente da perspectiva de indivíduos os quais ele está disposto a considerar como experts locais – ainda que não seja sempre claro como ele julga um autor local como uma fonte confiável de conhecimento em uma área na qual ele próprio, sendo da França, frequentemente não pode agir como uma fonte autoritativa de conhecimento. É raro, de fato, que o comparativista vá muito longe na sucessão de autoridades. Em seu impulso por usar informação em vez de verificá-la, ele normalmente falhará em buscar por um "primeiro conhecedor", isto é, ele se dará por *satisfeito*. O fato de que tanta informação permanece sem qualquer investigação pessoal de fato leva a perguntar se não se deveria falar do comparativista como se segurando a uma crença, ao invés de um conhecimento. Seja isso como for, deve ser óbvio que a informação sobre o Direito Estrangeiro é adquirida em uma aglomeração acidental e bagunçada de caminhos. Além de criar seu traçado, o comparativista lustra sua escrita escolhendo essa palavra ao invés daquela, essa formulação no lugar daquela, e essa sequência argumentativa em favor daquela. Ainda mais, ele decide colocar essa passagem em itálico, inserir essa alínea, e recuar essa citação (mas não aquela...).

Qualquer análise cuidadosa da intervenção pesquisa-*cum*-escrita do comparativista-no-direito revelará o quanto ela envolve do começo ao fim uma estratégia de fabricação do "Direito inglês do divórcio", a qual é autorreflexiva em aspectos centrais – a ideia de "auto" sendo usada expansivamente de modo a abraçar a formação discursiva na qual o comparativista foi institucionalizado e as lições as quais agora condicionam seu comportamento intelectual conforme ele busca verificar fontes relevantes de conhecimento a fim de construir um relato credível do "Direito". Nesse ínterim, "o Direito inglês do divórcio" é revelado como não estando à disposição do comparativista como um dado tão somente, mas como o resultado de um exercício complicado de traçado e, por conseguinte, de invenção. De cabo a rabo, o comparativista está engajado em uma re-presentação, que significa que ele está presentando novamente – ou re-presentando – o que já foi presentado anteriormente em decisões judiciais, manuais, revistas especializadas, e outros textos por ele considerados. O significado singular do Direito Estrangeiro acerca do qual o comparativista eventualmente se resolverá (não, então, "o" significado do Direito Estrangeiro) não existe enquanto tal nos direitos-textos, mas é gerado através de uma estratégia interpretativa de intervenção específica que ele elegeu empregar. O que é "re-presentado" como "o Direito" advém, com efeito, de um movimento incessante de diferenciação. A "identidade" do Direito se manifesta a partir dessa montagem de diferentes textos sendo lidos e interpretados pelo comparativista; ela é o resultado de um exercício na produção do conhecimento estendendo-se por um certo tempo e sendo perseguida de modo a incluir um processo de traçado interminável.

Discretamente, talvez, mesmo em silêncio, não importa o quanto aparentemente o comparativista se auto-apague ou se coloque externamente aos direitos-textos em escrutínio, *o comparativista faz o evento comparativo conforme ele inventa o Direito Estrangeiro.* Através de um processo de leitura atenta, ele está em ativa operação nos termos da própria estruturação do estrangeiro. A comparação-no-direito é uma *ars inveniendi.* Bem distante do fato dessa situação epistemológica negar a separação entre "sujeito" e "objeto" (o comparativista não pode pensar no texto como fora da sua relação com ele), é importante ver que o ter lugar da produção de sentido não é livre de suposições (políticas), tanto quanto cada uma das microdecisões do comparativista podem ser explicadas como uma escolha – ainda que uma escolha institucionalmente condicionada. Mais especificamente, cada microdecisão permanece como uma aplicação conjunta, em parcelas variadas, de uma sintaxe ensinada de articulação do Direito e uma experiência pessoal, que se afetam mutuamente (importantemente, não há nada aqui que sugira que o comparativista construa o Direito Estrangeiro independentemente dos direitos-textos diante dele. Novamente, há um elemento de recalcitrância na textualidade, isto é, tem-se a força do texto, sua retorção: *aí está aquilo que a lei inglesa sobre divórcio quer*).

Em última instância, o comparativista deseja discernir a singularidade do Direito Estrangeiro a fim de fazê-la ter sentido. De modo a alcançar seu objetivo, ele é forçado a diferenciar entre essa decisão judicial e aquela, essa opinião e aquela, esse manual e aquele, essa passagem e aquela. Sua abordagem mostra, mais uma vez, como, todas as suas leituras sendo sem precedentes e imprevisíveis, o comparativista participa ativamente na produção do significado-no-direito. Também sugere que o significado é derrotável – por exemplo, por outro comparativista a combinar uma maior apreciação linguística, conhecimento substantivo aprimorado, e, em termos gerais, uma perspectiva mais bem informada do Direito sendo estudado. Seja como for, deve estar claro que, em que pese se demonstrar que uma lei promulgada em 1º de julho de 1973 ou se verificar que uma decisão de uma Corte de Apelação foi publicada no dia 21 de novembro de 1959, a convicção de que através da objetividade se pode acessar algo como a verdade do Direito Estrangeiro, ou o Direito Estrangeiro *enquanto tal*, não pode ser sustentada.

Formular o argumento que um comparativista, conforme ele aprecia os Direitos transnacionalmente, não pode afirmar objetivamente nenhum Direito como verdadeiro não é, na minha perspectiva, fazer qualquer tipo de alegação extravagante, embora eu aceite que meu argumento vá de encontro à desconfiança do paradigma epistemológico em exercício no campo dos estudos jurídicos comparativos. De maneiras significantes, eu defendo algo como a "inescrutabilidade da referência", uma afirmação celebrada de Quine a implicar que tudo aquilo que pode existir, como mencionado acima, é *a atribuição de uma referência a uma palavra por seu falante* (o ponto sendo, no que concerne o comparativista-no-direito, que qualquer coisa que seja dita sobre o Direito Estrangeiro é proferida *pelo comparativista*, de fato *por esse ou aquele comparativista*).[403] Particularmente, então, eu discordo da ideia de que um Direito existindo em uma linguagem historicamente emergente possa ser sequer definido – após ter sido apreendido pelo comparativista em sua própria linguagem historicamente emergente – objetivamente como verdadeiro em contraposição a outros Direitos, também existentes em linguagens historicamente emergentes,

403 QUINE, W. V. O. *Word and object*. Cambridge: MIT Press, 1960, pp. 26-79.

os quais, de igual maneira, poderiam ser definidos objetivamente como falsos pelo comparativista. Eu rejeito o argumento de que o comparativista, independentemente do quão sofisticado ele possa se provar, possa estar algum dia em uma posição que o permitisse identificar um Direito como sendo objetivamente verdadeiro, certo, correto, ou "melhor que", em contraposição a outros Direitos que ele poderia do mesmo modo identificar como sendo falsos, errados, incorretos, ou "piores que". Eu não tenho dúvidas, contudo, que um comparativista sábio, tendo procedido a inventar a singularidade do Direito Estrangeiro por meio de um traçado resoluto – uma estratégia de diferenciação significativa – pode elaborar um argumento extremamente convincente em favor da desejabilidade de um Direito em detrimento de outro, dados os valores particulares que ele considera como devendo ser promovidos e na linha das circunstâncias particulares então endereçadas (de fato, a comparação diferencial não implicando em uma sintaxe quietista, que buscaria preservar os Direitos enquanto tais, a afirmação de um Direito ao invés de outro me soa, epistemologicamente falando, como não problemática). Mas para o comparativista dizer que, como Kötz gostaria que ele fizesse, em conformidade com a comparação-no-direito afirmada como uma "*école de vérité*",[404] se pode afirmar, por exemplo, que o Direito francês sobre transmissão de informações pré-contratuais de um vendedor a um comprador é "melhor", enquanto uma questão de objetividade, que o Direito inglês a esse respeito ou afirmar que o Direito francês é objetivamente "superior" ao Direito inglês ou argumentar que é o Direito "correto", o Direito "verdadeiro", não faz nenhum sentido para mim. De toda sorte, não faz mais sentido que falar de um cobertor alto ou um pepino raivoso.

Para retornar a Quine, a "verdade" tanto quanto ele está concernido, depende completamente da linguagem.[405] Ela também gira em torno de uma teoria do mundo, já que "nós nunca podemos fazer

---

404 ZWEIGERT, K.; KÖTZ, H. *Introduction to comparative Law*. 3ª ed. Trad. T. Weir. Oxford: Oxford University Press, 1998 [1996], p. 15.

405 Ver QUINE, W. V. O. "Reactions". *In:* LEONARDI, P.; SANTAMBROGIO, M. (Coord.). *On Quine*. Cambridge: Cambridge University Press, 1995, p. 353: "sentenças estão amarradas a linguagens. Uma sequência de marcas só é verdade enquanto uma sentença de alguma linguagem específica L; verdadeira em L".

mais que ocupar o ponto de vista dessa ou daquela teoria, o melhor que nós pudermos convocar na ocasião".[406] Ainda segundo Quine, "não há nenhuma verdade extra-teorética, nenhuma verdade mais elevada que a verdade que nós estamos afirmando ou aspirando conforme continuamos a remendar nosso sistema do mundo de dentro".[407] Fletcher efetivamente aplica essa afirmação aos estudos jurídicos comparativos quando escreve que "a verdade no Direito não precisa se estender para além de uma cultura particular".[408] Nessa encruzilhada, perseguindo a questão em linhas quinianas, pode-se querer levar o insight de Pinter a um importante passo adiante. Se, quando concernindo aos Direitos em co-presença, não se pode trafegar com "a verdade" porque a única "verdade" que pode ser dita como existente é relacionada à linguagem e também à teoria, se a afirmação sincrônica deve ser que não se tem senão verdades, ou, para citar Michel Foucault, "jogos de verdade",[409] não é então o caso de se renunciar por completo à palavra "verdade", senão e tão somente para cancelar as ideias de "ubiquidade" e "permanência" – sem mencionar outros "efeitos-de-verdade", como intangibilidade – que a palavra aparente e inevitavelmente invoca?[410] Afinal de contas, não há nada mais que um toque perturbador do oximoro em "verdades"?

---

406 QUINE, W. V. O. *Word and object.* Cambridge: MIT Press, 1960, p. 22.

407 QUINE, W. V. O. "On empirically equivalent systems of the world". *Erkenntnis,* vol. 9, 1975, p. 327. Não é surpreendente que um partidário da tese da resposta-correta como Dworkin ataque a perspectiva de Quine e sua consequência de que só podem existir respostas diferentes, ainda que sua conclusão de que "talvez nós só não sejamos frequentemente confrontados com interpretações igualmente boas" apareça como não convincente, DWORKIN, Ronald. *Justice for hedgehogs.* Cambridge: Harvard University Press, 2011, p. 149.

408 FLETCHER, G. P. "What Law is like". *Southern Methodist University Law Review,* vol. 50, 1997, p. 1610.

409 FOUCAULT, Michael. *Histoire de la sexualité.* vol. 2, Paris: Gallimard, 1984, p. 13.

410 Para Rorty, de fato, "a verdade não é o tipo de coisa que se pode esperar como tendo uma teoria filosoficamente interessante a respeito", de modo que "não há nenhum trabalho interessante a ser realizado nessa área", RORTY, Richard. *Consequences of pragmatism.* Minneapolis: University of Minnesota Press, 1982, pp. [xiii-xiv].

CAPÍTULO VII

CONSEQUÊNCIAS, PERFUNCTORIAMENTE

Os Direitos Estrangeiros estão, então, entranhados e os comparativistas que vão aos Direitos Estrangeiros para se engajar com a atribuição de sentido estão também entranhados. Como já mencionado, eu estou pensando em termos de um condicionamento cultural, ao invés de determinismo, apesar dos juristas alemães e franceses, para mencionar duas instâncias familiares que exemplificam o quão longe esse condicionamento pode ir. Eu estou, então, concedendo uma habilidade para superar a tradição, a partir da compreensão de que essa realização deve depender das ferramentas disponibilizadas pela própria tradição, dado que nem uma lei nem um ehique se troca um carro ou um guarda-roupa. Seja como for, esse processo dual de sobrecarga cultural – esse duplo vínculo – exclui do cenário comparativo qualquer coisa aos moldes da objetividade ou verdade.[411]

---

411 Ao final de uma análise jurisprudencial dedicada especialmente à pertinência da verdade no Direito, Dennis Patterson sublinha a futilidade de qualquer afirmação quanto a uma proposição de Direito ser verdade. Embora não preocupado com o Direito Estrangeiro em particular, esse autor chega à conclusão de que "um retorno ao local" é recomendável. Em suas palavras, "o significado advém das práticas humanas e [...] nenhuma prática ou discurso goza de uma posição privilegiada vis-à-vis

Para ficar claro, o diferendo é ansiogênico. Na ausência da tranquilidade oferecida por xiboletes como "objetividade" e "verdade", a interpretação de um comparativista com o Direito Estrangeiro pode facilmente assumir a forma de uma apreensão. Considere-se o cavalheiro ancião de Iris Murdoch, Uncle Theo, sentado com sua sobrinha e seu sobrinho gêmeos enquanto as crianças brincam à beira-mar. A praia é uma fonte de tremendo desconforto para o Uncle Theo. Embora o som e exuberâncias predizíeis o chateiem, o que realmente o faz angustiado é a multiplicidade de coisas. Como se a geminianidade não fosse um distúrbio ontológico suficiente, há na praia todos aqueles seixos. Porque cada seixo está clamando em sua particularidade, a sua pluralidade é ameaçadora à inteligibilidade e manuseabilidade do mundo. O Uncle Theo é um homem que só consegue negociar a possibilidade da pluralidade se os muitos podem ser reduzidos aos poucos ou, na melhor das hipóteses, ao um. Enquanto os gêmeos apresentam o deleite juvenil com a variedade, o Uncle Theo exibe um desgosto pletorafóbico pela multiplicidade e aleatoriedade. Sua preocupação com a arrumação perceptual e conceitual revelam o Uncle Theo como o comparativista-no-direito ortodoxo primordial, isto é, como alguém que é desanimado e perturbado pela diferença.[412]

Levando-se em consideração o medo da alteridade, o receio acerca da pluralidade, a preocupação quanto à multiplicidade – lembre-se conforme Foucault escreve como "se experimenta uma repugnância singular ao se pensar em termos da diferença para descrever discrepâncias e dispersões"[413] –, o que se deve fazer para se ir além do imbróglio dos estudos jurídicos comparativos na sua rede transcendental, emancipando o campo da perspectiva hegemônica positivista, dos compromissos epistemológicos para com a objetividade e a verdade não examinados da *doxa*, da perspectiva que a pesquisa comparativa existe de alguma maneira para gratificar os anseios metafísicos do comparativista?

---

os demais", PATTERSON, Dennis. *Law and truth*. Oxford: Oxford University Press, 1996, pp. 181/182.

412 MURDOCH, Iris. *The nice and the good*. New York: Vintage, 2000 [1968], pp. 152/153. Eu parafraseio SPELMAN, Elizabeth V. *Inessential woman*. Londres: The Women's Press, 1988, pp. 1/2.

413 FOUCAULT, Michael. *L'archéologie du savoir*. Paris: Gallimard, 1969, p. 21.

No mínimo do mínimo, a resposta pressupõe uma abertura antecipatória por parte dos comparativista-no-direito quanto à possibilidade de se fazer as coisas de uma outra maneira. Ao se adotar essa perspectiva, contudo, logo se percebe que, se se quer renovar a teoria e prática comparativas, deve-se pensar em contradição ao seu próprio tempo, estando fora de ritmo com ele, opondo-se a ele, agindo de modo a ser sua má consciência. De fato, a negatividade em questão deve ir tão longe ao ponto de negar a negação da *doxa* (isto é, negar a negação do positivismo do direito-como-cultura). Agora, o fato é que esse argumento em favor da comparação diferencial tem sido feito por um certo número de comparativistas-no-direito ao longo dos anos. Contudo, trata-se de uma resposta perspicaz que largamente ou tem sido ignorada ou maculada na ausência de qualquer leitura propriamente séria daquilo que se tem afirmado, ou de qualquer trabalho acerca dos méritos dessa abordagem alternativa ao estudo do Direito Estrangeiro. A ideia subversiva (!) era, evidentemente, elaborar uma comparação-no-direito a se *tornar* alteridade – esse verbo querendo sugerir de pronto a exigência por uma emergência de uma nova prática teorizada e a necessidade adicional para que ela convenha ao diferendo.[414] Crucialmente, essa estratégia demanda dos comparativistas-no-direito ir além daquilo estabelecido. Agora é possível perceber que:

> qualquer que seja a necessidade (demonstrada) por tal outridade, ela terá chocado, não se tendo deixado de querer a sua contenção, a sua resistência, a reconstituição de antigas distribuições, acusando aquilo que não podia mais ser pensado senão com confusão, acusar a diferença como confusão excessiva![415]

***

A negociação com Direitos outros exige sua própria configuração como uma intervenção informada pela convicção de que qualquer

---

414 Eu me baseio em CASTRO, Eduardo Viveiros de. *Zeno and the art of anthropology*. Trad. A. Walford. Common Knowledge, vol. 17, 2011, p. 145.

415 DERRIDA, Jacques. "Survivre". *In*: *Parages*. 2ª ed. Paris: Galilée, 2003 [1986], p. 119. Esse texto foi originalmente publicado em inglês em 1979.

comparação significativa assume o encontrar com o Direito outro em sua singularidade traçada com vistas a reconhecer e respeitar sua alteridade. De fato, uma comparação-no-direito credível precisa se situar em *resposta* ao Direito outro, significando que ela está destinada a ir atrás dele, ou, se se quiser, que o Direito outro é inevitavelmente anterior a ela. É essa prioridade que o comparativista precisa reconhecer durante sua pesquisa e escrita conforme ele aceita, com Derrida, que:

> a lei que está fora de questão quanto a sua violação é dizer "sim" à obra que vem diante [de si] e que teria sido sem [ela], uma obra que já foi afirmada e assinada com o "sim" do outro, de modo que [seu] próprio "sim" é um "sim" ao "sim" do outro, um tipo de benção e (anel de) aliança. Não violar essa lei significa, então, fazer todo o possível para não a trair, não trair nem a lei nem o outro.[416]

Essa instrução implica que:

> com vistas à [sua] contra-assinatura [...], sujeita a essa lei, a atestar o conhecimento a ambos, o conhecimento melhor e mais competente possível, e ao reconhecimento, para ser tanto um conhecer quanto um reconhecer, [...] a lei deve tanto respeitar o absoluto, o absolutamente irredutível, intraduzível idioma do outro [...] *e* inscrever no [seu] próprio "sim", no momento em que [ele] reconhece a singularidade do outro, a obra do outro. Em [seu] "sim", em [seu] idioma intraduzível e singular, [ele] deve contra-assinar o texto do outro sem qualquer falsificação.[417]

Importantemente, Derrida assim conclui essa exortação:

> Como isso pode ser feito? Bem, eu faço essa pergunta, mas não tenho respostas. Não apenas tenho nenhuma resposta, mas eu

---

416 DERRIDA, Jacques. "Countersignature". Trad. Mairéad Hanrahan. *Paragraph*, vol. 27, nº 2, 2004 [2000], pp. 28/29.

417 DERRIDA, Jacques. "Countersignature". Trad. Mairéad Hanrahan. *Paragraph*, vol. 27, nº 2, 2004 [2000], p. 29. (ênfase no original).

> sustento que não se deve ter nenhuma resposta na forma de uma norma geral, uma regra ou um critério prévio. Por definição, não se pode ter nenhuma resposta prévia ou método ou técnica. A cada vez é necessário inventar a lei singular daquilo que permanece e deve permanecer um evento singular, mantido nessa aporia ou *duplo vínculo*.[418]

No mínimo do mínimo, como um mínimo ineliminável, o clamor pela justiça que é devida ao Direito Estrangeiro e sua idiomaticidade, o débito que precisa ser quitado em razão da singularidade do direito-texto estrangeiro, o reconhecimento da recusa do Direito Estrangeiro em se conformar com qualquer Direito senão o Direito que é e existindo como tal, e o respeito pela irredutibilidade do direito-texto estrangeiro – tudo isso requer uma tentativa do comparativista de superar a inerente resistência do direito-texto estrangeiro à autoridade interpretativa, à legibilidade completa por parte do comparativista – devem envolver um traçar do Direito Estrangeiro àquilo que (silenciosamente) o constitui com vistas a mostrar como, em resposta aos seus traços fantasmagóricos, o direito-texto estrangeiro acontece afinal (mesmo enquanto o comparativista permanece ciente que, apesar de sua intervenção, independentemente do quão sofisticada for sua intervenção do Direito Estrangeiro e sua linguagem de explicação ou justificação, ter-se-á aquilo acerca do estrangeiro que permanecerá, em última instância, inacessível, escondido, criptografado, secreto).

Para o comparativista-no-direito, a busca por uma ética visando enfatizar, como o dramaturgo de Benjamin, "o incomensurável e o singular",[419] almejando fazer o outro *outro* ao modo que o artista tenta "fazer a pedra *pedra*",[420] não pode acontecer através do recurso a um método, o qual, por definição, implica em um caminho dado regu-

418 DERRIDA, Jacques. "Countersignature". Trad. Mairéad Hanrahan. *Paragraph*, vol. 27, nº 2, 2004 [2000], p. 30. (ênfase no original).

419 BENJAMIN, Walter. *Understanding Brecht*. Trad. A. Bostock. New York: Verso, 1998 [1931], p. 8.

420 SHKLOVSKY, Viktor. "Art as technique". *In*: LEMON, Lee T.; REIS, Marion J (Trad.). *Russian Formalist Criticism*: four essays. Lincoln: University of Nebraska Press, 1965 [1917], p. 12. (ênfase no original).

lar, sistemático, de abordar um objeto. Na fabricação de sua resposta à singularidade do direito-texto estrangeiro, como uma "protestação de singularidade",[421] *o comparativista-no-direito deve rejeitar o método*. Novamente, a única abordagem ao evento do direito-texto estrangeiro é uma de errância nômade, baseada na experiência e na experimentação (interessantemente, a língua francesa tem uma palavra, "*expérience*", a abraçar ambos os termos). Observe-se que uma "experiência" é tudo menos banal, conforme Heidegger nos lembra: "passar por uma experiência com alguma coisa, seja ela uma coisa, um ser humano, ou um deus, significa que nós a deixamos nos acontecer, nos atingir, chegar até nós, nos empurrar, e nos transformar".[422] Que fique claro, a resistência do comparativista ao método "não exclui o uso de certas direções",[423] aquilo que talvez se possa nomear por "protocolos", que vão desde a necessidade de trabalhar com materiais na linguagem do outro ao imperativo de garantir a circulação da informação sendo implantada acerca do Direito Estrangeiro – de novo, como a expressão de uma ética visando não circunscrever um direito-texto estrangeiro dentro de um horizonte interpretativo familiar, mas sim suspender um horizonte interpretativo familiar em razão de um direito-texto outro, *para interromper sua (restrita) economia*. A singularidade não deve ser compreendida, e isso merece ser mencionado, como a conotar uma vaga e sensacional estranheza textual. Minha afirmação, pelo contrário, é de que o comparativista-no-direito deve alcançar um ponto onde se permite ao direito-texto interpretado a se projetar em sua singularidade, submetendo o ato de interpretação a uma espécie de reversão na qual se permite ao comparativista uma aproximação do texto ao remover qualquer método pré-dado, isto é, permitindo ao texto que apareça em

---

421 BARTHES, Roland. "La chambre claire". *In*: MARTY, E. (Coord.). *Oeuvres complètes*. vol. 4, 2ª ed. Paris: Editions du Seuil, 2002 [1980], p. 795.

422 HEIDEGGER, Martin. "Unterwegs zur Sprache". *In*: *Gesamtausgabe*. vol. 12, Frankfurt: Klostermann, 1985 [1959], p. 149. Cf. DERRIDA, Jacques. *Papier machine*. Paris: Galilée, 2001, p. 368 que equaciona a experiência com "a trajetória, o caminho, a travessia". Para Derrida, esse "caminho" deve ser distinguido do "*hodos*" do método, DERRIDA, Jacques. "Et cetera... (and so on, und so weiter, and so forth, et ansi de suíte, und so überall, etc.)". *In*: MALLET, M.-L.; MICHAUD, G. (Coord.). *Jacques Derrida*. Paris: L'Herne, 2004, p. 24. Esse texto foi originalmente publicado em inglês em 2000.

423 DERRIDA, Jacques. *La dissémination*. Paris: Le Seuil, 1972, p. 303.

meio a um terceiro espaço que ele, o comparativista, deliberadamente tenta manter aberto para o direito-texto.

Porque a moção comparativa implica garantir ao Direito Estrangeiro, ao Direito do outro, o reconhecimento e respeito que são solicitados, ainda que tacitamente,[424] dado que significa dar ao outro-no-direito uma voz acerca do seu mapeamento de outro direito-mundo sem reduzir esse direito-mundo àquele do comparativista (em outras palavras, àquilo que ele não é, frequentemente, àquilo que ele não quer ser), a comparação-no-direito enfaticamente se destaca como um gesto político. A esse respeito, eu argumento não ser necessário defender a perspectiva de que o pluralismo jurídico é inerentemente positivo. É suficiente para mim dizer que as diversas formas de vida-no-direito permanecem a expressão da capacidade humana para escolha e autocriação. Enquanto tais, elas incorporam um aspecto vital da existência social, o qual ajuda a definir a personalidade e merece ser apreciado pelos comparativistas-no-direito que se mostrarem responsáveis singularmente em face da singularidade do outro. Assim, os Direitos do outro estão designados a uma interpretação generosa por parte do comparativista. Eles merecem ser creditados com uma medida inicial de uma garantia racional (situada), serem aceitos como operando racionalmente, embora em conformidade com uma racionalidade local. A eles se deve seu quinhão epistemológico. Admitidamente, reconhecimento e respeito são infinitamente mais difíceis de se conceder aos nazistas, embora se aceite que as políticas supremacistas eram justificáveis *para eles*, ou aos militantes da Al-Qaeda, mesmo quando se é dito que suas ações são animadas por um desejo profundo de passar daquilo que *eles* consideram como vítimas da história a atores da história[425] (mas reconhecimento e respeito podem discutivelmente ser devidos apenas àqueles estejam preparados a estender reconhecimento e respeito da sua

---

424 Contudo, não se deseja reconhecimento para operar como em um processo de captura no qual se é feito "encaixar" em padrões culturais pré-concebidos, esperando um comportamento de acordo com as expectativas de um modo que pode, em última instância, garantir a sua exoticização continuada e concomitante marginalização. Por um estudo convincente quanto ao caráter insidioso que o reconhecimento pode assumir, ver POVINELLI, E. A. *The cunning of recognition*. Durham: Duke University Press, 2002.

425 Para o caso a respeito da Al-Qaeda, ver DEVJI, F. *The terrorists in search of humanity*. New York: Columbia University Press, 2008.

parte, uma questão injetando a ideia complexa de "mutualidade" no que diz respeito à extensão desses trópicos interpretativos. Incidentalmente, essa questão também pode ser abordada de outro ângulo, à medida que a diferença deixa de ser um valor digno de ser defendido, se ela passa a ser usada como um estigma para discriminar alguém e diminuir sua posição). Observe-se que o reconhecimento e o respeito sugerem que a dinâmica entre o si e o outro pode superar o antagonismo, que a diferença não precisa ser compreendida como divisiva.

Nenhuma dessas observações, então, implica na afirmação de que haveria um beco sem saída, que nenhum julgamento é possível ou digno. Como indicado acima, apreciar Direitos outros, aceitar o diferendo entre Direitos, e reconhecer e respeitar o Direito do outro, não é se condenar a um impasse normativo. Nem o reconhecimento de que os seus julgamentos são expressão de certos compromissos culturais (nem todos eles voluntários) previne a expressão de uma preferência ou o compele à perspectiva de que todas as concepções de Direito são igualmente boas (quem, em qualquer evento, acredita que todas as concepções de Direito são igualmente boas? Quem não considera a própria posição como tendo maior autoridade, pelo menos segundo a si mesmo, do que as posições dos outros?).[426] Dizer que o comparativista não tem um acesso a uma métrica de referência objetiva ou verdadeira na qual se poderia acessar uma concepção de Direito Estrangeiro enfaticamente não implica em manter que as concepções de Direito Estrangeiro não podem ser utilmente consideradas por um comparativista. Não-metricidade não é a "impossi-

426 Para um argumento nesse sentido, ver RESCHER, N. *Pluralism*. Oxford: Oxford University Press, 1995, p. 102. Essa observação alude ao relativismo em suas várias formas a respeito do qual se poderia dizer mais – por exemplo, quanto a sua demonização por aqueles que desejam insularizar suas crenças contra a força da diferença (eu tenho em mente o famoso *slippery slope* segundo o qual se qualquer coisa serve, antes que você saiba, se estará fazendo nas ruas). Conforme Mark Goodale habilmente escreve, "os dilemas mais reais do relativismo têm sido tratados ironicamente, ignorados, e outremente atribuídos ao *savage slot* intelectual", GOODALE, M. *Surrendering to utopia*: an anthropology of human rights. Stanford: Stanford University Press, 2009, p. 63. Para uma excelente discussão sobre o relativismo apresentando uma refutação persuasiva dos exageros usuais, ver SMITH, B. H. *Contigencies of value*. Cambridge: Harvard University Press, 1988, pp. 150-184. e Cf. LANDAU, I. *Finding meaning in an imperfect world*. Oxford: Oxford University Press, 2017, p. 126, "pode-se endossar [...] o relativismo enquanto subscrevendo à racionalidade".

bilidade da crítica", e certamente se pode tentar através da negociação da construção da comparabilidade, diga-se, de um discurso outro para com o seu próprio (talvez na esperança de que, assim que um dos padrões de justificação tiver conseguido persuadir, o outro lado reconhecerá seu erro, mudando sua lealdade).[427] Claramente, por exemplo, o multiculturalista canadense pode formar uma visão acerca da lei francesa e considerá-la como intolerante. E, tão evidentemente quanto, o republicano francês pode afirmar que a decisão judicial canadense indica um culturalismo fundamentalista. Em cada um dos casos, contudo, a expressão da preferência permanece situada, conforme se busca esclarecer um diferendo no direito-mundo. Ela não é expressada objetivamente, ou formulada com referência à verdade. De novo, não há "nenhum argumento rigoroso que não seja obediente às próprias convicções".[428]

Onde, então, estaria a comunalidade entre as medidas francesa e canadense a respeito das "vestimentas religiosas nas escolas"? Qual seria a medida comum – ou a meta-medida – a permitir o argumento de que, diga-se, haveria "alguma coisa" a mais aqui ("empoderamento", "liberdade", "dignidade") e menos "disso" lá, de modo que o aqui seja "melhor" que lá, que o aqui seja de fato verdadeiro? A verdade é que "nós não temos unidades de medida, apenas multiplicidades ou variedades de mensuração".[429] O fato é que não há nenhuma maneira da questão ser resolvida com recurso a uma meta-linguagem acordada por ambas as comunidades. Todavia, o multiculturalista canadense pode buscar convencer o republicano francês de que o republicanismo francês é compatível com "vestimentas religiosas na escola" e que pode se

---

427 Em outra oportunidade, eu argumentei em favor da comparação como carícia (um gesto menos invasivo que, diga-se, penetração e uma atitude menos submissa que, diga-se, entregar-se). Agora, não há nada nessa metáfora por mim advogada que busque fechar a possibilidade da crítica. Mesmo conforme acaricio, eu retenho minha faculdade crítica. Eu gostaria de agradecer ao professor Ralf Michaels por levantar essa questão em nossas conversas.

428 RORTY, Richard. "The fate of philosophy". *The New Republic*, 18 de Outubro 1982, p. 33. Cf. WITTGENSTEIN, Ludwig; ANSCOMBE, G. E. M. *et al.* (Coord.). *On certainty*. Trad. D. Paul; e G. E. M. Anscombe. New York: Harper & Row, 1972 [c1950], p. 16: "eu ajo com *completa* certeza. Mas essa certeza não é a minha própria". (ênfase no original).

429 DELEUZE, G; GUATTARI, F. *Mille plateaux*. Paris: Editions de Minuit, 1980, p. 15.

beneficiar da permissão de *hijabs* em salas de aula do ensino médio. E o republicano francês pode tentar persuadir o multiculturalista canadense de que o multiculturalismo canadense pode acomodar a restrição de pretensões identitárias e que ganharia com a proibição de *kirpans* nas escolas. Em cada caso, a estratégia consistiria em investir a autocompreensão e as práticas do outro no alívio desfamiliarizante por meio da geração de uma consciência ampliada acerca de postulados anteriormente velados ou articulações não-tematizadas com vistas a privar as presunções de seu suporte aparentemente óbvio disponível. Mas para o argumento do multiculturalista canadense nutrir aquilo que poderia emergir como uma aliança entre fronteiras jurídicas/culturais, conforme "[os franceses] estejam respondendo a algo que não [os] é",[430] ela/ele terá que falar a linguagem do republicanismo francês – a qual, por evidente, ela/ele falará diferentemente do que um republicano francês. E para o argumento do republicano francês ser bem-sucedido em superar a reticência canadense, ela/ele terá que argumentar na linguagem do multiculturalismo canadense – a qual, inevitavelmente, ela/ele falará diferentemente do que um multiculturalista canadense. O diferendo permanece: o sentido específico que pode ser atribuído a cada Direito é singular e assim sendo diferente daquele que pode ser atribuído ao Direito outro, significando então que cada Direito *excede* o outro, que nenhum Direito pode assimilar o significado do outro.

Nas palavras de Alasdair MacIntyre, "não há nenhum terreno sólido, nenhum lugar de investigação, nenhuma maneira de se engajar com as práticas de avançar, avaliar, aceitar e rejeitar argumentos razoáveis senão aquela providenciada por uma ou outra tradição particular".[431] Conforme mencionado, e para retomar esse ponto em palavras levemente diferentes, não há nenhuma maneira da questão das "vestimentas religiosas na escola" ser abordada em uma linguagem aceitável pelos membros das comunidades francesas e canadenses. Ausentes as premissas comuns, nenhum dos lados pode provar qualquer coisa ao outro, dado que o melhor que se pode fazer é suplicar ao outro na linguagem do outro *à*

430 TAYLOR, C. *Philosophical arguments*. Cambridge: Harvard University Press, 1995 [1991], p. 77.

431 MACINTYRE, A. *Whose justice? Which Rationality?*. Notre Dame: Notre Dame University Press, 1988, p. 350.

medida que isso pode ser feito. E porque o Direito fala, como a linguagem, monologicamente,[432] esse argumento se estende aos advogados dos Direitos Humanos baseados em Nova Iorque ou Estrasburgo que, tendo internalizado a justiça das instituições americanas ou francesas, estão lutando contra a prática de clitoridectomia na Etiópia.[433] O fato é que "Direitos só podem ser fundados em leis nacionais e locais e tradições, e a declaração dos Direitos Humanos permanece uma 'bobagem sob pernas de pau', a não ser que ela seja traduzida na cultura e no Direito de uma sociedade particular".[434]

Diferentemente da busca por objetividade e verdade, objetivos imaginários externos à investigação da pesquisa – a qual, portanto, chega a um ponto de terminação assim que seu objetivo alegavelmente foi alcançado –, a ética de engajamento aqui defendida se dá como um "infinito *empenhar*" no qual a ambição é autoconscientemente interna à investigação.[435] Enquanto os positivistas tomam os dois fins da cadeia do conhecimento, aquilo que eles chamam por "sujeito" e "objeto", como a compor toda a cadeia, de fato essa cadeia apresenta uma série de elos intervenientes, tais quais a leitura do direito-texto estrangeiro, interpretação, e a escrita pelo comparativista, seguida da leitura e interpretação de seus escritos por seus leitores. Contraintuitivamente, talvez, eu afirmo que, de fato, os comparativistas não ganham um acesso "melhor" ao Direito Estrangeiro através da remoção de mediadores, mas pelo seu acréscimo: quanto mais leituras são cultivadas, quanto mais interpretações são geradas, quanto mais escritos produzidos – em suma, quanto mais singularidade eliciada –, o mais profunda provavelmente se provará qualquer compreensão do Direito Estrangeiro. Correspondentemente, eu argumento que o comparativista-no-direito deve perma-

---

432 Cf. HEIDEGGER, Martin. *Unterwegs zur Sprache*. vol. 12, Frankfurt: Klostermann, 1985 [1959], p. 264: "linguagem é monólogo". (ênfase no original).

433 Para uma análise profunda dessa questão, ver SHWEDER, R. A. "What about female genital mutilation?"; e "Why understanding culture matters in the first place". *In*: SHWEDER, R. A.; MINOW, M.; MARKUS, H. R. (Coord.). *Engaging cultural differences*. Thousand Oakes: Sage, 2002, pp. 216-251.

434 DOUZINAS, C. *The end of human rights*. London: Hart, 2000, p. 165. A alusão é, evidentemente, ao sarcasmo familiar de Bentham.

435 RORTY, Richard. *Philosophy and the mirror of nature*. Princeton: Princeton University Press, 1979, p. 377. (ênfase no original).

necer formulando novas re-presentações de diferentes direitos-mundos dos quais ele fez seu "objeto" de estudo, em favor da incorporação de novos pontos de vista ao seu horizonte a fim de, com efeito, o des-horizontar. Novamente, em vez de se concernir com a objetividade e a verdade, eu sugiro que o comparativista deve se preocupar quanto aos Direitos Estrangeiros conforme eles se manifestam para ele enfatizando, explicando, e justificando a singularidade de cada Direito: "quanto mais *ligações* ele tiver, mais ele existe".[436] Por conseguinte, o objetivo da comparação-no-direito deve ser a iteração incessante da existência de reservas de ideias epistemológicas discrepantes que, entre si, oferecem formas jurídicas/culturais, frequentemente inscritas através de um longo período de tempo, através das quais outros-no-direito formaram um senso de identidade (compreendendo-se aqui que "identidade" está sempre em fluxo, nunca sendo alcançada).

Eu também quero encorajar o comparativista-no-direito a se perguntar como ele pode, em vez de se resolver por uma perspectiva do Direito Estrangeiro considerada como apta a proporcionar objetividade e verdade, continuar a se realizar através da autocriação. Especialmente, enquanto o comparativista-no-direito não precisa buscar (em vão) se tornar um outro, ele se esforçaria por uma "experiência de diferencialidade do si",[437] isto é, ele tentaria ser outro, afirmar o estrangeiro dentro dele, o estrangeiro que ele pode ser para si mesmo. Agora, a inacessibilidade da objetividade e da verdade – nunca se pode deixar o seu próprio si, não importa o quão longe se vá – desafia os comparativistas-no-direito a fazer genuínas escolhas normativas (isto é, algo diferente das decisões que lhes seriam ditadas pela métrica). Em vez de depender da objetividade e da verdade, de delegar a autoridade subscrevendo seus discursos a uma ordem transcendental ou a um referente fictício, os comparativistas-no-direito devem admitir seu input construtivo em suas fabricações do Direito Estrangeiro – de fato, "o simples ato de gravar qualquer coisa no papel já é uma transformação imensa, a exigir tanta habilidade e também artifício quanto pintar uma

---

436 LATOUR, B. *Reassembling the social.* Oxford: Oxford University Press, 2005, p. 217. (ênfase no original).

437 TERADA, R. *Feeling in Theory.* Cambridge: Harvard University Press, 2001, p. 156.

paisagem ou se voltar para elaborar uma reação bioquímica".[438] Ao longo do caminho, mesmo que nenhuma investigação comparativa seja executada sob o total controle da consciência, os comparativistas-no--direito estão convidados a assumir uma responsabilidade substancial pelas invenções normativas (e falíveis) em relação às quais eles gozam de autoridade re-presentativa para fazer o Direito Estrangeiro parecer "bom" ou "mau" aos seus leitores e público.

Aceitar que se está situado firmemente dentro de uma contingência radical implica para o comparativista-no-direito começar a assumir a responsabilidade por suas próprias apreciações perspectivísticas. Refutar a objetividade e a verdade, admitir a incomensurabilidade entre direitos-mundo é, no fim, o modo pelo qual os comparativistas evitam a complacência intelectual – sendo exatamente aquilo que acaba por engolir quem para de pensar acerca das suas re-presentações como re-presentações e começa a vê-las como sendo dotadas de uma qualidade transcendental que as tornaria objetivas ou permitiria seu acesso à verdade (isto é, quando um vocabulário privado provisório passa a ser um vocabulário permanentemente público). Ao permitir a emergência de um espaço ético, a incomensurabilidade aprimora o agir – tanto como responsabilidade quanto como oportunidade. Ela força o comparativista-no-direito a se engajar em uma tarefa de autoedificação para se tornar apto a fabricar comparações diferenciais cada vez mais responsivas, perspicazes e persuasivas em resposta a um Direito Estrangeiro singular. Em meio a essas circunstâncias, "redescrever-se é a coisa mais importante a [se] fazer", a ideia sendo "retirar-se do [seu] antigo si pelo poder da estranheza".[439]

438 LATOUR, B. *Reassembling the social.* Oxford: Oxford University Press, 2005, p. 136.

439 RORTY, Richard. *Philosophy and the mirror of nature.* Princeton: Princeton University Press, 1979, p. 358/359 e 360, respectivamente. Eu sou questionado se me vejo como um "epistemologista da virtude". Em outras palavras, sou convidado a confirmar que deliberadamente colapso, ou pelo menos embaraço, epistemologia e éticas. Conforme respondo essa questão, confesso que não busquei apresentar meus argumentos aos modos dos termos analíticos que desafiariam ou confirmariam as distinções tradicionais da filosofia em seus vários campos. O que posso reiterar é que estou preocupado com os comparativista enquanto eles se engajam em suas pesquisas e deliberações acerca do Direito Estrangeiro, que eu não consigo aceitar que qualquer uma dessas investigações ou reflexões possa ser enquadrada como um exercício de aquisição objetiva de conhecimento proposicional que se revelaria em

★★★

Embora os comparativistas-no-direito possam aparecer como se tivessem conseguido se emancipar das restrições do solipsismo, eles têm de fato exaltado seus egos através da sugestão de que esses egos têm acesso à objetividade e verdade. Nas palavras de Derrida, "aparentemente se parece evitar o etnocentrismo no momento mais próprio em que ele terá operado em profundidade".[440] As intervenções comparativas "pós-objetivas" ou "*post-école de vérité*" teriam, então, que razoavelmente aceitar que os comparativistas-no-direito só podem ir até certo ponto e, especialmente, que eles não estão em posição de operar além da imanência (seja a do Direito Estrangeiro, seja a sua). Admitindo que eles inevitavelmente fracassarão em cobrir o vazio entre o si-no-direito e o outro-no-direito, os comparativistas devem concordar que eles podem "falhar melhor" do que através de comparações-no-direito buscando objetivamente identificar o Direito verdadeiro, engajando no reducionismo intoxicante que é consubstancial às suas epistemologias positivistas[441] (os estudos jurídicos comparativos são parciais. Eles assim o são no sentido de que eles não lidam com totalidades ou todos, mas com particulares, especificidades, singularidades. Eles também são parciais no sentido de serem o produto dos estorvos epistemológicos do comparativista).

última instância como verdadeiro, e que espero o comparativista como capaz de possuir tais disposições como integridade, atenção, sofisticação, perspicácia, meticulosidade, perseverança, introspecção, transparência e humildade em seus esforços comparativos. Eu argumento que um comparativista que conscientemente integra essas "virtudes" em sua pesquisa pode ser esperado a produzir informação sobre o Direito Estrangeiro exibindo um elevado reconhecimento e respeito por ele. Em outras palavras, o comparativista-no-direito terá então gerado uma comparação que é mais ética. Se me qualifico ou não como um "epistemologista da virtude" nos moldes em que essa expressão é compreendida por filósofos analíticos é ao mesmo tempo pouco claro e indiferente para mim. Mas mantenho que, no tocante aos estudos jurídicos comparativos, de todo modo, uma epistemologia credível promove uma ética credível.

440 DERRIDA, Jacques. *De la grammatologie*. Paris: Editions de Minuit, 1967, p. 178.

441 Eu penso aqui na injunção de Beckett, BECKETT, Samuel. "Worstward Ho". *In*: AUSTER, Paul. (Coord.). *The groove centenary edition*. vol. 4, New York: Grove Press, 2006 [1983], p. 471.

Tudo aquilo que os comparativistas-no-direito podem sustentar, conforme se enfrenta o fato desorientador da multiplicidade de direitos-em-co-presença, conforme, em consequência do diferendo entre Direitos, optam por re-presentar e talvez defender um Direito em vez de outro, se revela como sendo um conjunto de convicções persistentes baseadas em experiências mais ou menos profundas que eles podem transformar eventualmente em argumentos mais ou menos persuasivos. Se eles desejam promover um Direito Estrangeiro, o que eles podem afirmar, tudo aquilo que eles podem sustentar em última instância, não é que esse ou aquele Direito é, objetivamente falando, "verdadeiro" ou "certo" ou "exato" ou "correto", mas que ele se encaixa dentro das suas estratégias de construção-de-mundo do momento. Na medida em que um discurso acerca do Direito Estrangeiro se verá atribuído com qualquer autoridade, ele a receberá da efetividade pragmática de seus movimentos retóricos, a coercibilidade da estrutura de seus argumentos, a vontade de apropriação e maestria que nele se expressa, e a violência simbólica que nele se esconde: "o conhecimento não é simplesmente verdadeiro [...]. Ele revela o erro inicial, a loucura de ser um si, de reduzir qualquer *outro* a um objeto de prazer para o si. Eu o possuo, eu disponho dele, eu o uso, eu o conheço, eu o aprecio".[442]

Estudos jurídicos comparativos não se amparam em quaisquer fundações, e sim em uma incessante inconsistência (aquela do Direito Estrangeiro sendo estudado, aquela do comparativista o estudando). Não quer dizer que as fundações (diga-se, objetividade ou verdade) desapareceram de repente. Elas nunca estiveram por aqui. Para ficar claro, se tão somente porque a singularidade do Direito Estrangeiro é tão irrastreável quanto insaturável (a comparação-no-direito é uma alegoria da necessidade de se mal interpretar), o comparativista, agindo qual localizador do estrangeiro, deve abaixar suas vistas e, intervindo realística e modestamente, almejar providenciar não mais que (e não menos que) um relato *limiar* do Direito do outro. Se a "liminaridade" é alcançada através de caminhos sem destino, itinerários dolorosos, caracterizar o trabalho comparativo no Direito Estrangeiro (deveríamos apelidá-lo então de "*slow-comp*"?) dependerá amplamente da produção do comparativista de uma montagem

---

442 LYOTARD, J.-F. *Que peindre?*. Paris: Hermann, 2008 [1987], pp. 119/120. (ênfase no original).

oportuna de observações astutas e destacável documentação combinada com o enquadramento judicante das questões jurídicas relevantes em referência aos dados culturais significativos (ao buscar explicar por que, por exemplo, o pluralismo em relação a valores se desenvolveu como um princípio ordenador central para atores sociais, partidos políticos, líderes intelectuais e instituições jurídicas no Canadá, mas não na França). Contudo, *a liminaridade é tudo que se tem para alcançar.*

Agora, a pretensão por objetividade e verdade, de um lado, e aquela por liminaridade, de outro, são, em última instância, "absolutamente irreconciliáveis" – ao modo pelo qual Husserl e Joyce provam ser discrepante. O fato é que "os proponentes de paradigmas concorrentes devem fracassar em fazer um contato completo com os pontos de vista uns dos outros".[443] Enquanto os comparativistas-no-direito ortodoxos "[buscam] decifrar, sonham com a decifração da verdade", "a fundação reconfortante", "o fim do jogo", outros comparativistas-no-direito, admitindo que a liminaridade é tudo aquilo que se pode ter, "afirmam o jogo" e se engajam na "afirmação alegre do jogo do mundo"[444] (note-se novamente que a incomensurabilidade não impossibilita a comparabilidade). Eu afirmo, então, que o Direito pode ser significado outremente (diferentemente) ou mais precisamente *outro-mente* (isto é, em uma maneira que mostre uma afinação aprimorada para com o estrangeiro, o outro, em sua complexidade, sua singularidade). Eu argumento por uma abordagem heterodidática dos estudos jurídicos comparativos e clamo aos comparativistas-no-direito, conforme eles atuam de modo a trazer à descontinuidade os procedimentos simbólicos que associam o desenvolvimento do Direito em uma escala global com a degradação da singularidade, a abraçar algo como uma "*Gelassenheit*" – que Heidegger define como "o retirar-se da imaginação transcendental".[445]

Conforme a comparação outre-mente é a morte da comparação-no-direito no sentido de que ela deve destruir aquilo que a compara-

---

443 KUHN, T. S. *The structure of scientific revolutions*. 3ª ed. Chicago: The University of Chicago Press, 1996, p. 48.

444 DERRIDA, Jacques. *L'ecriture et la différence*. Paris: Editions du Seuil, 1967, p. 427. (ênfase no original).

445 HEIDEGGER, Martin. "Gelassenheit". *In*: *Gesamtausgabe*. vol. 13, 2ª ed. Frankfurt: Klostermann, 2002 [1959], p. 62.

ção-no-direito tem sido e tem querido ser, ela também é a gênese da comparação-no-direito enquanto se marca a emergência da comparação diferencial. Lança-se assim os estudos jurídicos comparativos que ainda estão por vir e se incita a primordialidade da alteridade-no-direito através de uma narrativa ou parábola do traço, assim permitindo o outro a ser reconhecido e respeitado (etimologicamente, "parábola" deriva do grego "*paraballein*", que significa "comparar"). Inicia-se a comparação-no-direito que aceita como, quando se pesquisa o Direito, não se pode se aceitar estar cego pela reconfortante familiaridade de práticas interpretativas há muito praticadas que falham em reconhecer que o traço (sobrevivente) é a vida do direito-texto, que o direito-texto é uma força inerentemente fluída, mutável, dinâmica, instável que vive em sua orientação ao traço. A comparação outre-mente inaugura a compreensão do fato que quando se lê uma lei ou decisão judicial com completa dedicação se está implicado em uma matriz que é tanto meticulosamente heteroglóssica quanto inesgotavelmente específica, estando efetivamente condenado a perseguir um processo interminável de atribuição de significado que apenas a exaustão do comparativista-no-direito ou o prazo final do editor interromperão (qualquer final será uma interrupção, um corte, um corte indesejado de certo modo, um corte que tem seu preço). Se a questão é como o comparativista-no-direito deve viver "essa discordância inabitável entre mundos, histórias, memórias, discursos, linguagens",[446] a resposta precisa ser que ele apenas assim pode fazer através da configuração do conhecimento que:

> transmite em [sua] pluralidade [...] [uma] nova forma de arranjo, não implicando harmonia, concordância, ou conciliação, mas [...] aceitando disjunção ou divergência como um centro infinito no qual, através da fala, a relação virá a ser criada: um arranjo que não compõe, mas justapõe, isto é, deixa cada um dos termos que vem à relação *fora* um do outro, respeitando e preservando essa *exterioridade* e essa distância como o princípio – sempre-já enfraquecido – de toda significação. Justaposição e interrupção aqui assumem uma força extraordinária de justiça.[447]

---

446 DERRIDA, Jacques. *Mémoires*. Paris: Galilée, 1988, p. 154.

447 BLANCHOT, Maurice. *L'entretien infini*. Paris: Gallimard, 1969, p. 453 [ênfases no original].

Implicando ir além do seu Direito (e, no processo, além de si mesmo) a fim de engajar em negociação com o Direito outro e o Direito do outro é precisamente aquilo a permitir que se reconheça a pluralidade jurídica e axiológica do mundo. Através da ruptura da "zona de conforto" (dado que uma comparação sem qualquer ruptura é sem sentido, uma maneira de aferir a utilidade epistemológica de uma comparação diferencial é justamente perguntar por *quem ela incomoda*), o comparativista mobiliza o Direito e a si mesmo para a melhor causa possível, isto é, o reconhecimento e o respeito de uma alteridade que, porque ela só pode ser executada como interrupção, enriquece sua percepção daquilo que existe no mundo como Direito e a sua capacidade de aí agir em nome daquilo que pode ainda (talvez) ser chamado por *justiça*. Em última instância, por conseguinte, dado que a concepção de "comparação" tem um impacto direto no modo de conhecimento sendo apreendido como "juridicamente" relevante (ou como "juridicamente" insignificante), o que está em jogo é suficientemente importante para se advogar militantemente uma estratégia a permitir o reconhecimento e respeito da singularidade radical do outro, do Direito do outro, e do outro-no-direito. Diante da valorização da alteridade então promovida, pode-se discernir como o estudo do Direito Estrangeiro – além de permitir que o direito-como-nós-conhecemos-em-nossas-escolas seja menos inevitável e desesperador – guarda questões centrais para a existência, a vida coletiva, e de fato para o futuro do mundo.

> Diante da depredação planetária, da vasta exploração das populações, humanas e outras, do espetáculo proliferante do sofrimento humano e de outrem, os poderes da [comparação-no-direito] parecem mais limitados e constrangidos que nunca. Mas [...] se existe um futuro para [a comparação], ele consiste [...] na *afirmação de uma exigência radical que vem do outro.*[448]

Uma política da diferença sugere que a negociação com a alteridade, ao invés de sua eliminação, é a abordagem mais produtiva para responder

448 HILL, J. *Radical indecision*. Notre Dame: University of Notre Dame Press, 2010, p. 336. (ênfase adicionada). Eu adoto e adapto as observações de Hill quanto ao criticismo literário.

a situações caracterizadas pela co-presença de mais de um Direito mesmo que (e, de fato, porque) essa negociação permaneça sem resolução.

Uma das muitas formas que essa negociação pode adotar, nos termos da escrita do comparativista-no-direito, é aquela que Lorenzo Bonoli chama por "efeito de agramaticalidade", quer dizer, reconhecer e respeitar o Direito Estrangeiro através da inserção de palavras estrangeiras (o que os alemães chamam por "*Fremdwörter*"), a cunhagem de neologismos, a escrita de uma sentença através da uma construção sintática modelada no estrangeiro – todos esses movimentos almejando que uma escrita "estrangeira" seja em última instância "impertinente".[449] O objetivo do comparativista deve de fato ser a preservação de alguma coisa da diferença do direito-texto estrangeiro, em razão do reconhecimento e respeito que o é devido, especialmente quando se busca deslocá-lo entre linguagens. Mais uma vez, a comparação-no-direito é "uma prática produzindo diferença a partir da incomensurabilidade (ao invés de equivalência a partir da diferença)".[450] Essa é uma das muitas maneiras através das quais a comparação-no-direito opera em modos muito próximos ao da tradução. Assim, a fim de resistir à tentação por uma domesticação sem ranhuras dos textos estrangeiros, os tradutores de Heidegger e Derrida não hesitaram em elaborar traduções que modificassem o uso corrente das linguagens hospedeiras.[451] Em outras palavras, esses tradutores, conforme eles atendiam aos chamados dos textos originais, não estavam dispostos a fazer concessões por completo aos seus leitores locais. De fato, eles incitaram os leitores estrangeiros de Heidegger e Derrida a se desfamiliarizarem, fazendo-se cientes de que eles estavam lendo uma tradução, de que havia um texto "não-presente" – ou que um texto "não-presente" não estava ausente. Como uma marca do reconhecimento ao direito-texto estrangeiro e de respeito por ele, como uma expressão da heterotésis que governa a "terceirização" do conhecimento, o comparativista deve garantir similarmente que seus leitores se compreendam como lendo o Direito *Estrangeiro*.

---

449 BONOLI, L. *Lire les cultures*. Paris: Kimé, 2008, p. 98. (ênfase no original).

450 MORRIS, M. "Foreword". *In*: SAKAI, Naoki. (Coord.). *Translation and subjectivity*. Minneapolis: University of Minnesota Press, 1997, p. [xiii].

451 E.g.: HEIDEGGER, Martin. *Being and time*. Trad. J. Macquarrie ; e E. Robison. Oxford: Blackwell, 1962 [1927]; DERRIDA, Jacques ; SPIVAK, G. C. (Coord. e Trad.). *Of grammatology*. Baltimore: John Hopkins University Press, 1997 [1967].

Ainda que o comparativista-no-direito seja confrontado pela questão do inefável (dado que o Direito Estrangeiro é singular, não se pode o compreender), sua tarefa é organizar sua singularidade de modo a tornar disponível o "produto" mais elevado possível a partir da singularidade do Direito Estrangeiro.[452] Assumir sua condição primordial de estar-em-direção-a-um-outro-direito, de estar, de fato, para o Direito do outro, de falar da causa do Direito do outro, os estudos jurídicos comparativos devem ter em mente o fato de que a alteridade torna impossível sua apreensão através de modelos supostamente transcendentais, de um lado, bem como sua pretensão por reconhecimento e respeito, de outro. Os estudos jurídicos comparativos devem se tornar *outre-mente* também nesse sentido. Não se trata aqui de indicar um método – "não há qualquer metodologia empírica para se aprender a como desvelar um mundo"[453] –, mas uma disposição em torno da construção do conhecimento que apresente, de pronto, aporeticamente, uma distância do Direito outro e uma intimidade para com ele, uma estratégia que poderia abrigar como seu lema a seguinte prescrição: "singularizar, escrever, singularizar, escrever" (eu também poderia dizer "diferenciar, escrever, diferenciar, escrever" ou mesmo "traçar, escrever, traçar, escrever").[454] Note-se novamente, em nenhum momento a comparação diferencial está voltada para manter os Direitos Estrangeiros intactos e, em reação à indiferença ortodoxa quanto a diferença, simplesmente buscando dar uma maior "circulação" à diferença. Os estudos jurídicos comparativos não dizem respeito, então, à legitimação do *status quo* ou à normalização da lógica do singular de como as coisas são.

---

452 EWALD, W. "Comparative jurisprudence (I): what was it like to try a rat?". *University of Pennsylvania Law Review*, v. 143, 1995, p. 1944.

453 KOMPRIDIS, N. *Critique and disclosure*. Cambridge: MIT Press, 2006, p. 108. O autor enfatiza o ponto adicionado que "o desvelamento não é *aprendível* no sentido relevante do termo"; KOMPRIDIS, N. *Critique and disclosure*. Cambridge: MIT Press, 2006, p. 109. (ênfase no original).

454 Eu adoto e adapto LATOUR, B. *Reassembling the social*. Oxford: Oxford University Press, 2005, p. 149.

CAPÍTULO VIII

ITERAÇÃO

Ainda que consistida de linhas sobre linhas de texto, a comparação-no-direito não é linear. Ela vai e volta, fluxos e refluxos. Ela é associativa e multidirecional. Ela opera ao longo de caminhos em perpétua alternância. Às vezes, o comparativista-no-direito se sente seguro em suas intuições apenas para concluir que logo mais ele precisa reconsiderá-las. Em outras ocasiões, ele é levado a rastrear rumos inesperados e seguir rotas ainda não mapeadas. Nenhum traçar é categórico e a solidez aparente de qualquer singularização é enganosa. Conforme ele incessantemente retrabalha sua bricolagem em consideração ao seu progressivamente melhorado contato com o Direito Estrangeiro desconhecido, o comparativista está constantemente revendo seus passos – mesmo enquanto ele continua seguindo em frente. Na sua organização retórica, em seu modo de exposição do conhecimento considerado relevante, na encenação de suas teses, na articulação de seu argumento, na sua específica configuração de textualidade, este livro busca trazer alguns dos meandros inexoráveis do comparativista-no-direito. Ele também procede por caminhos complicados. Ele também desvia e por vezes se repete. Tal qual a intervenção do comparativista nos direitos-textos estrangeiros, ele apresenta interfaces, intersecções e sobreposições. Ele se divide em si mesmo e se multiplica a si mesmo. Ele se refere a si mesmo. Ele se suplementa. Ele se excede. No modo que o comparativista-no-direito produz sua comparação, ele se constitui através de um traçar aparentemente infinito de referências a outros textos, os quais ele transforma e dos quais ele difere (mas com os quais ele não pode se apropriar absolutamente para fazer simplesmente o que quiser, tal qual o comparativista não pode confiscar o Direito Estrangeiro para servir sua agenda ideológica em favor de uma uniformização dos Direitos). Ele oferece um arranjo que se torce para fora do positivismo, que circula em torno de si mesmo, que não é estático nem estagnante.

No modelo pelo qual ele busca dolorosamente amarrar os traços entrelaçados para constituir um texto, ele implementa o pensamento da linha e a estratégia do entrelaçamento. Ele mexe. Ele remexe. Ele inscreve informação inicialmente não destinada a ser "jurídica". A partir desses enxertos e intrusões, ele gera significado. Ele aparece as vezes como interminável, não sendo o contrário do modo pelo qual a pesquisa comparativa às vezes aparece como não tendo fim. Ele quebra com a normalidade constituída no campo dos estudos jurídicos comparativos, conforme uma comparação outre-mente deve fazer. Ele é idiomático. Enquanto tal, ele é irruptivo, ao invés de sereno, fervoroso ao invés de impassível, ele é fragmentado ao invés de totalizante, ele é autobiográfico ao invés de impessoal. Ele evita a univocidade ao invés de buscar indisputabilidade, ele fomenta a perplexidade ao invés de implementar a convenção (e a coda? Ela marcaria uma *concessão*). Ele desgasta. Ele é interpretativo ao invés de objetivo ou verdadeiro. Ele diz "eu". Ele diz outras coisas no lugar do que ele queria dizer. Ele não diz tudo que gostaria de dizer: ele se interrompe. Ele oferece novos insights e busca promover conexões originais. Ele é aventuroso. Ele se localiza dentro da minha trajetória intelectual: ele defende a ideia que eu quero promover nessa conjuntura. Ele é situado em termos das fontes de inspiração que eu tenho encontrado ao longo dos anos, dos textos que se tornaram disponíveis para mim, os colegas e amigos que concordaram em se engajar nas conversas comigo conforme eu estava trabalhando no argumento. Ele tomou bastante tempo para ser escrito. Se tivesse sido escrito cinco anos atrás, este livro seria diferente. E se eu tivesse esperado mais cinco anos para escrevê-lo, ele também teria sido diferente. Nesse sentido também a produção deste texto é análoga à fabricação das comparações-no-direito. E meu argumento tem muito a ver com minha percepção dos estudos jurídicos comparativos como um campo no qual ele pode se achar instituído. Também, ele concerne de maneiras significantes como eu vejo minha tarefa dentro do campo. Este livro é inadequado ao invés de correto. Ele é mal ajustado. Ele não se alcançou. Ele permanece incompleto. Ele é vulnerável. Tal qual uma comparação outre-mente deve almejar ser, ele quer ser progressivo. Ele é diferente. Ele é singular. Ele é invento.

Fazendo referência específica ao campo dos estudos jurídicos comparativo, este livro, então, pede por uma grande mudança na sensibilidade comparativa que deve informar os estudos do Direito Estrangeiro. Ele afirma que os comparativistas-no-direito devem se interessar pelo Direito como cultural, pela cultura como traço, e pelo traço como Direito (mais uma vez, o leitmotiv desse argumento poderia ser elaborado como DCTD). Ele também defende a irredutibilidade do diferendo entre Direitos e convida os comparativistas a admiti-lo. Em vez de reciclar pretensões hegemônicas implausíveis que obscurecem a singularidade dos Direitos Estrangeiros, os comparativistas devem fazer justiça à dignidade do estrangeiro pelo seu reconhecimento e respeito como estrangeiro – o que envolve um engajamento constitutivo com o Direito Estrangeiro ao invés de um desligamento dualista dele. Nesse processo, o comparativista-no-direito é chamado a aceitar que tanto o Direito Estrangeiro quanto o comparativista são constituídos como devires abertos. Porque esses devires estão irrevogavelmente entrelaçados entre si – isto é, dado que tem lugar uma constantemente descentrada interação – nem a trajetória de re-presentação do Direito Estrangeiro nem seu ponto de chegada podem ser conhecidos de antemão. O Direito Estrangeiro, por conseguinte, é temporalmente emergente, o que significa dizer que ele se cristaliza ao longo do tempo da comparação. O que pode ser verificado, contudo, é que a resposta nunca esgotará aquilo que a chama e que nenhum estudo de nenhum comparativista algum dia alcançará algo além do limiar do Direito Estrangeiro. Caso seja necessário reforçar esse ponto mais uma vez, deixe-me dizer novamente que eu não defendo a erradicação do Direito posto das intervenções comparativas. Eu não busco dispensar leis e decisões judiciais. O que afirmo que precisa ser removido da caixa-de-ferramentas do comparativista-no-direito são as ideias de "objetividade" e "verdade". Em vez de se induzir em suas alucinações, eu encorajo os comparativistas-no--direito a afirmarem o pluralismo e o cosmopolitismo e a asseverar a diferença, ela própria o princípio da multiplicidade e da diversidade. Em suma, eu convido os comparativistas a praticar os estudos jurídicos comparativos outre-mente.

Eu devo (não)terminar onde eu comecei, isto é, com Pinter. Em sua conferência na ocasião de seu prêmio Nobel, acrescendo à sua afirmação de que "não há algo como uma verdade", tendo-se "muitas", e que elas "se desafiam umas às outras", e que elas são "cegas umas às outras", Pinter diz que "você nunca encontra [a verdade] propriamente falando, mas a busca por ela é compulsiva". Ele adicionou: "a busca é claramente aquilo que anima o esforço".[455] Embora não se possa nunca ter acesso a qualquer uma dessas coisas como a verdade, a busca por ela seria irresistível. Eu tenho argumentado por um caminho que vá além do dilema de Pinter, de modo que os comparativistas-no-direito não continuem correndo sobre uma esteira de futilidade a fim de que eles, através da afirmação de uma poética da singularidade, possam "restaurar ao singular, ao não-cambiável, à mudez, os atributos de poder e, por conseguinte, de saúde, de soberania – dado que a linguagem, a comunicação, a troca têm atribuído à *conformidade gregária* aquilo que é saudável, poderoso, soberano".[456]

Conforme os comparativistas emergem do brilho desanimado do pensamento ortodoxo a reinar sobre os estudos jurídicos comparativos, piscando diante das fortes luzes da episteme do mais de um, seria por eles apreciável, como Pinter, o quão não se pode ter "acesso a qualquer uma dessas coisas como uma verdade". Enquanto eles extraem seus trabalhos dos dois poderosos tropismos da objetividade e da verdade

455 PINTER, Harold. *Art, truth and politics*. 2005. Disponível em: https://www.nobelprize.org/uploads/2018/06/pinter-lecture-e.pdf. Acessado em: 27.10.2021. A conferência foi publicada pela editora Faber & Faber em 2006.

456 KLOSSOWSKI, P. *Nietzsche et le cercle vicieux*. Paris: Mercure de France, 1969, p. 118. (ênfase no original).

que continuam vigentes, eles podem se mover para longe dessa pálida comparação-no-direito e, finalmente, atestarem para o fato de que eles estão em dívida para com o outro. De fato, é o outro quem faz os estudos jurídicos comparativos e seus imensos benefícios possíveis (com efeito, a eliminação do outro marcaria a impossibilidade da comparação-no-direito). Ainda que o comparativista-no-direito vis-à-vis o outro possa apenas gerar perspectivas sem objetividade e leituras sem verdade, as quais se encontram extraídas do direito-mundo do outro de modo a serem inscritas na linguagem diferencial do comparativista, os estudos jurídicos comparativos devem tentar, e no mínimo tentar – deixe-se eu afirmar por mais uma vez –, fazer justiça ao Direito outro e ao outro-no-direito buscando considerar *aquilo que é mais próprio* ao Direito Estrangeiro.[457]

---

457 Eu evitei fazer referência ao meu trabalho publicado em inglês ao longo deste livro. Para os leitores interessados, o argumento aqui desenvolvido se cruza em particular com LEGRAND, P. "Jameses at play: tractation on the comparison of laws". *American Journal of Comparative Law*, vol. 65, edição especial, 2017; LEGRAND, P. "Siting foreign Law: how Derrida can help". *Duke Journal of Comparative and International Law*, vol. 21, 2011; LEGRAND, P. "Jacques in the Book (on apophasis)". *Law & Literature*, vol. 23, 2011; LEGRAND, P. "Il n'y a pas de hors-texte: intimations of Jacques Derrida as comparatist-at-law". *In*: GOODRICH, P. *et al.* (Coord.). *Derrida and Legal Philosophy*. Londres: Palgrave Macmillan, 2008, pp. 125-151; LEGRAND, P. "Comparative legal studies and the matter of authenticity". *Journal of Comparative Law*, vol. 1, 2006; e LEGRAND, P. "On the singularity of Law". *Harvard International Law Journal*, vol. 47, 2006. Para uma resenha de GOODRICH, P. *et al.* (Coord.). *Derrida and Legal Philosophy*. Londres: Palgrave Macmillan, 2008, ver GLENDINNING, S. "Sentencing Derrida". *Modern Law Review*, vol. 74, 2011. Em sua avaliação, Glendinning faz mais que gastar um número de páginas informando seus leitores dos tópicos que o surpreenderam por não encontrar discutidos no livro. Por exemplo, ele oferece um exemplo primoroso de desconstrução. Nesse contexto, ele nos lembra como Derrida enfatizava que a desconstrução não poderia ser reduzida a rejeição da herança intelectual. Ele assim cita Derrida: "eu amo bastante tudo aquilo que desconstruo na minha própria maneira; os textos que quero ler de um ponto de vista desconstrutivo são textos que amo com aquele impulso de identificação que é indispensável para a leitura", GLENDINNING, S. "Sentencing Derrida". *Modern Law Review*, vol. 74, 2011, pp. 313/314, referindo-se a DERRIDA, Jacques. *The ear of the other*. MCDONALD, C. (Coord.). Trad. P. Kamuf. Lincoln: University of Nebraska Press, 1988 [1984], p. 87. Mais ainda, Glendinning se direciona a cada uma das contribuições do livro sendo resenhado. Em determinado momento, ele oferece uma reação à minha crítica

da epistemologia ortodoxa dos estudos jurídicos comparativos sugerindo que Derrida tem muito a ensinar aos comparativistas buscando edificar um modelo alternativo mais responsivo ao estrangeiro. Com referência específica ao meu argumento, Glendenning escreve o seguinte (eu omito algumas das páginas referentes ao meu texto): "como elegantemente colocado por Pierre Legrand, a obra de Derrida coloca em questão 'a institucionalização de um paradigma textual' que supõe que sabe o que significa 'escrever como um jurista'. A esse respeito, o chamado de Legrand por uma 'desterritorialização do pensamento' é especialmente bem-vindo. Mas, do outro lado, o contra-ataque do próprio Legrand geralmente carece da intimidade de uma leitura, e parece mais como uma ordem ao leitor que confesse, e que aceite que se deve corrigir seus modos. Ele escreve na posição de um auto-autorizado militante ou radical, um militante a teimosamente insistir que os outros precisam de uma ajuda derrideana, de modo que eles possam também resistir e igual e teimosamente 'permanecer não-preparados' a permitir que a ortodoxia dominante 'tome controle deles'. Não há nada aqui daquele 'impulso de identificação que é indispensável à leitura' que Derrida enfatiza. Para Legrand, a desterritorialização reclama um quadro em branco, uma espécie de novo ano zero. Não há nada aqui quanto a um engajamento através da herança para assistir aqueles grandemente afetados pelo paradigma textual ortodoxo a retraçarem seus passos" (GLENDINNING, S. "Sentencing Derrida". *Modern Law Review*, vol. 74, pp. 306 e ss., 2011, p. 319). Eu estou em dívida com Glendinning por suas boas palavras e a oportunidade de avançar quatro pontos. Primeiro, diferentemente de Derrida, vis-à-vis os textos que ele lia, eu não "amo" os livros e artigos produzidos pelos comparativistas-no-direito ortodoxos que me vejo tendo que responder. Mas Derrida e eu dificilmente nos colocamos a trabalhar sobre escritos do mesmo calibre intelectual. Para ser franco, eu acho o grosso das publicações pelos comparativistas-no-direito ortodoxos raivosamente anti-intelectuais e totalmente chatos. De fato, eu ressinto ter que ler materiais como esses e não quero ser mais complacente com eles do que o minimamente necessário a fim de me encontrar em uma posição que me permita credivelmente rejeitá-los. Além desse ponto, eu propositalmente interrompo minha hospitalidade. Segundo, eu não sinto nenhum "impulso de identificação" com os comparativistas-no-direito ortodoxos além do fato de que, como eles, também tenho um interesse no Direito Estrangeiro e que também considero o Direito Estrangeiro como tendo uma medida de valor normativo localmente. *Pace* Derrida, eu não tenho certeza do quanto essa minha falta de empatia ou cumplicidade com a *doxa* me torna um leitor mais pobre da sua produção. Eu aceito que certamente isso me faz um leitor menos entusiasmado. Terceiro, a única maneira na qual estou disposto a me "engajar através da herança" é com vistas a me mover para longe dela. Há de fato muito pouco que eu gostaria de preservar do Direito comparativo ortodoxo. Novamente, e todavia, não há quase nada em comum entre a herança intelectual lidada por Derrida e aquela que me confronta. Como indico no prefácio deste livro, ciente de que meu argumento encontraria o terreno mais infrutífero possível, eu não estou me dirigindo aos positivistas. Isso me leva a um par de observações. Glendenning opina que eu "escrevo de uma posição de um auto-autorizado militante ou radical, um militante a teimosamente insistir que os outros precisam de uma ajuda derrideana". Deixando de lado em que medida essa passagem busca ser uma repreensão ou não, eu falho em ver como uma militância ou radicalismo pode ser de outra maneira que não "auto-autorizada". Certamente, ninguém espera por uma permissão da *doxa* antes de começar a resistir. Tanto quanto certamente, parece para mim, se deve estar preparado para que a ortodoxia defenda suas próprias afirmações epistemológicas talvez apenas porque são esses mesmos argumentos que a estabeleceram como ortodoxia com todas as vantagens de autoridade e poder daí decorrentes. Perseverança, ou "teimosia" se assim se quiser chamar, por conseguinte, me parece ser um *sine qua non* para que a oposição tenha o mínimo de tenacidade. No que diz respeito à questão da "ajuda derrideana", eu não quero dizer que Derrida deve se tornar uma leitura compulsória para os comparativistas-no-direito, mas que seus insights acerca da textualidade e da alteridade oferecem vias intelectuais muito interessantes para fora da mesmice filistina na qual a comparação-no-direito tem estado presa graças aos comparativistas ortodoxos.

CODA

1. Compreender o Direito Estrangeiro não é aquilo que você compreende.

1.1. Compreender o Direito Estrangeiro não é aquilo que você compreende se você compreende que se tem a mente do comparativista de um lado e o mundo do Direito Estrangeiro do outro.

1.2. Não há nenhuma diferença essencial entre a mente do comparativista e o mundo do Direito Estrangeiro, de modo que um viesse a ser um "sujeito" e o outro um "objeto".

2. O texto do comparativista não é um intermediário entre sua mente e o mundo do Direito Estrangeiro, mas o espaço no qual uma delineação operante pode ser desenhada.

3. Compreender o Direito Estrangeiro não é o Direito Estrangeiro.

3.1. O Direito Estrangeiro não tem um referente.

3.2. O Direito Estrangeiro não é verdadeiro.

3.2.1. Qualquer "verdade" é a "verdade" do comparativista.

3.2.2. A "verdade" de um comparativista não é a verdade.

3.2.2.1. Um comparativista está sempre-já epistemologicamente embaraçado.

3.2.2.2. O embaraço epistemológico é um horizonte insuperável pertencente à condição existencial do comparativista.

3.2.2.2.1. O "eu" é plural.

3.2.2.2.2. O comparativista é assombrado.

3.2.2.3. A "verdade" é construída culturalmente.

3.3. O compreender do Direito Estrangeiro não é objetivo.

3.3.1. Qualquer "objetividade" é a "objetividade" do comparativista.

3.3.2. A "objetividade" de um comparativista não é a objetividade.

3.3.2.1. Um comparativista está sempre-já epistemologicamente embaraçado.

3.3.2.2. O embaraço epistemológico é um horizonte insuperável pertencente à condição existencial do comparativista.

3.3.2.2.1. O "eu" é plural.

3.3.2.2.2. O comparativista é assombrado.

3.3.2.3. A "objetividade" é construída culturalmente.

4. Compreender do Direito Estrangeiro é ao mesmo tempo respeitoso e violento.

4.1. O comparativista está imbrincado ao texto do Direito Estrangeiro que ele se propõe compreender.

4.2. O comparativista não pode ignorar que o texto do Direito Estrangeiro que ele se propõe compreender afirma sobre sua própria compreensão.

4.3. O comparativista deixa um traço no texto do Direito Estrangeiro que ele se propõe compreender.

4.4. Compreender o Direito Estrangeiro exclui qualquer piedade vis-à-vis o texto.

5. Há compreensão do Direito Estrangeiro, então há compreensão do Direito Estrangeiro.

5.1. Compreender o Direito Estrangeiro é escutar com atenção ao Direito Estrangeiro.

5.2. Compreender o Direito Estrangeiro é traçado.

5.2.1. O texto do Direito Estrangeiro é assombrado.

5.2.2 A atribuição de significado ao Direito Estrangeiro é a interpretação da espectralidade.

5.2.3. Qualquer traço do Direito Estrangeiro é provisório.

5.3. O compreender do Direito Estrangeiro é inventado.

5.3.1. O compreender do Direito Estrangeiro é errante.

5.3.1.1. Compreender o Direito Estrangeiro meandra.

5.3.1.2. Compreender o Direito Estrangeiro erra.

5.3.2. A negociação tem lugar.

5.3.3. Tem-se diferentes compreensões do Direito Estrangeiro.

5.3.4. O comparativista deve assumir responsabilidade pela sua compreensão do Direito Estrangeiro.

5.3.5. Pode-se esperar que os detratores usuais façam suas usuais detratações.

5.4. O compreender do Direito Estrangeiro é sempre interrompido antes da saturação.

5.5. Tem-se uma ética do compreender.

5.5.1. A interpretação deve ser generosa tanto quanto se deve assumir que o Direito Estrangeiro é razoável.

5.5.2. Interpretações generosas não excluem críticas.

6. Uma compreensão do Direito Estrangeiro é preferida diante de outra porque se a compreende como a gerar um mais persuasivo produto interpretativo.

6.1. Um comparativista que deseja uma compreensão do Direito Estrangeiro e decide por um deles é epistemologicamente embaraçado.

6.2. O embaraço epistemológico é um horizonte insuperável pertencente à condição existencial do comparativista.

6.2.1. O "eu" é plural.

6.2.2. O comparativista é assombrado.

6.3. A compreensão da compreensão do Direito Estrangeiro do comparativista não é aquela compreensão.

6.3.1. O compreender da compreensão do Direito Estrangeiro do comparativista é epistemologicamente embaraçado.

6.3.2. O embaraço epistemológico é um horizonte insuperável pertencente à condição existencial do comparativista.

6.4. A autoridade do comparativista em inventar o Direito Estrangeiro através do traçar importa.

6.4.1. A autoridade é disciplinar em vez de carismática.

6.4.2. Um comparativista pode ser um discípulo ou um combatente.

6.5. Qualquer produção interpretada é inerentemente derrotável.

7. Compreender o Direito Estrangeiro é impossível.

8. Compreender o Direito Estrangeiro precisa acontecer.

9. Compreender o Direito Estrangeiro acontece.

10. O que acontece como o compreender do Direito Estrangeiro é impossível.

ENTREVISTA COM TRESMIN LANE

Eu estou muito agradecido a Tresmin G. O. Lane, MSc (UCLA), JD (USD), por ter sugerido uma entrevista, bem como por ter concordado em prepará-la para publicação, assim permitindo um desafio às formas mais convencionais de escrita no campo dos estudos jurídicos comparativos. Nossa longa conversa teve lugar em San Diego, ao longo de cinco sessões de duas horas entre 6 e 9 de setembro de 2018. O texto que se segue é a versão abreviada e editada da transcrição inicial. Eu subsequentemente revisei sua versão. No principal, nós buscamos elidir todas as perturbações ou suspensões e todas as hesitações ou repetições. Em razão dessas várias contrações e emendas, a entrevista não permaneceu, portanto, intacta. Contudo, nenhuma tentativa foi feita para superar a incomensurabilidade entre questão e resposta. Não é preciso adicionar que nossa exposição é simplesmente incapaz de transpor a teatralidade específica que rondou a encenação de nossos encontros. Embora aspectos da informalidade a governar essas sessões tenham se perdido da passagem da fala à escrita, nós tentamos manter algo do tom oral de nossas conversas, ainda que, sem sombra de dúvida, com apenas um relativo sucesso.

O que é a "coisa" cultura?

Acessar o Direito Estrangeiro como uma expressão de cultura permite ao comparativista configurar o direito como sempre-já entranhado em uma situação complexa histórica, política, social, e epistemológica a qual precisa ser traçada para se a atribuir sentido significativo. Também, apreciar que a interpretação enquanto ela própria uma expressão da cultura impele o comparativista a configurar o compreender como sempre-já entranhado em uma situação complexa histórica, política, social e epistemológica a qual precisa ser traçada para se a atribuir sentido significativo. Em outras palavras, a "coisa" cultura ajuda o comparativista a perceber que onde quer que seja e quando quer que seja o lugar e a hora do início de sua interação com o Direito Estrangeiro, a página do Direito Estrangeiro nunca é uma página em branco e sua lousa nunca está limpa. Nos termos do campo dos estudos jurídicos comparativos, trata-se de mudar a cunhagem através da qual nós negociamos enquanto comparativistas-no-direito. Incidentalmente, também é uma questão de modéstia epistemológica, de uma maior humildade concernente àquilo que pode ser conquistado no que diz respeito ao nosso trabalho interpretativo sobre o Direito Estrangeiro. Dados os constrangimentos advindos do fato de que o direito é cultural e do fato adicional que a intepretação também é cultural, apenas um certo tipo de compreender pode ser obtido, havendo um limite quanto ao tanto desse compreender que é possível.

O direito é necessariamente cultural?

Como o direito poderia existir fora da cultura? Considere as mais conhecidas fontes do direito. Leis são redigidas por indivíduos, seres humanos. Decisões judiciais são escritas por mulheres e homens que foram educados em algum lugar, que aprenderam a pensar acerca do direito em certo lugar ao invés de outro. O mesmo argumento se aplica aos manuais, monografias e artigos. Agora, deixe-me chamar sua atenção para o trabalho de uma antropóloga que discute a imposição da categorização linguística acerca da "natureza", ou, se você preferir, da "realidade". Seus achados levaram-na a dizer o seguinte:

> trata-se de um grave erro assumir que as intuições de qualquer falante acerca daquilo que é natural na percepção representam uma reflexão transparente de uma [...] experiência não-cultural.

> Nós não podemos assumir que nossas intuições perceptuais, não importa o quão persuasivas, estariam seladas para a penetração cultural.[458]

Se essa conclusão diz respeito à "natureza" ou à "realidade", como ela não poderia se aplicar ao direito, que é, de cabo a rabo, uma fabricação, um produto, algo *feito*?

De forma resumida, qual é a crítica do culturalismo ao positivismo?

Tem uma passagem do Derrida na qual ele diz, em outro contexto, que aquilo que ele quer realizar é "antes de mais nada [...] chamar à questão um certo senso de leitura e avaliação com seus confortos, interesses, e programas de todos os tipos".[459] Nós podemos habilmente começar com essa citação pelo menos em razão de seu amplo alcance. Mas, dado que você está expressamente me pedindo para ser breve, deixe-me enfocar em como o positivismo tem como sua premissa uma oposição entre o Direito e o não-Direito. Eu sustento que esse contraste é artificial e precisa ser desfeito. Ele não funciona para a pesquisa comparativa. Quando se vai ao Direito Estrangeiro e à questão de compreender o estrangeiro, uma demarcação como essa se revela rapidamente como sendo debilitante. Enquanto um positivista prontamente pensará que uma lei é apena suma lei, com efeito, ela é muito mais do que – e outro do que – aquilo que ela literalmente parece ser. E essa complexidade é um fato que se permite muito mais claramente pelo culturalismo. Através de uma perspectiva culturalista, a lei é vista como transmitindo muito mais do que ela aparentemente está fazendo. Economicamente, por evidente, elipticamente, até, mas não menos significativamente, ela é revelada como assombrada por uma história,

458 DANZIGER, E. "The eye of the beholder: how linguistic categorization affects 'natural' experience". *In*: McKINNON, S.; SILVERMAN, S. (Coord.). *Complexities*. Chicago: The University of Chicago Press, 2005, p. 75.

459 DERRIDA, Jacques; WEBER, E. (Coord.). *Points de suspension*. Paris: Galilée, 1992 [1983], p. 124.

uma política, uma filosofia, uma epistemologia, e assim por diante. O ponto do culturalismo é que não há uma essência jurídica, nenhum "ser-jurídico" do Direito no sentido de um "ser-jurídico" que seria excludente de todos os outros discursos. A fim de alcançar o fulcro principal do estrangeiro, a comparação-no-direito deve, então, cruzar tanto aquilo que tradicionalmente se sustentou como sendo o jurídico e aquilo que classicamente foi abordado como o não-jurídico, ao mesmo tempo em que não se permite ser governada por nenhum dos dois. O culturalismo cria uma abertura no direito-texto a partir da qual uma outra compreensão do Direito Estrangeiro pode intervir e transformar aquilo que nós conhecemos ou achamos que conhecemos acerca dele. Você poderia dizer que a mais profunda preocupação do culturalismo tem a ver com a superação de um conjunto de limites dentro dos quais o positivismo tem buscado limitar, já há bastante tempo, o trabalho comparativo acerca do Direito.

As regras jurídicas, então, não deveriam ser mais o foco dos estudos jurídicos comparativos?

Durante os anos em que eu ensinei na Holanda, um dos meus colegas holandeses, que se considera e se apresenta como um "comparativista", me convidou a participar de um seminário de pós-graduação (note, um seminário de *pós-graduação*) que ele estava dirigindo. O tópico do dia dizia respeito a desenvolvimentos recentes do Direito francês no campo da responsabilidade civil. Por meio da "comparação", meu colega se colocou a ler excertos da seção de "*Informations rapides*" dos relatórios jurídicos de Dalloz, como eram então chamados (e que se traduzem literalmente como "Notícias rápidas"), onde as decisões das cortes francesas – que, como você sabe, são tão concisas quanto se pode ser – eram ainda mais reduzidas a apenas algumas poucas linhas de texto. E era isso que era o seminário: uma compilação dos mais resumidos resumos possíveis! Nada de história, política, filosofia, nada, senão o apontamento de soluções judiciais amarradas entre si de uma maneira extremamente frouxa. Na minha experiência, o quão extraordinária ela possa parecer, essa abordagem é típica – ainda que, evidentemente, nem todos os meus colegas se limitem às "*Informations rapides*" de

Dalloz. Claramente, a intenção é estritamente instrumental. E se poderia rapidamente adicionar que esse tipo de instrumentalismo se qualifica prontamente como um instrumentalismo pobre, porque até mesmo os praticantes se beneficiariam de alguma extensão do traçar em vez de simplesmente operar com base na regra em seu estado bruto. Não quer dizer, portanto, que as regras estejam "fora", mas que elas não podem ser esqueletizadas do jeito que têm sido com vistas a sua utilidade. Eu me lembro aqui da acusação de Lawrence Friedmen aos membros do *American Law Institute* quanto aos seus *Restatements.* Em suas palavras, eles "pegavam campos de Direito vivo, escaldavam sua pele, drenavam seu sangue, reduzindo-os aos ossos".[460] É a atrofia do Direito que precisa ser evitada, ainda mais quando se está lidando com o estrangeiro – o qual faz demandas epistemológicas especiais.

Talvez uma analogia possa ajudar. Digamos que eu tenha sido chamado a descrever uma escola de Direito. Antigamente, ela costumava ser uma casa antes de ser legada à universidade. Eu poderia falar acerca dos tipos de tijolo ou pedra, a cor, o ano em que a construção foi feita. Essa seria uma descrição possível. Outra abordagem seria *suplementar* essa narrativa, *adicionando* que a propriedade foi uma casa privada habitada por uma família abastada, falando alguma coisa a respeito da família, explicando o que essa casa significava para essas pessoas no tocante ao seu status social e respeitabilidade, e lembrar em quais circunstâncias ela foi legada à universidade e transformada, diga-se, em uma escola de Direito. Em ambas as instâncias, estou contando acerca da escola de Direito, mas no segundo caso, eu busquei traçá-la. Meu argumento é que se se propõe a se engajar nos estudos jurídicos comparativos de maneira significativa, deve-se ter como alvo evitar falar em termos estritamente restritos aos tijolos e às pedras.

---

460 FRIEDMAN, L. M. *A history of american Law.* 2ª ed. New York: Simon & Schuster, 1985, p. 676.

Aquilo que você chama por comparação "outremente" pode ajudar os praticantes do Direito ou juízes, por exemplo?

Eu concordo que um advogado com uma rotina atarefada tem um tempo limitado para se dedicar a traçar as características culturais constitutivas (históricas, políticas, sociais, epistemológicas e outremente) de uma lei ou decisão judicial estrangeiras – e que, de fato, ela tem necessidade por apenas um certo traçado. E eu aceito que uma advogada suíça que quer ganhar seu caso na Suíça pode querer "importar" uma noção francesa e no processo ser demandada a atenuar sua "franconidade" de modo que ela possa ser vista por um juiz suíço como adequada ao Direito suíço. Eu posso compreender como essa advogada não gostaria de enfatizar como a lei ou decisão francesas poderiam ser traçadas a suas características culturais constitutivas (históricas, políticas, sociais, epistemológicas e outremente) – embora seja argumentável que mesmo essa recusa estratégica em traçar tenha que assumir uma apreciação dos traços. E eu também reconheço – para usar um exemplo particularmente útil do Professor Franz Werro, o qual ele mencionou em uma discussão – que um professor suíço testemunhando como um especialista diante de uma Corte americana só pode se engajar, e assim se exige dele, de maneira limitada com o traçar.[461] Mas eu não estou me dirigindo especialmente aos praticantes, nem estou escrevendo tendo os juízes em mente. Eu fico feliz em deixar esse tipo de comparação para outras pessoas. Mas, do mesmo modo, o traçar pode ser positivo para os tribunais! Por exemplo, parece claro que a opinião da maioria da Suprema Corte de 2003 em *Lawrence v Texas* poderia ter feito mais para traçar a decisão da Corte Europeia de Direitos Humanos que ela escolheu integrar ao seu julgamento, senão para mostrar como aquele caso era relevante à adjudicação constitucional americana.[462] E não há dúvidas de que a corte, ainda que não se possa esperar que ela ofereça páginas e páginas de uma análise comparativa detalhada, tinha os

---

461 E.g.: *Mastercard International Inc v. Fédération Internationale de Football Association* 464 F Supp 2d 246 (Southern District of New York, 2006), extraído de MERRYMAN, J. H (*et al.*). *Comparative Law*: historical development of the Civil Law tradition in Europe, Latin America, and East Asia. New York: LexisNexis, 2010, pp. 131-142.

462 *Lawrenve v Texas*, 539 US 558, 2003.

recursos institucionais para se engajar com o mínimo de traçado. As referências judiciais ao Direito Estrangeiro são uma iniciativa que vale a pena desde que a relevância do Direito Estrangeiro seja demonstrada. Argumentavelmente, se a Suprema Corte dos Estados Unidos tivesse se engajado nesse exercício traçado, permitindo então aos seus leitores conhecerem mais acerca do julgamento europeu, sua referência ao Direito Estrangeiro talvez tivesse aparecido como mais autorizada – pelo menos por parte de seu público, em todo caso.

Não é pessimista dizer que um jurista francês nunca poderá pensar como um jurista inglês e vice-versa, isto é, que as epistemologias jurídicas são incomensuráveis entre si?

Em francês, os patos fazem "*coin-coin*". Em inglês, "*quack-quack*". Você está rindo...! Mas de que maneira essas formas onomatopeicas podem utilmente ser ditas como comensuráveis senão em razão da comensuração atribuída e desenhada pelo comparativista? Para mencionar apenas outro exemplo: apenas através de uma "terceirização" do conhecimento se pode ter comensurabilidade entre "*nature morte*" e "*still life*". A situação em jogo entre os Direitos francês e inglês não é significativamente diferente desses dois exemplos. Aqui também é central compreender que qualquer comensuração que se tenha, é a comensuração do comparativista. Senão através do comparativista, esses dois Direitos não têm nada a dizer um para o outro. Eles não são nada senão dois monólogos. Agora, o reconhecimento do diferendo como um fato não tem nada a ver com o pessimismo. De fato, dizer que um jurista francês não pode pensar tal qual sua contraparte inglesa – o que, respeitosamente, parece uma proposição muito *evidente* de antemão – não desqualifica seus insights acerca do Direito inglês. Pelo contrário, é justamente porque ele pensa diferentemente – porque ele pensa distanciadamente – que suas interpretações críticas acerca do Direito inglês são tão valiosas. Diferença é oportunidade. O ponto para um, digamos, comparativista francês não pode ser mostrar como "*quack-quack*" é de fato como "*coin-coin*". O que teria para se *aprender* daí? O que se tem para *aprender* da mesmidade? (e por que "*coin-coin*" deveria servir como uma referência no fim das contas?) O ponto é que sem o diferendo, nenhum pensamento é possível. O desafio onomatopeico do comparativista francês é, portanto, apreender o que faz "*quack-quack*" singular vis-à-vis "*coin-coin*". É o trazer à tona dessa singularidade que faz o estudo do "*quack-quack*" valer a pena. E a fim de encenar essa interação, o comparativista inventará um "terceiro espaço" como "transliteração da vocalização dos pássaros". É apenas através dessa "terceirização" do conhecimento – que é obra do próprio comparativista – que "*coin-coin*" e "*quack-quack*" se provarão comensuráveis. E esse gesto resolutamente otimista é, com efeito, a moção do comparativista em favor de um acréscimo de conhecimento através da comparação. Senão através disso, essas onomatopeias não têm nada a dizer uma à outra. Se o estudo do Direito Estrangeiro pode alcançar alguma coisa, essa coisa é, portanto, permitir ao comparativista colocar em questão a existência de um fundo comum de compreensões compartilhadas, desafiar a ideia de "verdades" universalmente reconhecidas, superar essas fantasias insinceras e, em última instância, opressivas. Reputa-se a Ludwig Wittgenstein a seguinte frase: "meu interesse é em mostrar que coisas que parecem ser as mesmas são realmente diferentes. Eu estava pensando em usar como um lema para meu livro [*Investigações filosóficas*] uma citação de *Rei Lear*: 'eu os ensinarei diferenças'".[463] Eu concordo.

Mas não é pessimista falar "nenhuma objetividade", "nenhuma verdade", "nenhum método", "nenhum compreender"...?

Eu não estou sugerindo que se devesse devotar horas e horas à leitura da minha obra publicada, longe disso. Mas quem se dispusesse a assumir um interesse genuíno quanto as minhas pesquisas prontamente reconheceria que minha escrita não é pessimista. Aceitado o fato da espacialização do Direito, eu estou comprometido com a *valorização* do Direito Estrangeiro. Eu estou argumentando, normativamente falando, que o Direito Estrangeiro *importa*. O que há de pessimista nessas ideias?

---

463 DRURY, Maurice O'Connor. "Conversations with Wittgenstein". *In*: RHEES, R. (Coord.). *Recollections of Wittgenstein*. Oxford: Oxford University Press, 1984 [1948], p. 157. A referência shakespeariana é a *King Lear* (I, iv).

Elas não expressam, com efeito, uma decisão de generosidade para com o estrangeiro? E como essa expressão de interesse por outros Direitos – esse reconhecimento, esse respeito – pode ser chamada de pessimista? Eu também defendo a perspectiva de que o comparativista-no-direito deve esculpir seu próprio caminho rumo ao Direito Estrangeiro e tomar suas próprias decisões a respeito dele, aceitando ao mesmo tempo que ele deixará escapar algumas questões, de um lado, e outros problemas permanecerão não respondidos por ele, de outro. Isso é pessimista? Eu penso que não, sequer por um momento.

Um dos meus argumentos implica simplesmente que a comparação-no-direito deve superar sua credulidade há muito vigente e se tornar ciente de que existem restrições cognitivas e epistemológicas quanto àquilo que os comparativistas podem fazer, as quais um comparativista-no-direito minucioso deve querer reconhecer e levar em consideração na sua pesquisa. Em última instância, trata-se de querer ser intelectualmente credível. Certamente, militar por credibilidade não é ser pessimista. Em vez disso, significa demonstrar um compromisso interessado e otimista com a comparação-no-direito, de modo que ela possa ser reconhecida como o esforço intelectual digno que ela pode ser. De novo, o ponto não é que não se deve estudar o Direito Estrangeiro. Coincidentemente, eu dediquei toda minha vida acadêmica a essa tarefa! Mas se deve compreender que, falando cognitiva e epistemologicamente, os limites daquilo que se pode conquistar, de fato, limites para aquilo que se queira conquistar. Por exemplo, na minha opinião, não há nenhuma maneira de um comparativista se tornar um nativo, ou de querer sê-lo. Permita-me uma citação do etnógrafo e linguista francês, Georges Dumézil: "se eu tivesse que me aproximar dos canibais, tentaria conhecer o tanto quanto possível a respeito deles, mas me manteria longe do caldeirão".[464] O fato é que não importa o quanto se tente, o si nunca será o outro – o que, importantemente, não é nada a se lamentar porque fosse para o si se tornar algum dia o outro, nós não mais teríamos o *outro*. E os comparativistas precisam do seus outros, eles precisam para ter seu nambiquara.

---

464 DUMÉZIL, G. "Les festins secrets de Georges Dumézil". *Le Nouvel Observateur*, nº 949, 14 de janeiro de 1983, p. 23. As palavras, transcrições de uma entrevista com Maurice Olender, são de Dumézil.

Enquanto a maioria dos juristas permanece obstinadamente provincianos (nós vemos isso nas escolas de Direito), os comparativistas têm o mérito imenso de ir além do Direito Nacional. Diante disso, o trabalho feito no campo dos estudos jurídicos comparativos deveria ser tão duramente criticado?

Criticidade é criatividade! Mas deixe-me responder mais demoradamente contando uma anedota. Quando o Dr. Roderick Munday e eu organizamos nossa conferência comemorativa de agosto de 2000 em Cambrigde para evidenciar o 100° aniversário do *Congrès international de droit comparé* em Paris, nós convidamos um destacado antropologista de Princeton para atuar como um dos conferencistas principais e comentarista em geral. Agora, além de sua eminência como um antropólogo, nosso colega ensinava Direito por anos em uma proeminente escola de Direito americana. Em outras palavras, ele estava em uma posição excelente para avaliar a comparação-no-direito tanto "internamente" ao Direito como "fora". Contudo, nosso colega, sendo principalmente um antropólogo, não estava completamente familiar com a ortodoxia epistemológica a governar o campo dos estudos jurídicos comparativos. Sua reação ao descobrir o que estava sendo escrito pelos comparativistas--no-direito convencionais se constitui como uma leitura particularmente muito interessante. Considere essa passagem de suas contribuições aos anais publicados da conferência. Ele começa citando algumas linhas de Kötz: "convencidos, *talvez por viverem do mar*, que a vida contrairá os mais bem planejados planos, o inglês se sente mais em casa com o Direito Casuístico, procedendo cautelosamente, passo-a-passo, do que com a legislação que se propõe a determinar regras para a solução de todos os casos futuros".[465] E aqui está a retaliação do nosso colega:

> eu pensei que se os estudos comparativos demonstraram alguma coisa, seria que a ligação perversa dos ingleses ao Direito Comum

---

465 ZWEIGERT, K.; KÖTZ, H. *Introduction to comparative Law*. 3ª ed. Trad. T. Weir. Oxford: Oxford University Press, 1998 [1996], p. 70. (ênfase adicionada).

> anglo-saxão se daria, de fato, a um excesso de marmita durante a formação na juventude, combinado com a restrição do fluxo sanguíneo no cérebro decorrente de se usar galochas de borracha e luvas sem dedos![466]

Então, sim: eu sou crítico! Eu sou crítico, ainda que apenas por vergonha.

Muito felizmente, tem-se comparativistas-no-direito que fazem trabalhos muito importantes, profundos e progressistas (os nomes não precisam ser nomeados...). Mas a dificuldade é que não se tem o suficiente desses acadêmicos e que eles não são suficientemente influentes dentro dos estudos jurídicos comparativos de modo a relegar a surrada estratégia ortodoxa ao esquecimento que ela merece (o que, evidentemente, dificilmente é culpa deles, dado o desenvolvimento pelo campo de medidas protecionistas e exclusivistas peculiarmente eficientes). Não é claro, contudo, que isso acontecerá no futuro próximo, talvez apenas porque a conexão entre a ação e o resultado é tão indeterminável. Entretanto, parece difícil disputar o fato de que conforme os comparativistas-no-direito ortodoxos avaliam os custos e benefícios em acomodar novos conhecimentos, pode-se esperar que a dependência histórica leve à resistência e rejeição. Afinal de contas, a aquisição de conhecimento mais sofisticado não triunfa automaticamente sobre a decisão por permanecer menos informado, talvez apenas porque pode ser "mais barato" ignorar um pouquinho de novo conhecimento ao invés de expulsar um punhado do velho. Lembre-se que os críticos de Galileu se recusaram até mesmo a olhar através de seu telescópio! E então, tem-se o fato, como colocado por Pierre Schlag, que "ter [sido] treinado juridicamente é [se submeter] a uma intensa redução das suas possibilidades cognitivas".[467]

---

466 ROSEN, L. "Beyond compare". *In*: LEGRAND, P.; MUNDAY, R. *Comparative legal studies*: traditions and transitions. Cambridge: Cambridge University Press, 2003, p. 494.

467 SCHLAG, P. *The enchantment of reason*. Durham: Duke University Press, 1998, pp. 143/144.

Whitehead escreve que "a importância de um pensador individual deve alguma coisa ao acaso".[468] Muito bem! Mas eu acredito que o "acaso" ao qual Whithead se referia dificilmente sorriria tão benevolentemente para aqueles que escrevem contra o *consensus gentium*, que é o que basicamente eu estou fazendo (ainda que, muito além de buscar romper e destruir, também tento prever e projetar). Porque assumo a perspectiva de que a "realidade" do presente deve ditar meu realismo acerca do futuro, eu não trabalho sob nenhuma ilusão. Dentro dos estudos jurídicos comparativos – dentro de qualquer campo –, a margem é decididamente um lugar vulnerável.

Incidentalmente, eu argumentaria que a situação epistemológica é bem pior na Europa continental que, digamos, nos Estados Unidos. Nos anos 1990, eu ofereci seminários doutorais na Holanda por cinco anos. No segundo ano, fui informado que alguns estudantes e, principalmente, seus orientadores, aos quais os estudantes relatavam, não queriam mais ouvir o tipo de argumentos teóricos que eu estava fazendo na sala de aula. O colega que me informou disso teve a elegância de admitir ser uma decorrência desses estudantes e seus orientadores acharem meus argumentos "perturbadores". Em outras palavras, meus argumentos estavam fora da zona de conforto epistemológica definida pelas práticas tradicionais dos estudos jurídicos comparativos. Dentro dessa zona se é permitido argumentar *pro* e *con*. Mas não se é permitido re-definir a zona ela própria. Assim, ali você tinha uma situação em que a ansiedade por uniformidade e conformidade típica do mundo do Direito romano-germânico pesava sobre a disseminação de novas ideias (o tipo de ideias que, desnecessário adicionar, dificilmente causariam transtornos nos Estados Unidos ou na Austrália). Historicamente, não se espera dos romano-germanistas que pensem por si próprios. Como eu discuto em alguns artigos,[469] em última instância a tradição romano-germânica desqualifica a reflexão independente. Ela está preocupada com autoridade e não com investigação. Não admira que o sentido

---

468 WHITEHEAD, A. N. *Science and the modern world*. Cambridge: Cambridge University Press, 1926, p. 40.

469 Ver LEGRAND, Pierre. "Antiqui juris civilis fabulas". *University of Toronto Law Journal*, vol. 45, 1995; LEGRAND, Pierre. "Are civilians educable?". *Legal Studies*, vol. 18, 1998.

mais antigo de "jus" evocava precisamente uma esfera de ação restrita! Na Holanda, eu descobri que o propósito didático de um seminário doutoral acerca da jurisdição romano-germânica é providenciar aos estudantes imperativos categóricos que se encaixem dentro da estrutura positivista das expectativas de seus orientadores.

Você não estaria exigindo demais do comparativista?

Você tem que ser cuidadosa nesse ponto, senão você começará a falar como uma das minhas colegas francesas! Alguns anos atrás, ela escreveu que os comparativistas não deveriam se dedicar à pesquisa interdisciplinar em razão de ser muito complicada ou muito complexa. De fato, essa observação foi incitada por um pequeno livro a advogar por uma abordagem interdisciplinar da comparação-no-direito que apareceu na França sob a minha assinatura. A ironia cruel é que minha colega inscreveu seu medo da pesquisa interdisciplinar ao mesmo tempo em que ela argumentava em outro ponto do mesmo artigo que a pesquisa francesa ostentaria uma ilustre história no tocante aos estudos jurídicos comparativos (ou "*droit comparé*", conforme cunhado localmente). Bem, se você quer afirmar a distinta história dos estudos comparativos franceses (um argumento muito estranho para se fazer, de qualquer sorte, dado que a pesquisa francesa é tão notoriamente monolíngue, paroquial e egoísta), é um tanto peculiar que o faça se apresentando como uma comparativista francesa a afirmar que a interdisciplinaridade é muito difícil. Eu não tenho certeza se minha colega tem noção do tanto de dano que ela causou à sua credibilidade, uma situação que, conforme eu tenho escutado outros comparativistas fazendo piadas dela desde a publicação de seu texto (uma contribuição para o respeitável *Oxford Companion to Comparative Law*), parece estar além de qualquer reparo. Mas talvez minha colega possa, sabendo francês, vir a conhecer agora o trabalho de Alexandra Mercescu.[470] Seja como for, deixe-me insistir que eu não tenho expectativas de que

470 Ver MERCESCU, A."Pour une comparaison des droits indisciplinée». Basel: Helbing Lchtenhahn, 2018.

um comparativista-no-direito trace o direito-texto estrangeiro a todos os tipos de discurso (históricos, políticos, e assim por diante) e então produza um relato especializado acerca de cada discurso. O ponto é, ao contrário, reconhecer que o direito-texto estrangeiro é histórico porque ele apresenta traços da história, que ele é político porque ele apresenta traços da política, que ele é ideológico porque apresenta traços da ideologia, e assim por diante – e que ele continua sendo muito propriamente "ele mesmo" qual direito-texto o tempo inteiro. Cabe então a cada comparativista-no-direito articular sua própria estratégia de traçado. Parece óbvio para mim que é impossível traçar tudo, especialmente quando se considera que nem tudo é traçável.

Você critica a "*praesumptio similitudinis*". Por que você acha que há essa compulsão da parte dos comparativistas ortodoxos por promover a uniformização do Direito?

Muitas respostas são possíveis. Alguns dos argumentos avançados pelos comparativistas convencionais são utilitários (digamos, "a uniformidade dos direitos diminuirá os custos de transação"). Outros argumentos se pretendem mais humanistas (digamos, "há apenas uma humanidade"). Uma coisa parece clara, contudo, e é a seguinte, se me é permitido citar Claude Lévi-Strauss: "nossa sociedade é antropoêmica, isto é, ela rejeita seres [quem são] diferentes daqueles outros [quem são] 'normais'".[471] A diferença, se você quiser, é prontamente assimilada ao desvio e é, por conseguinte, impopular. Veja o extenso estudo empírico de Geert Hofstede acerca das culturas organizacionais nas várias unidades nacionais do conglomerado IBM. Hofstede gerou uma base de dados considerável em torno da ideia de "evitar incertezas", isto é, a propensão de várias culturas a evitar aquilo que é desconhecido. Como conclusão, e também como um resumo, ele concebeu três perspecti-

471 BACKÈS, Catherine. «Lévi-Strauss ou la philosophie du non-savoir». *La Quinzaine littéraire*, maio de 1970, p. 13. As palavras, sendo uma transcrição de uma entrevista com Catherine Backès, são de Lévi-Strauss.

vas nacionais acerca da diferença, nenhuma das quais é positiva. Ele concluiu que aquilo que é diferente é perigoso na França, curioso nos Estados Unidos, e ridículo na Holanda.[472] Esse ponto se conecta com um ponto mais teorético, no tocante a como a diferença é frequentemente apreendida como inadequada. Afinal de contas, Platão maculou a cópia por ser diferente do original!

Agora, para os estudos jurídicos comparativos outre-mente, é apenas aparentemente anacrônico insistir em um senso elevado de diferença cultural entre tradições jurídicas em um mundo moderno e economicamente globalizado. O fato é que a ênfase na diferença indiscutivelmente nunca foi tão importante quanto nesta era de globalização. Conforme os Direitos estão crescentemente interagindo entre si, tem-se agora a necessidade por compreender o Direito do outro de um jeito significativo de modo a ser apto a apreciar, por exemplo, o porquê de uma cultura jurídica particular permanecer tão vinculada a essa ou aquela regra. Nesse sentido, os comparativistas podem mostrar como a diferença continua fazendo sentido quando abordada de um ponto de vista do direito-como-cultura. Considere a União Europeia. Como um comparativista poderia considerar como *melhorado* um mundo em que a epistemologia que anima a tradição do Direito Comum anglo-saxão foi completamente assimilada pelo mundo romano-germânico? O que eu estou dizendo, então, é que, se se me permite um certo jogo de palavras, simplesmente chegou o tempo, e com urgência, para os comparativistas-no-direito buscarem compreender (no sentido de "reconhecer") o Direito Estrangeiro ao invés de sempre tentar comprimir (no sentido de "subsumir") o Direito Estrangeiro![473] O modo pelo qual os estudos jurídicos comparativos outre-mente valorizam espontaneamente a diferença permanece sendo um dos compromissos políticos mais importantes que se pode sustentar e se deve firmemente continuar a endossar na era da globalização do Direito, a qual, com efeito, é mais um processo de glocalização do que qualquer outra coisa. Os conhecimentos locais – que quer dizer, o diferendo – continuam importando, e muito.

---

472 HOFSTEDE, G. *Cultures and organizations*. New York: McGraw-Hill, 1991, p. 119.

473 Cf. TULLY, J. *Strange multiplicity*. Cambridge: Cambridge University Press, 1995, p. 56.

Eu continuo perplexa com a sua insistência sobre a compreensão entre Direitos não ser possível.

Novamente, eu gostaria de responder me referindo ao trabalho do conhecido antropólogo Ernest Gellner. Ele escreve o seguinte: "nenhum antropólogo, até onde eu sei, retornou de uma viagem de campo com o seguinte relatório; *seus* conceitos são *tão* estranhos que é impossível descrever sua posse da terra, seu sistema de parentesco, seus rituais".[474] Anteriormente à pesquisa empírica, e com todo o respeito devido a Gellner, parece-me que o oposto seria precisamente o caso, e que todo e qualquer antropólogo dedicado relataria um sentido agudo de mundos-conhecimentos incomensuráveis, atestando à pura impossibilidade da descrição – a qual, evidentemente, não implicaria em impedir que eles procedessem a articular uma comensuração e arranjar uma descrição. Eles assim o farão, e eles assim devem, porque embora o compreender seja impossível, ele não é, por assim dizer, suficientemente impossível para que uma comparação não possa ter lugar. Mas o vazio entre o si e o outro permanece incontornável. Se me permite, essa incontornabilidade é o predicamento do comparativista.

Não há o risco de que tanta preocupação teorética fará o comparativista se deparar com algo como uma incapacitação catatônica?

Eu não estou disposto a aceitar que induzir alguma dubiedade na narrativa ortodoxa referente ao estudo do Direito Estrangeiro pode ter esse tipo de efeito paralisante. Muito pelo contrário, eu gostaria de pensar que um melhoramento epistemológico ofereceria virtudes empoderadoras aos comparativistas-no-direito. De qualquer sorte, quando você tem o modelo de Kötz sendo aclamado como "decidido, específico, completo,

474 GELLNER, E. *Relativism and the social sciences*. Cambridge: Cambridge University Press, 1985, p. 86 (ênfase no original).

e confiável" e elogiado por seu "material rico e focado",[475] você sabe que *alguma coisa* precisa ser feita. Você recebe o mesmo impulso para ação ao perceber que o projeto de Schlesinger continua sendo considerado como um empreendimento comparativo válido.[476] Para mim, o apoio que a iniciativa de Schlesinger recebe é uma medida da distância que os estudos jurídicos comparativos ainda precisa percorrer antes de conquistar qualquer credibilidade intelectual. Um comparativista profundo como John Merryman assumiu sua distância em relação a Schlesinger, tendo muitos bons motivos para fazê-lo.[477] E outros comparativistas-no-direito se distanciaram de uma situação na qual conhecer o "Direito francês" significava estar capacitado a oferecer relatórios normalizados e formalizados das regras jurídicas francesas atuais e relevantes com vistas a mostrar que elas eram semelhantes às regras alemãs ou italianas. Pergunte a você mesma a pergunta de Jerome Frank:

> deveriam as "soluções" decorrentes de duas decisões, uma na França a outra nos Estados Unidos, serem consideradas substancialmente as mesmas tão somente porque, ao aparentemente resolver substancialmente pelo mesmo jeito aquilo que aparece como sendo o mesmo problema, com as duas cortes tendo determinado os mesmos fatos – apesar de diferenças importantes no método do julgamento, i.e., o método a "provar" os fatos?[478]

475 MARKESINIS, B. S. "A matter of style". *Law Quarterly Review*, vol. 110, 1994, p. 607.

476 Ver ZEKOLL, J. "Kant and comparative Law – Reflections on a reform effort". *Tulane Law Review*, vol. 70, 1996, p. 2724.

477 MERRYMAN, J. H. "Comparative Law and scientific explanation". *In*: HAZARD, J. N.; WAGNER, W. J. (Coord.). *Law in the United States of America in social and technological revolution*. Bruxelas: Bruylant, 1974, pp. 98/99. Ver também LEGRAND, Pierre. "John Henry Merryman and comparative legal studies: a dialogue". *American Journal of Comparative Law*, vol. 47, 1999, p. 4: "parece tão óbvio que a comparação baseada nos enunciados das regras de Direito [...] é um tipo de empreendimento relativamente trivial". As palavras são de Merryman.

478 FRANK, J. "Civil law influences on the common law – Some reflections on 'comparative' and 'contrastive' Law". *University of Pennsylvania Law Review*, vol. 104, 1956, p. 903.

Não pode mais ser simplesmente aceitável a visão de que relatar acerca das regras jurídicas vigentes, pretendendo que essas regras são as mesmas entre os Direitos, constitui o ato da comparação-no-direito.

E também não pode mais se aceitar a presunção de que o comparativista ainda seria capaz de produzir um relatório objetivo e verdadeiro. Nós precisamos ir além de Kötz, que precisa, por sua vez, se distanciar de Rabel. Ernst Rabel parece ser considerado, ao menos pelos alemães, como um comparativista exemplar. Entretanto, ele assumiu uma visão que é claramente problemática, de que o trabalho comparativo poderia estar imune aos pressupostos e à educação do comparativista-no-direito e que ele se ver colorido pelas predisposições do comparativista assinalaria, portanto, uma fraqueza ou fracasso carente de correção e, presumivelmente, corrigível.[479] Da minha perspectiva, essa falta de uma apreciação epistemológica quanto aquilo que inevitavelmente tem lugar conforme a comparação-no-direito se desenrola é precisamente o que coloca em questão a credibilidade intelectual dos estudos jurídicos comparativos. Como um comparativista pode, mesmo em 1951, mostrar tamanha falta de conhecimento quanto às investigações psicológicas, antropológicas e sociológicas acerca da inevitabilidade (e, de fato, da necessidade) de um input da parte do comparativista conforme ele se engaja com o ato de interpretação? Obviamente, os estudos jurídicos comparativos precisam de mais *insights* teoréticos do que se parece disposto a aceitar.

Realisticamente, pode a comparação "outremente" funcionar, mesmo para acadêmicos?

Quando você tem a abordagem estreita que eu critico se considerando e se apresentando como estudos jurídicos comparativos, parece claro que um argumento como o meu, que assume a posição de que aquilo que meu colega holandês faz quando lê a seção "sensacionalista" do Dalloz simplesmente não se qualifica como uma comparação-no-direito signi-

479 RABEL, E. "Deutsches und Amerikanisches Recht". *Zeitschrift für Ausländisches und Internationales Privatrecht*, vol. 16, 1951, p. 359.

ficativa, não será tão popular. Um problema importante, por evidente, é que meu colega, condicionado como ele está pelo sistema pelo qual foi doutrinado na escola de Direito, não consegue se convencer a ver o valor do direito-como-cultura. Porque investimentos passados de aprendizagem agem como uma restrição àquilo que se pode escolher no presente, ele encara uma exigência epistemológica que estende demasiadamente suas possibilidades. E então, também tem a questão da competência cultural. Como eu indiquei anteriormente, não se pode assumir de nenhum comparativista-no-direito que seja, ao mesmo tempo, um historiador, um cientista político, um sociólogo, um epistemologista, e seja lá mais o que for. Esse fato deveria ser óbvio. Mas, eu acho inteiramente razoável esperar que um comparativista-no-direito trabalhando dentro de uma universidade devesse ser mais que um técnico. Que fique claro, esforços investigativos serão necessários se é para o traçar ter lugar – e eu sequer estou falando de um traçar *forte*. Falando concretamente, mover os estudos jurídicos comparativos para além de seu preconceito tecnicista significa que um comparativista-no-direito terá que se esforçar a assimilar informações de outras disciplinas. Ele terá que sair da biblioteca do Direito e passar um tempo na biblioteca central da universidade! (Se ele tiver sorte, pode ter uma caminhada muito prazerosa, como é o caso na Universidade de San Diego, por exemplo). É lamentável, evidentemente, que, em vez de buscar expandir seus horizontes disciplinares, o colega holandês que eu mencionei anteriormente tenha dedicado tanto do seu tempo ao longo dos anos a aconselhar escritórios jurídicos e agências governamentais. Como se esse tipo de trabalho tivesse alguma coisa a ver com *o estudo e pesquisa comparativas*...

Não é surpreendente, talvez, que diante do custo intelectual associado ao traçar, muitos comparativistas estejam prontos a varrer para debaixo do tapete a comparação-no-direito outre-mente. Essa estratégia pode, de fato, assumir uma forma tragicômica. Meu colega holandês (ainda o mesmo indivíduo dos exemplos anteriores!) certa vez me disse com toda a seriedade que meu argumento pela relevância do direito-como-cultural não se aplicava a Holanda porque, bem, os holandeses não tinham uma cultura... – uma afirmação que mostra, exemplarmente, como se tentará proteger sua visão de mundo de qualquer questionamento seja como for possível! Eu me pergunto o que o antropólogo de Princeton mencionado anteriormente acharia dessa asserção. Honestamente...! Conforme eu indiquei, existem vários esforços comparativos louváveis que estão sendo realizados por comparativistas-no-direito comprometidos. No todo, contudo, esses empreendimentos permanecem exotéricos, dado que a ordem do dia continua sendo controlada por pessoas como o meu colega holandês – não, por evidente, em razão da força intelectual da posição por eles defendida, mas, pelo contrário, em razão do mero tamanho de seus batalhões. Como resultado, tem-se uma espécie de lei de Gresham em operação, em que uma forma de comparação-no-direito afasta a outra. Felizmente, nenhuma operação de *verrouillage* – que consiste literalmente em tentar "trancar do lado de fora" vozes alternativas – consegue se realizar à perfeição.

Qual é o compromisso mais importante do comparativista?

O comparativista tem uma responsabilidade para com o direito-texto estrangeiro, o qual deve ser lido e interpretado escrupulosamente. Essa responsabilidade – uma palavra que, importantemente, sugere a ideia de "resposta", de "reação" – envolve uma fidelidade exigente à singularidade da estrangeiridade do direito-texto. Especialmente, essa lealdade implica no reconhecimento da irredutibilidade da singularidade do direito-texto estrangeiro, da sua heterogeneidade em relação a textos de outros Direitos. Ela também implica a mobilização de protocolos de argumentação rigorosa, os quais devem integrar a própria singularidade do comparativista, isto é, assumir o fato de que o comparativista-no-direito está falando a partir de uma dada situação. Note que há uma dimensão ativa na noção de "responsabilidade". Ela implica um dever de vigilância, de lucidez. Diz respeito a ser atencioso, por exemplo. Da minha perspectiva, essa responsabilidade pelo singular – do texto e do comparativista – é um ato ético extremamente exigente. De fato, esse padrão de engajamento é tão demandante que ele não pode ser alcançado. Por exemplo, o comparativista trairá *necessariamente* o direito-texto estrangeiro ao falhar em mencionar tudo aquilo que poderia ser dito acerca da singularidade. Em um certo sentido, então, a assinatura do comparativista é inevitavelmente uma contra-assinatura, que atesta a uma forma de violência sendo perpetrada no direito-texto estrangeiro. E a questão é, evidentemente, aquela pela menor violência (ou pela menor traição). Note que a responsabilidade devida à singularidade do estrangeiro também é uma responsabilidade ao campo dos estudos jurídicos comparativos, uma configuração espaço-intelectual frágil que precisa de todo o cometimento que ela pode conseguir dos comparativistas. Deixe-me adicionar que falar acerca da singularidade do direito-texto estrangeiro não significa que não se possa fazer nada com ele, que ele não possa servir nenhum propósito senão o de funcionar onde está baseado. Um direito-texto estrangeiro é citável e iterável: ele pode ser re-encenado em outro lugar, repetido diferentemente.

Por que a traição do Direito Estrangeiro é inevitável?

Não se pode conhecer tudo acerca do Direito Estrangeiro. Não importa o quão sofisticado seja o comparativista e sua comparação. Definitivamente, esse não é o ponto. A esse respeito, como em vários outros, a comparação se parece muito com a tradução. Não importa o quão boa seja a tradução, ela nunca "será" o texto original. Pense nela como um segundo original! No que diz respeito ao Direito Estrangeiro, tem-se aquilo que não é conhecido não porque o comparativista não se dedicou o suficiente, e sim porque ele não pode ser conhecido. Tem-se, se você quiser, uma inesgotabilidade constitutiva de qualquer direito-texto estrangeiro. Incidentalmente, dificilmente se trata de uma questão quanto à extensão do direito-texto estrangeiro, não importa se é um julgamento da Suprema Corte americana composto por cinco opiniões ou uma lei francesa de apenas um artigo. Se você me permite uma analogia, *Ulysses* é inesgotável, mas também o é um poema de Rene Char. Chame isso de a implacável lei do segredo. Não importa o que o comparativista faça, independentemente do quanto de traçado conquiste, ele simplesmente não pode superar essa recalcitrância e elusividade últimas do direito-texto estrangeiro, mesmo que ele convide ou incite a atribuição de sentido. Tem-se o segredo do direito-texto estrangeiro. Mas esse argumento enfaticamente não quer sugerir que o comparativista deva se contentar com um mínimo de traçado. Dizer que permanece um aspecto do Direito Estrangeiro além de qualquer compreensão certamente não quer validar compromissos convenientes.

Você frequentemente fala da "bricolagem" do comparativista. Você poderia falar mais a respeito?

Eu teria que me voltar para a efervescência intelectual que caracterizava Paris nos anos 1960, a qual deu lugar para um número significativo de importantes controvérsias filosóficas e literárias, em particular uma disputa envolvendo Lévi-Strauss e Derrida. Em 1962, quando ele lançou *La Pensée savage*, Lévi-Strauss já tinha se estabelecido como um antropólogo proeminente. Nesse livro, ele distingue dois modos de pensamento. Ele identifica aquele do *bricoleur* e aquele do engenheiro ou do cientista.[480] Resumidamente, o engenheiro de Lévi-Strauss é alguém que busca a verdade e o faz seguindo um método. Alguns anos depois, Derrida oferece uma reação crítica à distinção de Lévi-Strauss entre o *bricoleur* e o engenheiro.[481] Para Derrida, o engenheiro de Lévi-Strauss é mítico. Ele escreve: "a ideia do engenheiro que teria rompido com toda *bricolagem* é [...] uma ideia teológica". Segundo Derrida, é imperativo que "se deixe de acreditar em um tal engenheiro [como Lévi-Strauss]", aceitando que "o engenheiro e o cientista também são espécies de *bricoleurs*", e, por conseguinte, admitindo que "todo discurso finito está confinado a uma certa *bricolagem*". Derrida é enfático: "deve-se dizer

---

480 Ver LÉVI-STRAUSS, C. "La pensée sauvage". *In*: DEBAENE, V. *et al.* (Coord.). *Oeuvres*. Paris: Gallimard, 2008 [1962], pp. 576-578.

481 A resposta crítica de Derrida veio na ocasião de um famoso colóquio em 1966 na Johns Hopkins University, onde ele iniciou sua carreira internacional. Entre os convidados se incluía Roland Barthes e Jacques Lacan. Percebido praticamente como um manifesto contra o estruturalismo, o argumento de Derrida lançou o pós-estruturalismo (e a "teoria francesa") na América do Norte. Ver DERRIDA, Jacques. "Structure, sign, and play in the discourse of the human sciences". *In*: MACKSEY, R.; DONATO, E. (Coord.). *The structuralist controversy*. Baltimore: Johns Hopkins University Press, 2007 [1970], pp. 247-272. Quando os anais do colóquio foram publicados nos Estados Unidos em 1970, Derrida já havia publicado esse artigo três anos antes como um capítulo em DERRIDA, J. *L'ecriture et la différence*. Paris: Editions du Seuil, 1967, pp. 409-428.

que todo discurso é *bricoleur*" – o do engenheiro ou o do cientista, incluindo-se o do comparativista-no-direito.[482]

Em que medida sua crítica dos estudos jurídicos comparativos tem implicações mais amplas?

Eu trabalho como um comparativista-no-direito. Talvez por ter aprendido integridade acadêmica com Bernard Rudden durante meus anos em Oxford – eu penso nele frequentemente e sempre com gratidão –, eu não hesito em fazer quaisquer afirmações que aparecem para mim como devidas, epistemologicamente ou outremente (ou eu deveria dizer "outre-mente"?). Em resposta a sua questão, eu assumo a perspectiva de que as incursões no Direito Estrangeiro podem aprimorar a sensibilidade, para além dos estudos jurídicos comparativos, para o caráter construído das informações sendo disseminadas em salas de aula como "o Direito". Desse modo, então, talvez a comparação-no-direito tenha uma lição aos professores de Direito em geral. Veja, no mundo ocidental pelo menos, a perspectiva favorecida pelos professores de Direito, em maior ou menor grau, é aquela para a qual as regras jurídicas formam uma malha consistente e exaustiva a partir da qual a resposta a qualquer pergunta jurídica pode ser logicamente deduzida através da simples identificação da regra aplicável e sua aplicação aos fatos do caso relevante. O que mais importa, então, são os "argumentos" baseados em leituras engenhosamente técnicas dos textos legislativos ou das decisões judiciais anteriores que frequentemente querem parecer desligadas de todos os conflitos da vida social em uma tentativa de garantir sua neutralidade, em outras palavras, sua força ou poder. Dado que esse ponto de vista é tão disseminado, trata-se de um pequeno passe para que as professoras de Direito (bem como os estudantes de Direito) identifiquem essa abordagem do Direito com o próprio "Direito". Dado que a tarefa de um professor de Direito é encontrar "O" significado e trazer "A" coesão à luz (na escola de Direito sempre me era dito que eu

482 DERRIDA, Jacques. *L'ecriture et la différence*. Paris: Editions du Seuil, 1967, p. 418. (ênfase adicionada).

deveria "reconciliar" os casos!), fica fácil concluir que a determinação do significado transmitida pelos materiais jurídicos não pode ser unívoca. "O" significado é assumido como estando lá e, mais ainda, a se encaixar no todo. A educação jurídica, assim parece, existe para treinar os estudantes a pensarem exatamente desse modo. E admitindo que os professores de Direito raramente oferecem discussões significativas acerca da estrutura cultural que sustenta o Direito (ainda que claramente se tenha essa estrutura, dado que o Direito é inegavelmente o produto de mentes humanas culturalmente situadas), a mensagem não declarada é, nas palavras de Roberto Unger, que "os materiais jurídicos autoritativos – o sistema de leis, casos, e ideias jurídicas aceitas – incorporam e sustentam um esquema defensável de associação humana".[483]

De fato, porém, a professora de Direito, conforme ela organizar o direito-mundo, não apresenta simplesmente "algo" que já estava lá, pré-existentes a ela, e que ela, por conseguinte, teve que simplesmente descobrir e descrever. No mínimo, ela teve que selecionar uma linguagem na qual relatar o direito-mundo que viu, o que envolve um elemento avaliativo forte. Dadas as presunções da professora de Direito, as quais são necessariamente não-neutras porque elas são o resultado da experiência humana, o direito-mundo, uma vez "apresentado", aparecerá de uma maneira particular. Mas não há nenhuma maneira de se argumentar cogentemente que uma decisão referente ao enquadramento d"o Direito" pode ser compelida por um raciocínio puramente "jurídico". No fim do dia, qualquer determinação desse tipo respousa sobre uma interpretação culturalmente informada.

Agora, não há nada, na minha perspectiva, particularmente trágico a essa conclusão, por que qual escolha nós teríamos? Mas, se a presentação do direito-mundo é irrepreensivelmente contingente, dado não se poder dispensar o input cultural, decorre que ela deve ser introduzida como contingente aos estudantes de Direito para quem ela é ensinada, em vez de ter seu caráter aleatório diminuído – algo que é feito muito raramente em grande medida porque, eu suspeito,

483 UNGER, R. M. *The critical legal studies movement*. Cambridge: Harvard University Press, 1986, p. 2.

os professores de Direito sentem que admitir o caráter contingente das suas abordagens do direito-mundo levaria, em última instância, ao descrédito tanto deles quanto do "Direito". Assumir uma inocência teórica e afirmar uma neutralidade política são opções enfaticamente preferidas por pelo menos mais uma razão, consistindo no fato de que os professores de Direito não querem assumir a responsabilidade, em última instância, por aquilo que eles estão dizendo. Dizer que a interpretação que se faz do "Direito" é a *sua* interpretação significaria, se eu posso citar Clifford Geertz, "assumir uma responsabilidade pessoal pela cogência daquilo que se diz ou escreve, porque, afinal, assim se disse ou escreve, ao invés de deslocar a responsabilidade a [...] alguma [...] vaga e capciosa reserva de verdade incontaminada".[484] Eu entendo que esse argumento é muito relevante. Meu ponto é que a comparação-no-direito, o estudo do Direito estrangeiro, pode ajudar os professores de Direito a discernir aquilo que está em questão em última instância em qualquer afirmação avançada a respeito do "Direito", talvez ajudando a torná-los mais confortáveis com esse processo de re-presentação. Muitas vezes já me foi perguntando o seguinte mais ou menos nesses termos: "mas aquilo que você diz a respeito do estudo do Direito Estrangeiro – como sendo uma invenção e todo o resto – também se aplicaria ao Direito Nacional, não?". Você pode sentir a incredulidade, a relutância... Contudo, você também pode discernir uma certa consciência, o vislumbre de uma apreciação... De fato, uma prática teorizada de comparação-no-direito pode ensinar algumas lições importantes de alcance geral. Ela pode ajudar. A ideia de "ajuda" evoca Beckett: "além do mais, opiniões, comparações, qualquer coisa que não o riso, tudo ajuda, não pode senão ajudar".[485]

Você está relacionando comparação e justiça?

Sim. Mais especificamente, eu estou conectando a comparação com uma aspiração por justiça. Novamente, eu argumento que existe um

---

484 GEERTZ, C. *After the fact*. Cambridge: Harvard University Press, 1995, p. 62.

485 BECKETT, Samuel. "The unnamable". *In*: AUSTER, Paul (Coord.). *The grove centenary edition*. vol. 2, New York: Grove Press, 2006 [1958], p. 394.

momento ético no trabalho do comparativista, porque sua intervenção é uma resposta ao direito-texto estrangeiro – que é uma questão de tentar fazer justiça (um objetivo, por evidente, que se mostrará ultimamente impossível de cumprir, e aqui nós voltamos para ideia de "traição"). Inevitavelmente, o direito-texto está lá primeiro; o comparativista vem *a* ele a fim de respondê-*lo*. Agora, como indicado, "resposta" se conecta à "responsabilidade". O comparativista deve assumir a responsabilidade por sua resposta. Claramente a resposta será performativa ou inventiva. De certo modo, sua singularidade corresponderá à singularidade do direito-texto: singularidade encontra singularidade! Para deixar as coisas mais complicadas, eu argumentaria que, assumindo que a resposta do comparativista será performativa ou inventiva, porque ela não será simplesmente um ato de pura obediência semântica ao direito-texto estrangeiro, ela também será uma não-resposta ao direito-texto – o que é, evidentemente, aquilo que queremos, dado que não há qualquer interesse que seja em qualquer comentário que buscasse ser uma mera duplicação do direito-texto. Enquanto tal, a interpretação do comparativista será irresponsável. Em outras palavras, do mesmo modo que se quer que o comparativista seja responsável vis-à-vis o direito-texto estrangeiro, requer-se que ele seja irresponsável em sua responsabilidade (do mesmo modo que se quer que ele seja responsável em sua irresponsabilidade porque uma irresponsabilidade selvagem teria pouca utilidade interpretativa). E dado o fato que o Direito Estrangeiro se expressa evocativamente, que ele se direciona ao comparativista-no-direito que a ele responde, ao mesmo tempo responsável e irresponsavelmente, os estudos jurídicos comparativos podem ser referidos em última instância como uma *vocação*.

Você poderia dizer alguma coisa a respeito da sua compreensão da diferença? Por que você considera a diferença como um elemento tão importante no seu modo de pesquisa comparativa?

Embora ela tenha sido normalizada e domesticada em um número de disciplinas, onde ela possa aparecer como uma ideia saturada, o tema da "diferença" ainda há de deixar sua marca epistemológica nos estudos jurídicos comparativos. De novo, embora eu tenha de ser breve. Talvez, na esteira do crítico literário Derek Attridge, eu possa usar um exemplo para ajudar em meu argumento[486] (eu sei que a lógica da exemplaridade é problemática e reconheço que exemplificações têm suas limitações. De fato, pode-se delas dizer que atuam como atalhos teoréticos. Mas um exemplo é eficiente). Eu quero encenar a situação epistemologicamente desejável que pode ser obtida em meio aos estudos jurídicos comparativos se uma perspectiva culturalista é chamada a reger o estudo de um direito-texto estrangeiro em uma sala de aula. Imaginem um grupo de estudantes de Direito americanos lendo sobre a lei francesa acerca das vestimentas religiosas nas escolas. Imagine ainda que esses estudantes americanos, advindos de uma sociedade multicultural, abrigam um número de preconceitos a respeito do modo pelo qual a França tem lidado com a questão da diversidade religiosa na esfera pública (evidentemente, você está familiarizada com essa exemplificação, dado que você participou do meu curso no ano passado). Agora, os preconceitos desses estudantes americanos variarão entre os vários indivíduos na turma de acordo com aquilo que antecede a cada um. Claramente, esses estudantes americanos não abrigariam conscientemente inclinações xenofóbicas ou francofóbicas. Todavia, suas convicções, suas visões de mundo, suas apreciações acerca de seus próprios lugares no mundo – especialmente, suas compreensões acerca do significado da liberdade religiosa e da liberdade de expressão – implicam, a um nível de consciência ou outro, em excluir do espectro aquilo que é considerado aceitável à prática francesa. Da perspectiva dos estudantes americanos, a exclusão francesa das jovens muçulmanas e seus lenços de cabeça das salas de aula tem parte em uma alteridade que eles são incitados a macular a fim de sustentar seus próprios sentidos de seus sis culturais. Em outras palavras, para os estudantes americanos serem os multiculturalistas razoáveis que querem ser, eles devem formar uma visão negativa da prática francesa. Coloquemos desta maneira: não dá pra ser um bom multiculturalista *e* aceitar a lei francesa.

---

486 Ver ATTRIDGE, D. "Encountering the other in the classroom". *In*: WOLFREYS, J. (Coord.). *Thinking difference*. New York: Fordham University Press, 2004, pp. 16/17.

Imagine que uma discussão em sala tem lugar sob a orientação de um comparativista que, em razão de sua experiência de vida, é permitido ter um senso de aceitabilidade que seja, talvez, mais sofisticado que aquele dos seus estudantes. Conforme os estudantes americanos trazem para a discussão suas experiências ou compreensões das vestimentas religiosas na sala de aula, o comparativista, agindo como um culturalista, os convida a uma leitura cuidadosa da lei, então informada pela história francesa, pela política francesa, pelo republicanismo francês, pela configuração francesa da cidadania, pela concepção francesa de escola, e sim, talvez em alguma medida pela ansiedade francesa ou mesmo por sua islamofobia vis-à-vis a crescente presença muçulmana no território francês (o que não quer dizer que todos os franceses pensem exatamente igual a esse ou qualquer outro respeito, porque essa homogeneidade simplesmente não existe). E o comparativista explica como todos esses traços históricos, políticos etc. são constitutivos da lei. Essa estratégia de uma leitura cuidadosa se opõe à leitura cuidadosa do positivista que buscaria conter a diferença. Se você quiser, o comparativista está lendo a partir do texto, enquanto o positivista está preocupado em ler no texto – por exemplo, ler no texto todos os tipos de similaridades com outros direitos-textos que simplesmente não estão lá. À luz dessa negociação que teria lugar na turma com dois ou três estudantes mais inquisitivos ou talvez com alguns estudantes se mostrando relutantes a aceitar aquilo que eles percebem como uma narrativa pouco convincente da parte de seu professor, pode-se esperar que alguns estudantes americanos – provavelmente não mais que isso – começariam a questionar suas pressuposições, dando espaço para uma nova interpretação da exclusão francesa que eles tão facilmente excluíram da sua compreensão do que seria aceitável.

Pode muito bem ser o caso de que os passos então tomados rumo a uma nova interpretação da prática francesa sejam poucos e estreitos. É bem possível que apenas um número limitado de estudantes se mostrará disposto a seguir esse caminho. Mas se pode imaginar que para esses estudantes americanos, a discussão em sala de aula será um "abridor do eu",[487] de tal forma que suas vidas intelectuais e morais serão

487 BECKETT, Samuel. "How it is". *In*: AUSTER, Paul (Coord.). *The grove centenary edition*. vol. 2, New York: Grove Press, 2006 [1964], p. 479. Esse romance inicialmente

possivelmente permanentemente mudadas. Nesse processo, porque é reconhecido e respeitado, a prática francesa deixa de ser inaceitável – ou, pelo menos, passa a ser inaceitável outremente/outre-mente, isto é, em sentido diferente do termo (não parece ser mais o caso dela ser condenada, mas que ela é, digamos, incongruente). A alteridade da prática francesa não é mais do tipo que se considera inadmissível, mas do tipo que merece ser compreendida. Se você quiser, ela foi feita plausível. Não há nada nisso a sugerir que os estudantes americanos devem concordar com o modelo francês. Mas, no mínimo – e isso aparece para mim como absurdamente significante –, o traçado introduzido a eles pelo comparativista proibiria qualquer apropriação imediata e redutiva da lei francesa através da ideia local de discriminação. Porque o comparativista ensinou o diferendo ao permitir ser ouvido, tentando tirar um sentido dele, a hostilidade de alguns dos estudantes americanos terá subsistido, parte do medo terá desaparecido. O modelo francês não mais será tão prontamente desconsiderado com desdém. Em outras palavras, os estudantes americanos estão aprendendo a reconhecer a diferença, a chegar a um acordo com a singularidade de algo textual.

Eu não estou dizendo que esses estudantes americanos agora *conhecem* o Direito francês – não, pelo menos, no sentido forte do verbo "conhecer" – talvez apenas porque aquilo que eles "conhecem" em uma grande medida é devido à re-presentação de seu professor, que teve de ser singular (outros comparativistas teriam sugerido outras interpretações), as quais não poderiam ser exaustivas (outras informações teriam sido transmitidas), e as quais teriam de ser interrompidas (outras considerações práticas teriam que ser respondidas). Em um ensaio sobre Virginia Woolf nomeado *To the Lighthouse*, Gayatri Spivak observa desde o início que seu texto não "necessariamente tentará [...] levar [...] a uma leitura correta" do romance.[488] Correspondentemente, o comparativista na sala de aula, conforme estava traçando a lei francesa, não estaria buscando produzir uma leitura "correta" dele, mas, em vez disso, uma interpretação convincente. Incidentalmente, é aqui que a ética se torna relevante de novo: o comparativista como um mediador deve se

---

escrito em francês foi subsequentemente reescrito em inglês pelo próprio Beckett.

488 SPIVAK, G. C. *In other worlds*. New York: Routledge, 2006 [1987], p. 41.

comportar com integridade. Sua exploração deve ser apaixonada, sem dúvida, mas também circunspecta e flexível. Certamente, ela deve ser inovadora, mas também minuciosa e fiel. Todavia, a re-presentação do comparativista permanece uma intervenção e uma invenção. Ao longo de seu ato de re-presentação, conforme ele está fazendo da lei francesa seu "objeto" de estudo e formando sua relação (ou, melhor, sua des-relação) com ela, o comparativista é chamado a tomar um número de decisões, nenhuma das quais é objetiva ou verdadeira, todas as quais são interpretativas, todas as quais são resultados de negociações que ele teve que conduzir com seu direito-texto estrangeiro e consigo mesmo e que levariam uma eternidade para serem justificadas (à medida que ele poderia justifica-las...).

Dizer que os estudantes americanos recepcionaram o Direito francês, que agora eles estão dispostos a se mostrar hospitaleiros ao outro, seria provavelmente ir longe demais. Mas eles não estão mais tão fascinados com si próprios, alguns dos prejuízos foram desfeitos e o espectro de seus conhecimentos foi expandido – tudo isso tendo implicações políticas progressivas valiosas. De certa maneira, o outro veio – o diferendo emergiu – para salvar os estudantes americanos de si próprios. Os sis americanos na sala de aula foram emancipados da visão condescendente de que o outro precisa ser apropriado de alguma forma através das suas categorias, o que é salutar. Isso não quer dizer que a lei francesa agora esteja sendo encarada "etereamente". Evidentemente, ela ainda é vista através de olhos americanos, por assim dizer (não só ela é diferente de nós, "não-nós", mas ela também é diferente dos Estados Unidos da América, "não-americana"). Contudo, os estudantes americanos aprenderam a falar do outro sem experimentar a necessidade de repudiar a alteridade (note que o positivismo e sua compulsão reducionista por similarização está incapacitado de suscitar esse tipo de responsabilidade). Esse é um exemplo, então, dos usos produtivos não apenas da diferença entre Direitos, mas da incomensurabilidade.

Para além desse desenvolvimento, os estudantes americanos podem querer militar a fim de mudar as condições que produziram a lei francesa e às quais ela pode ser traçada (digamos, a concepção francesa de cidadania). Mas para eles terem qualquer chance de fazer um impacto em qualquer conversa que poderiam ter, digamos, com um jurista francês, primeiro devem estar dispostos a reconhecer e respeitar a abordagem francesa. Não haverá nenhuma oportunidade significativa para persuasão, assim me parece, sem um reconhecimento e engajamento anteriores. Para citar Gadamer (quem, aqui, soa mais sofisticado em alemão), o comparativista, ao inventar um traçado da lei francesa, ao direcionar seus alunos americanos rumo a "uma opinião e uma possibilidade que se coloca em jogo e se arrisca", tornou factível para esses estudantes de Direito americanos se "outrarem" a si mesmos *jusque-là*.[489] Talvez eu devesse me desculpar? Eu procurei ser breve...

489 GADAMER, Hans-George. *Truth and method*. Trad. J. Weinsheimer; e D. G. Marshall. 2ª ed. rev. New York: Continuum, 2004 [1986], p. 390. ("*die man ins Spiel bringt und aufs Spiel setzt*").

REFERÊNCIAS BIBLIOGRÁFICAS

Prostética da tradução

AGAMBEN, Giorgio. *State of exception*. Trad. Kevin Attell. Chicago: The University of Chicago Press, 2005.

BENJAMIN, Walter. "The task of the translator". *In*: ARENDT, Hannah (Coord.). *Illuminations.* New York: Schoken Books, 1999.

DERRIDA, Jacques. "Before the Law". *In*: *Acts of literature*. New York: Routledge, 1991.

DERRIDA, Jacques. "Des tours de Babel". In: KAMUF, P. ROTTENBERG, E. (Coord.). *Psyche*: inventions of the other. vol. 1, Stanford: Stanford University Press, 2007.

DERRIDA, Jacques. "Restitutions". *In*: BENNINGTON, Geoff. *The truth in painting*. Trad. Ian Mcleod. Chicago: The University of Chicago Press, 1987.

DERRIDA, Jacques. "This strange institution called literature: an interview with Jacques Derrida". *In*: ATTRIDGE, Derek (Coord.). *Acts of literature.* New York: Routledge, 1992.

DERRIDA, Jacques. "This strange institution called literature: an interview with Jacques Derrida". *In*: ATTRIDGE, Derek (Coord.). *Acts of literature.* New York: Routledge, 1992.

DERRIDA, Jacques. *Of grammatology*. Trad. Gayatri Spivak. Baltimore: The Johns Hopkins University Press, 1998.

FUSCO, Gian Giancomo; ZARTALOUDIS, Thanos. "On nomos and the meaning of Philosophy in Law: an interview with Thanos Zartaloudis". *Exceptions.eu*, August 1, 2019.

GLANERT, Simone; LEGRAND, Pierre. "Foreign Law in translation: if truth be told...". *In*: FREEMAN, Michael; SMITH, Fiona (Coord.). *Law and language*. Oxford: Oxford University Press, 2013.

HEIDEGGER, Martin. "The origin of the Work of Art". *In*: KRELL, David Farrel (Coord. e Trad.). *Basic Writings*. New York: HarperCollins, 1993.

LEGRAND, Pierre. "A impossibilidade de 'transplantes jurídicos'". Trad. Gustavo Castagna Machado. *Cadernos do Programa de Pós-Graduação Direito/ UFRGS*, vol. 9, 2014.

LEGRAND, Pierre. "Comparative legal studies and the matter of authenticity". *Journal of Comparative Law*, vol. 1, 2006.

LEGRAND, Pierre. "Foreign law: understanding understanding". *Journal of Comparative Law*, vol. 6, nº 2, 2011.

LEGRAND, Pierre. "Il n'y a pas de hors-texte: intimations of Jacques Derrida as comparatist-at-law". *In*: GOODRICH, P. *et al.* (Coord.). *Derrida and Legal Philosophy*. Londres: Palgrave Macmillan, 2008.

LEGRAND, Pierre. "Jacques in the Book (on apophasis)". *Law & Literature*, vol. 23, 2011.

LEGRAND, Pierre. "Jameses at play: a tractation on the comparison of Laws". *The American Journal of Comparative Law*, vol. 65, 2017.

LEGRAND, Pierre. "Law's translation, imperial predilections and the endurance of the self". *The Translator*, vol. 2, nº 3, 2014.

LEGRAND, Pierre. "Law's translation, imperial predilections and the endurance of the self". *The Translator*, vol. 2, nº 3, 2014.

LEGRAND, Pierre. "Negative comparative Law". *Journal of Comparative Law*, vol. 10, nº 2, 2015.

LEGRAND, Pierre. "On the singularity of Law". *Harvard International Law Journal*, vol. 47, 2006.

LEGRAND, Pierre. "Paradoxically Derrida: for a comparative legal studies". *Cardozo Law Review*, vol. 27, nº 2, 2005.

LEGRAND, Pierre. "Siting Foreign Law: how Derrida can help". *Duke Journal of Comparative and International Law*, vol. 21, 2011.

LEGRAND, Pierre. "The impossibility of 'legal transplants'". *Maastricht Journal of European and Comparative Law*, vol. 4, 1997.

LEGRAND, Pierre. "Withholding translation". *In*: GLANERT, Simone (Coord.). *Comparative Law* – engaging translation. New York: Routledge, 2014.

LINDAHL, Hans. "Dialectic and revolution: confronting Kelsen and Gadamer on Legal Interpretation". *Cardozo Law Review*, vol. 24, nº 2, 2003.

LINDAHL, Hans. "Dialectic and revolution: confronting Kelsen and Gadamer on legal interpretation". *Cardozo Law Review*, vol. 24, nº 2, 2003.

LINDAHL, Hans. *Authority and the globalization of inclusion and exclusion*. Cambridge: Cambridge University Press, 2018.

LINDAHL, Hans. *Fault lines of globalization*: legal order and the politics of a-legality. Oxford: Oxford University Press, 2013.

SCHMITT, Carl. *Die Lage der europäischen Rechtswissenschaft*. Tübingen: Internationaler Universitäts-Verlag, 1950.

SOLON, Ari Marcelo. *Hermenêutica jurídica radical*. São Paulo: Marcial Pons, 2017.

STAEHLER, Tanja. *Hegel, Husserl and the phenomenology of historical worlds*. London: Rowman & Littlefield, 2017.

VAN DER WALT, Johan. "Law, utopia, event: a constellation of two trajectories". *In*: SARAT, Austin; DOUGLAS, Lawrence; UMPHREY, Martha Merrill (Coord.). *Law and the utopian imagination*. Stanford: Stanford University Press, 2014.

VAN DER WALT, Johan. "The literary exception: reflections on Agamben's 'Liberal Democratic' political theology and the religious destabilisation of the political in our time". *New Perspectives*, vol. 23, nº 1, 2015.

ZARTALOUDIS, Thanos. "Ars inventio, poetics laws: law and literature – the and". *In: Cardozo Law Review*, vol. 29, nªº 5, 2008.

Direito comparado: compreendendo a compreendê-lo.

ADORNO, Theodore. W. *Critical models*. Trad. H. W. Pickford. New York: Columbia University Press, 1998 [1969].

ADORNO, Theodore. W. *Negative dialectics*. Trad. E. B. Ashton. New York: Routledge, 1973 [1966].

AGAMBEN, G. *Stanzas*. Trad. R. L. Martinez. Minneapolis: University of Minnesota Press, 1992 [1977].

AGAMBEN, Giorgio. *The coming community*. Trad. M. Hardt. Minneapolis: University of Minnesota Press, 1993 [1990].

ANDERSON, Benedict. *Imagined communities*. 2ª ed. New York: Verso, 2006.

APPIAH, K. A. *Cosmopolitanism*. New York: Norton, 2006.

ATTRIDGE, D. "Encountering the other in the classroom". *In*: WOLFREYS, J. (Coord.). *Thinking difference*. New York: Fordham University Press, 2004.

BACKÈS, Catherine. "Lévi-Strauss ou la philosophie du non-savoir". *La Quinzaine littéraire*, maio de 1970.

BAKER, J. H. *The Oxford history of the Laws of England*. vol. 6, Oxford: Oxford University Press, 2003.

BAR, Christian von. "The launch of the draft common frame of reference". *Juridica International*, vol. 14, 2008.

BAR, Christian von. "The study group on a european civil code". *In*: BAR, Christian von (*et al.*). *Study of the systems of private law in the EU with regard to discrimination and the creation of a european civil code*. European Parliament (Directorate General for Research) Working Paper (Legal Affairs Series) JURI, 1999.

BAR, Christian von; LANDO, O. "Communication on european contract Law: joint response of the commission on european contract Law and the study group on a european civil code". *European Review of Private Law*, vol. 10, 2002

BARNES, B.; BLOOR, D.; HENRY, J. *Scientific knowledge*: a sociological analysis. Chicago: University of Chicago Press, 1996.

BARTHES, Roland. "La chambre claire". *In*: MARTY, E. (Coord.). *Oeuvres complètes*. vol. 4, 2ª ed. Paris: Editions du Seuil, 2002 [1980].

BASS, A. *Interpretation and difference*. Stanford: Stanford University Press, 2006.

BAUMAN, Z. *Postmodern ethics*. Oxford: Blackwell, 1993.

BECKETT, Samuel. "Dante... Bruno. 'Vico... Joyce'". *In*: AUSTER, Paul (Coord.). *The grove centenary edition*. vol. 4, New York: Grove Press, 1984 [1929].

BECKETT, Samuel. *In*: FEHSENFELD, M. D.; e OVERBECK, L. D. (Coord.). *The letters of Samuel Beckett*. vol. 1, Cambridge: Cambridge University Press, 2009 [1939].

BECKETT, Samuel. "How it is". *In*: AUSTER, Paul (Coord.). *The grove centenary edition*. vol. 2° New York: Grove Press, 2006 [1964].

BECKETT, Samuel. "Intercessions by Denis Devlin". In: COHN, R. (Coord.). *Disjecta*. New York: Grove Press, 1984 [1938].

BECKETT, Samuel. "Malone dies". *In*: AUSTER, Paul (Coord.). *The grove centenary edition*. vol. 2, New York: Grove Press, 2006 [1958].

BECKETT, Samuel. "Murphy". *In*: AUSTER, Paul (Coord.). *The grove centenary edition*. vol. 1, New York: Grove Press, 2006 [1957].

BECKETT, Samuel. "Proust". *In*: AUSTER, Paul (Coord.). *The grove centenary edition*. vol. 4, New York: Grove Press, 2006 [1931].

BECKETT, Samuel. "The capital of the ruins". *In*: CALDER, J. (Coord.). *As the story was told*: uncollected and late prose. Richmond, 1990 [1946].

BECKETT, Samuel. "The unnamable". *In*: AUSTER, Paul (Coord.). *The grove centenary edition*. vol. 2, New York: Grove Press, 2006 [1958].

BECKETT, Samuel. "Watt". *In*: AUSTER, Paul (Coord.). *The grove centenary edition*. vol. 1, New York: Grove Press, 2006 [1953].

BECKETT, Samuel. "Worstward Ho". *In*: AUSTER, Paul (Coord.). *The groove centenary edition*. vol. 4, New York: Grove Press, 2006 [1983].

BENJAMIN, Walter. *Understanding Brecht*. Trad. A. Bostock. New York: Verso, 1998 [1931].

BENVENISTE, E. *Problèmes de linguistique génerale*. vol. 2, Paris: Gallimard, 1974 [1967].

BERCEA, R. "Toute comparaison des droits est une fiction". *In*: LEGRAND, P. (Coord.). *Comparer les droits, résolument*. Paris: Presses Universitaires de France, 2009.

BERKELEY, G. "Principles of human knowledge". *In*: ROBINSON, H. (Coord.). *Principles of human knowledge and three dialogues*. Oxford: Oxford University Press, 1996 [1710].

BERNASCONI, Robert. "The trace of Levinas in Derrida". *In*: WOOD, David; BERNASCONI, Robert (Coord.). *Derrida and différance*. New York: Northwestern University Press, 1988.

BERNHARD, Thomas. "Ist es eine Komödie? Ist es eine Tragödie? " *In*: *Erzählungen*. Frankfurt: Suhrkamp, 2001 [1967].

BERNSTEIN, Richard. *The new constellation*. Cambridge: MIT Press, 1992.

BHABHA, Homi. "The third space". *In*: RUTHERFORD, J. (Coord.). *Identity*. London: Lawrence & Wishart, 1990.

BHABHA, Homi. K. *The location of culture*. New York: Routledge, 1994.

BIAGIOLI, M. *Galileo, courtier*: the practice of science in the culture of absolutism. Chicago: University of Chicago Press, 1993.

BLANCHOT, M. *L'Espace littéraire*. Paris: Gallimard, 1955.

BLANCHOT, M. *La communauté inavouable*. Paris: Editions de Minuit, [1983].

BLANCHOT, Maurice. *L'entretien infini*. Paris: Gallimard, 1969.

BOERSEMA, D. *Pragmatism and reference*. Cambridge: MIT Press, 2009.

BOGDAN, M. "On the value and method of rule-comparison in comparative Law". *In*: MANSEL, H.-P. *et al*. (Coord.). *Festschrift für Erik Jayme*. Amsterdam: Sellier, 2004.

BOHANNAN, P. *How culture works?*. New York: Free Press, 1995.

BOLLACK, J. *Sens contre sens*. Paris: La Passe du Vent, 2000.

BONOLI, L. *Lire les cultures*. Paris: Kimé, 2008.

BORGES, Jorge Luis. "Pierre Menard, author of the Quixote". *In*: HURLEY, A. (Coord.). *Collected fictions*. New York: Penguin, 1998 [1944].

BORGES, Jorge Luis. "The Maker". *In*: HURLEY, A. (Coord.). *Collected fictions*. New York: Penguin, 1998 [1960].

BOYD, B. *Vladimir Nabokov*: the american years. Princeton: Princeton University Press, 1991 [1948].

BRAMERET, S. "La motivation des décisions d'irrecevabilité des questions prioritaires de constitutionnalité par le Conseil d'Etat". *Petites Affiches*, 5 de maio de 2011.

BRECHT, Bertolt. "Alienation effects in chinese acting". *In*: WILLET, John (Coord.). *Brecht on theatre*. New York: Hill and Wang, 1964 [1935].

BREINIG, H.; LÖSCH, K. "Transdifference". *Journal for the Study of British Cultures*, vol. 13, 2006.

BRUYÉRE, N. *Méthode et dialectique dans l'oeuvre de La Ramée*. Paris: Vrin, 1984.

BUCK-MORSS, S. *The origins of negative dialectics*. New York: Free Press, 1977.

BULTMANN, R. "Das Problem der Hermeneutik". *In*: *Glauben und Verstehen*. vol. 2, Tübingen: Mohr, 1952 [1950].

BURGE, T. *Origins of objectivity*. Oxford: Oxford University Press, 2010.

BUSSANI, M; MATTEI, U. "The common core approach to European Private Law". *Columbia Journal of European Law*, vol. 3, 1997-1998.

CAPUTO, J. D. *Deconstruction in a nutshell*. New York: Fordham University Press, 1997.

CARCASSONE, G; DUHAMEL, O. *La question prioritaire de constitutionnalité* (QPC). Dalloz, 2011.

CASTRO, Eduardo Viveiros de. *Zeno and the art of anthropology*. Trad. A. Walford. Common Knowledge, vol. 17, 2011.

CEDRAS, J. "Liberté – egalité – contrat: le solidarisme contractuel en doctrine et devant la Cour de cassation". *In*: *Rapport de la Cour de cassation 2003*, 2004.

CHAKRABARTY, D. *Provincializing Europe*. 2ª ed. Princeton: Princeton University Press, 2008.

CHASE, O. G. *Law, culture, and ritual*. New York: New York University Press, 2005.

CHEMLA, K; FOX KELLER, E. (Coord.). *Cultures without culturalism*: the making of scientific knowledge. Durham: Duke University Press, 2017.

CONNOR, S. *The madness of knowledge*. London: Reaktion Books, 2019.

Constituição francesa, artigo 61-1 Lei Constitucional n. 2008-724, de 23 de julho de 2008 sobre a modernização das instituições da Vª República artigo 29, *Journal officiel*, 24 de julho de 2008.

CORLETT, W. *Community without unity*. Durham: Duke University Press, 1989.

DANZIGER, E. "The eye of the beholder: how linguistic categorization affects 'natural' experience". *In*: McKINNON, S.; SILVERMAN, S. (Coord.). *Complexities*. Chicago: The University of Chicago Press, 2005.

DASTON, L. "Objectivity and the escape from perspective". *Social Studies of Science*, vol. 22, 1992.

DAVID, R; BRIERLEY, J. E. C (Coord.). *Major legal systems in the world today*. 3ª ed. Astoria: Stevens, 1985.

DAVID, R; JAUFFRET-SPINOSI, C. (Coord.). *Les grands systèmes de droit contemporains*. 11ª ed. Paris: Dalloz, 2002.

DELEUZE, G; GUATTARI, F. *Mille plateaux*. Paris: Editions de Minuit, 1980.

DELEUZE, Gilles. *Différence et répétition*. Paris: Presses Universitaires de France, 1968.

DELEUZE, Gilles. *Logique du sens*. Paris: Editions de Minuit, 1969.

DEMOGUE, R. *Traité des obligations en general*. vol. 6, Paris: Rousseau, 1931.

DERRIDA, J. *L'ecriture et la différence*. Paris: Editions du Seuil, 1967.

DERRIDA, Jacques (*et al.*). *A taste for the secret*. Trad. G. Denis. New York: Polity, 2001 [1993].

DERRIDA, Jacques (*et al.*). *Taste for the Secret*. Trad. G. Denis. New York: Polity, 2001 [1993].

DERRIDA, Jacques ; SPIVAK, G. C. (Coord. e Trad.). *Of grammatology*. Baltimore: John Hopkins University Press, 1997 [1967].

DERRIDA, Jacques. "Countersignature". Trad. Mairéad Hanrahan. *Paragraph*, vol. 27, nº 2, 2004 [2000].

DERRIDA, Jacques. "Et cetera... (and so on, und so weiter, and so forth, et ansi de suíte, und so überall, etc.)". *In*: MALLET, M.-L.; MICHAUD, G. (Coord.). *Jacques Derrida*. Paris: L'Herne, 2004.

DERRIDA, Jacques. "Introduction". *In*: HUSSERL, Edmund. *L'origine de la géométrie*. Trad. Jacques Derrida. Paris: Presses Universitaires de France, 1962.

DERRIDA, Jacques. "Structure, sign, and play in the discourse of the human sciences". *In*: MACKSEY, R.; DONATO, E. (Coord.). *The structuralist controversy*. Baltimore: Johns Hopkins University Press, 2007 [1970].

DERRIDA, Jacques. "Survivre". *In*: *Parages*. 2ª ed. Paris: Galilée, 2003 [1986].

DERRIDA, Jacques. *Béliers*. Paris: Galilée, 2003.

DERRIDA, Jacques. *De la grammatologie*. Paris: Editions de Minuit, 1967.

DERRIDA, Jacques. *Donner la mort*. Paris: Galilée, 1999.

DERRIDA, Jacques. *Etats d'âme de la psychanalyse*. Paris: Galilée, 2000.

DERRIDA, Jacques. *Glas*. Paris: Galilée, 1974.

DERRIDA, Jacques. *L'Autre cap*. Paris: Editions de Minuit, 1991.

DERRIDA, Jacques. *L'ecriture et la différence*. Paris: Editions du Seuil, 1967.

DERRIDA, Jacques. *La dissémination*. Paris: Le Seuil, 1972.

DERRIDA, Jacques. *La voix et le phénomène*. Paris: Presses Universitaires de France, 1967.

DERRIDA, Jacques. *Le Monolinguisme de l'autre*. Paris: Galilée, 1996.

DERRIDA, Jacques. *Limited Inc*. Paris: Galilée, 1990.

DERRIDA, Jacques. *Marges*. Paris: Editions de Minuit, 1972.

DERRIDA, Jacques. *Mémoires*. Paris: Galilée, 1988.

DERRIDA, Jacques. *Memoires*. Trad. de C. Lindsay. 2ª ed. Minneapolis: University of Minnesota Press, 1989.

DERRIDA, Jacques. *Papier machine*. Paris: Galilée, 2001.

DERRIDA, Jacques. *Politiques de l'amitié*. Paris: Galilée, 1994.

DERRIDA, Jacques. *Sauf le nom*. Paris: Galilée, 1993.

DERRIDA, Jacques. *The ear of the other*. MCDONALD, C. (Coord.). Trad. P. Kamuf. Lincoln: University of Nebraska Press, 1988 [1984].

DERRIDA, Jacques. *Voyous*. Paris: Galilée, 2003.

DERRIDA, Jacques.; LABARRIÈRE, Pierre-Jean. *Altérités*. Paris: Osiris, 1986.

DERRIDA, Jacques; LISSE, M. *et al.* (Coord.). *La bête et le souverain*. vol. 2, Paris: Galilée, 2010 [2002].

DERRIDA, Jacques; SPRINKER, M. (Coord.). *Politique et amitié*. Paris: Galilée, 2011 [1993].

DERRIDA, Jacques; WEBER, E. (Coord.). *Points de suspension*. Paris: Galilée, 1992 [1983].

DESCARTES. "Carta a 'Regius'" *In*: C. Adam; P. Tannery (Coord.). *Oeuvres de Descartes*. vol. 2, 2ª ed. Paris: Vrin, 1988 [1640].

DEVJI, F. *The terrorists in search of humanity*. New York: Columbia University Press, 2008.

DOMAT, Jean. *Les quatre livres du droit public*. tomo I, cap. 17. Paris: Université de Cae, [1697].

DOMINGUEZ, V. R. "Invoking culture: the messy side of 'cultural politics'". *In*: TORGOVNICK, M. (Coord.). *Eloquent obsessions*. Durham: Duke University Press, 1994.

DORMERGUES, P. "Entretien avec Vladimir Nabokov". *Les langues modernes*, vol. 62, nº 1, 1968.

DOUZINAS, C. *The end of human rights*. London: Hart, 2000.

DRURY, Maurice O'Connor. "Conversations with Wittgenstein". *In*: RHEES, R. (Coord.). *Recollections of Wittgenstein*. Oxford: Oxford University Press, 1984 [1948].

DUARENUS, Franciscus. "In primam partem Pandectarum, sive Digestorum, methodica enarratio". *In*: MARENZIO, Luca. *Opera omnia*, vol. 1, 1765 [1561].

DUMÉZIL, G. "Les festins secrets de Georges Dumézil". *Le Nouvel Observateur*, nº 949, 14 de janeiro de 1983.

DURKHEIM, E. *De la division du travail social*. Paris: Presses Universitaires de France, 2007 [1930].

DURKHEIM, Émile; HAYAT, P. (Coord.). *Le contrat social de Rousseau*. Paris: Kimé, 2008 [c1900].

DWORKIN, Ronald. "Justice Sotomayor: the unjust hearings". *The New York Review of Books*, 24 de setembro de 2009.

DWORKIN, Ronald. *Is democracy possible here?*. Princeton: Princeton University Press, 2006.

DWORKIN, Ronald. *Justice for hedgehogs*. Cambridge: Harvard University Press, 2011.

DWORKIN, Ronald. *Justice in robes*. Cambridge: Harvard University Press, 2006.

ELGIN, C. Z. *True enough*. Cambridge: MIT Press, 2017.

ESPELAND, W. N.; STEVENS, M. L. "Commensuration as a social process". *Annual Review of Sociology*, vol. 24, 1998.

ESPOSITO, R. *Communitas*. Trad. T. Campbell. Stanford: Stanford University Press, 2010 [1998].

EWALD, W. "Comparative jurisprudence (I): what was it like to try a rat?". *University of Pennsylvania Law Review*, vol. 143, 1995.

FEUERBACH, Anselm von. "Blick auf die deutsche Rechtwissenschaft". *In*: *Kleine Schriften vermischten Inhalts*. Nürnberg: Otto Zeller, 1966 [1810].

FISCHER-LESCANO, A.; TEUBNER, G. *Regime-collisions*: the vain search for legal unity in the fragmentation of global law. *Michigan Journal of International Law*, vol. 25, 2004.

FLETCHER, G. P. "The universal and the particular in legal discourse". *Brigham Young University Law Review*, 1987.

FLETCHER, G. P. "What Law is like". *Southern Methodist University Law Review*, vol. 50, 1997.

FOUCAULT, Michael. *Histoire de la sexualité*. vol. 2, Paris: Gallimard, 1984.

FOUCAULT, Michael. *L'archéologie du savoir*. Paris: Gallimard, 1969.

FRANK, J. "Civil law influences on the common law – Some reflections on 'comparative' and 'contrastive' Law". *University of Pennsylvania Law Review*, vol. 104, 1956.

FRANKENBERG, G. *Critical comparisons*: re-thinking comparative Law. *Harvard International Law Journal*, vol. 26, 1985.

FRIEDMAN, L. M. *A history of american Law*. 2ª ed. New York: Simon & Schuster, 1985.

GADAMER, Hans-George. *Heidegger's ways*. Trad. J. W. Stanley. New York: SUNY Press, 1994 [1975].

GADAMER, Hans-George. *Truth and method*. Trad. de J. Weinsheimer; e D. G. Marshall. 2ª ed. rev.. New York: Continuum, 2004 [1986].

GALANTER, M. "Predators and parasites: lawyer-bashing and civil justice". *Georgia Law Review,* vol. 28, 1994.

GANS, E. *Das Erbrecht in weltgeschichtlicher Entwicklung*. vol. 1 e 2, Berlin: Maurer, 1824-1825.

GAUVIN, L. "Traversal of languages". *In*: McDONALD, Christie; SULEIMAN, Susan R. (Coord.). *French global*. New York: Columbia University Press, 2010.

GEERTZ, C. *After the fact*. Cambridge: Harvard University Press, 1995.

GELLNER, E. *Relativism and the social sciences*. Cambridge: Cambridge University Press, 1985.

GENDRON, S. *Repetition, difference, and knowledge in the work of Samuel Beckett, Jacques Derrida, and Gilles Deleuze*. Bern: P. Lang, 2008.

GLANERT, S. (Coord.). *Comparative law* – engaging translation. New York: Routledge, 2014.

GLANERT, S. *De la traductibilité du droit*. Paris: Dalloz, 2011.

GLENDINNING, S. "Sentencing Derrida". *Modern Law Review*, vol. 74, 2011.

GODFREY-SMITH, P. *Theory and reality*. Chicago: University of Chicago Press, 2003.

GOODALE, M. *Surrendering to utopia*: an anthropology of human rights. Stanford: Stanford University Press, 2009.

GOODMAN, N. *Ways of worldmaking*. New York: Hackett, 1978.

GOODRICH, P. *et al.* (Coord.). *Derrida and Legal Philosophy*. Londres: Palgrave Macmillan, 2008.

GORDLEY, J. "Comparative legal research: its function in the development of harmonized Law". *American Journal of Comparative Law*, vol. 43, 1995.

GORDLEY, J. "When Is the use of foreign Law possible? A hard case: the protection of privacy in Europe and the United States". *Louisiana Law Review*, vol. 67, 2007.

GORDLEY, J. *The philosophical origins of modern contract doctrine*. Oxford: Oxford University Press, 1991.

GOUNOT, E. L*e principe de l'autonomie de la volonté en droit privé*: contribution à l'étude critique de l'individualisme juridique. Paris: Rousseau, 1912.

GOVERNING COUNCIL OF UNIDROIT. "Introduction". *In*: *Unidroit principles of international commercial contracts*. 2ª ed. Roma: International Institute for the Unification of Private Law, 2004; 3ª ed. reimpr. 2010; 4 ª ed. reimpr. 2016.

GREENHOUSE, C. J. "Just in time: temporality and the cultural legitimation of law". *Yale Law Journal*, vol. 98, 1989.

GRYNBAUM, L.; NICOD, M. (Coord.). *Le Solidarisme contractuel*. Paris: Economica, 2004.

HABERMAS, J. *Between facts and norms*. Trad. W. Rehg. Cambridge: MIT Press, 1996 [1992].

HABERMAS, J. *Between facts and norms*. Trad. W. Rehg. Cambridge: MIT Press, 1996 [1992].

HABERMAS, J. *The philosophical discourse of modernity*. Trad. F. Lawrence. Cambridge: MIT Press, 1987 [1985].

HARDIN, R. *How do you know?*. Princeton: Princeton University Press, 2011.

HARDING, S. "After the neutrality ideal: sciences, politics, and 'strong objectivity'". *Social Research*, vol. 59, 1992.

HEIDEGGER, Martin. "Gelassenheit". *In*: *Gesamtausgabe*. vol. 13, 2ª ed. Frankfurt: Klostermann, 2002 [1959].

HEIDEGGER, Martin. "Aus der Erfahrung des Denkens". *In*: HEIDEGGER, Martin. *Gesamtausgabe*. 2ª ed. vol 13, Frankfurt: Klostermann, 2002 [1947].

HEIDEGGER, Martin. "Holzwege". *In*: *Gesamtausgabe*. vol. 5, Frankfurt: Klostermann, 1977 [1950].

HEIDEGGER, Martin. "Unterwegs zur Sprache". *In*: *Gesamtausgabe*. vol. 12, Frankfurt: Klostermann, 1985 [1959].

HEIDEGGER, Martin. *Being and time*. Trad. J. Macquarrie; e E. Robison. Oxford: Blackwell, 1962 [1927].

HEIDEGGER, Martin. *Unterwegs zur Sprache*. vol. 12, Frankfurt: Klostermann, 1985 [1959].

HELMHOLZ, R. H. *The Oxford history of the Laws of England*. vol. 1, Oxford: Oxford University Press, 2004.

HERBRECHTE, S; HIGGINS, M. (Coord.). *Returning (to) communities*. Amsterdam: Rodopi, 2006.

HESSELINK, M. W. "The concept of good faith". *In*: HARTKAMP, A. *et al.* (Coord.). *Towards a european civil code*. 4ª ed. Alphen aan den Rijn: Wolters Kluwer, 2011.

HILL, J. "Comparative Law, Law reform and Legal Theory". *Oxford Journal of Legal Studies*, vol. 9, 1989.

HILL, J. *Radical indecision*. Notre Dame: University of Notre Dame Press, 2010.

HOFSTEDE, G. *Cultures and organizations*. New York: McGraw-Hill, 1991.

HONG, H. V; HONG, E. H. (Coord. e Trad.). *Soren Kierkegaard's Journals and Papers*. vol. 5, Princeton: Princeton University Press, 1978 [1936].

HUME, D. "Essays: moral, political, and literary". *In*: MCCORD-SAYRE, G. (Coord.). *David Hume*: moral philosophy. New York: Hackett, 2006 [1777].

HUNTER-HÉNIN, M. "Constitutional development and human rights in France: one step forward, two steps back". *International and Comparative Law Quarterly*, vol. 60, 2011.

HUTCHINSON, Allan C. *The province of jurisprudence democratized*. Oxford: Oxford University Press, 2009.

HYLAND, R. *Gifts*. Oxford: Oxford University Press, 2010.

INGLIS, F. *Culture*. New York: Polity, 2004.

JACKSON, V. C. *Constitutional engagement in a transnational era*. Oxford: Oxford University Press, 2010.

JAKAB, A.; DYEVRE, A.; ITZCOVICH, G. (Coord.). *Comparative constitutional reasoning*. Cambridge: Cambridge University Press, 2017.

JAMESON, Fredric. *Brecht and method*. New York: Verso, 1998.

JAUME, Lucien. *L'Individu effacé*. Paris: Fayard, 1997.

JORION, P. *Comment la vérité et la réalité furent inventées*. Paris: Gallimard, 2009.

Journal officiel [Débats parlamentaires/Assemblée nationale], 25 de abril de 1990

JULIET, C. *Recontres avec Samuel Beckett*. Paris: Editions POL, 1999 [1973].

KAHN, P. W. *The cultural study of Law*. Chicago: The University of Chicago Press, 1999.

KALSCHEUER, B. "Encounters in the third space". *In*: IKAS, K; WAGNER, G. (Coord.). *Communicating in the third space*. New York: Routledge, 2009.

KANT, Immanuel. *Critique of pure reason*. Trad. W. S. Pluhar. New York: Hackett, 1996 [1781].

KELLEY, D. R. "Elizabethan political thought". *In*: POCOCK, J. G. A. (Coord.). *The varieties of british political thought*, 1500-1800. Cambridge: Cambridge University Press, 1993.

KENNEDY, Duncan. "The political stakes in 'merely technical' issues of contract law". *European Review of Private Law*, vol. 10, 2002.

KERMODE, Frank. *The genesis of secrecy*. Cambridge: Harvard University Press, 1979.

KIERKEGAARD, Søren. "Four upbuilding discourses". *In*: HONG, H. V.; HONG E. H. (Coord. e Trad.). *Eighteen upbuilding discourses*. Princeton: Princeton University Press, 2005.

KISCHEL, U. *Comparative Law*. Trad. A. Hammel. Oxford: Oxford University Press, 2019.

KLAGGE, J. C. *Wittgenstein in exile*. Cambridge: MIT Press, 2011.

KLOSSOWSKI, P. *La monnaie vivante*. Paris: Rivages, 1997 [1970].

KLOSSOWSKI, P. *Nietzsche et le cercle vicieux*. Paris: Mercure de France, 1969.

KNOP, K. "State law without its State". *In*: SARAT, A; DOUGLAS, L; UMPHREY, M. M. (Coord.). *Law without nations*. Stanford: Stanford University Press, 2004.

KNORR-CETINA, K. *The manufacture of knowledge*: an essay on the constructivist and contextual nature of science. Oxford: Pergamon Press, 1981.

KNOWLSON, James. *Damned to fame*. Londres: Bloomsbury, 1996.

KOFMAN, Sarah. *Lectures de Derrida*. Paris: Galilée, 1984.

KOJÉVE, A. *Essai d'une histoire raisonnée de la philosophie païenne*. vol. 1, Paris: Gallimard, 1968.

KOMPRIDIS, N. *Critique and disclosure*. Cambridge: MIT Press, 2006.

KRAIDY, M. *Hybridity, or the cultural logic of globalization*. Filadelfia: Temple University Press, 2005.

KÜCHLER, T. *Postmodern gaming*. Bern: Lang, 1994.

KUHN, T. S. *The structure of scientific revolutions*. 3ª ed. Chicago: The University of Chicago Press, 1996.

KYMLICKA, W. *Multicultural citizenship*. Oxford: Oxford University Press, 1995.

LAKOFF, G. *Women, fire, and dangerous things*. Chicago: The University of Chicago Press, 1987.

LAKOFF, G.; JOHNSON, M. *Philosophy in the flesh*. New York: Basic Books, 1999.

LANDAU, I. *Finding meaning in an imperfect world*. Oxford: Oxford University Press, 2017.

LARKIN, Philip. "The importance of elsewhere". *In*: *Collected poems*. New York: Marvell Press, 1988 [1955].

LATOUR, B. *Reassembling the social*. Oxford: Oxford University Press, 2005.

LATOUR, B.; WOOLGAR, S. *Laboratory life*: the construction of scientific facts. 2ª ed. Chicago: University of Chicago Press, 1986.

LAW, D. S. "Generic Constitutional Law". *Minnesota Law Review*, vol. 89, 2005.

Lawrenve v Texas, 539 US 558, 2003.

Le Monde (Paris), 21 de outubro de 2004.

Le Monde (Paris), 22 de outubro de 2004.

Le Monde (Paris), 30 de abril de 2015.

LEFEBVRE, Henri. *Produciton de l'espace*. Barcelona: Anthropos, 1974.

LEGRAND, P. "Comparative legal studies and the matter of authenticity". *Journal of Comparative Law*, vol. 1, 2006.

LEGRAND, Pierre. "Antiqui juris civilis fabulas". *University of Toronto Law Journal*, vol. 45, 1995.

LEGRAND, Pierre. "Are civilians educable?". *Legal Studies*, vol. 18, 1998.

LEGRAND, Pierre. "John Henry Merryman and comparative legal studies: a dialogue". *American Journal of Comparative Law*, vol. 47, 1999.

Lei Constitucional n. 2008-724, de 23 de julho de 2008 sobre a modernização das instituições da Vª República artigo 30, *Journal officiel*, 24 de julho de 2008.

Lei n. 2004-228, de 15 de março de 2004, artigo 1°, *Journal officiel*, 17 de março de 2004, p. 5190.

Lei n. 96-588, de 1° de julho de 1996 sobre Lealdade e Paridade nas Relações Comerciais *Journal officiel*, 3 de julho de 1996.

Lei orgânica no 2009-1523 de 10 de dezembro de 2009 relacionada à aplicação do artigo 61-1 da Constituição artigo 23-4, *Journal officiel*, 11 de dezembro de 2009.

Lei orgânica n. 2009-1523 de 10 de dezembro de 2009 relacionada à aplicação do artigo 61-1 da Constituição artigo 23-2, *Journal officiel*, 11 de dezembro de 2009.

LEIBNIZ, G. W. "Nouveaux essais sur l'entendement". *In*: GERHARDT, Carl Immanuel (Coord.). *Die philosophischen Schriften von Gottfried Wilhelm Leibniz*. vol. 5, Hildesheim: Olms, 1960 [1704].

LÉVI-STRAUSS, C. "La pensée sauvage". *In*: DEBAENE, V. *et al.* (Coord.). *Oeuvres*. Paris: Gallimard, 2008 [1962].

Libération (Paris), 18-19 de dezembro de 2004.

LICOPPE, C. *La formation de la pratique scientifique*. Paris: La Découverte, 1996.

LINIGIS, A. *The community of those who have nothing in common*. Bloomington: Indiana University Press, 1994.

LLOYD, G. E. R. *Demystifying mentalities*. Cambridge: Cambridge University Press, 1990.

LONGINO, H. E. *Science as social knowledge*. Princeton: Princeton University Press, 1990.

LYON, J. K. *Paul Celan and Martin Heidegger*. Baltimore: John Hopkins University Press, 2006.

LYOTARD, J.-F. *Que peindre?*. Paris: Hermann, 2008 [1987].

LYOTARD, J-F. *The differend*. Trad. G. Van Den Abbeele. Minneapolis: University of Minnesota Press, 1988 [1984].

MACINTYRE, A. "Epistemological crises, dramatic narrative and the philosophy of science". *The Monist*, vol. 60, 1977.

MACINTYRE, A. *Whose justice? Which Rationality?*. Notre Dame: Notre Dame University Press, 1988.

MAGANARO, M. *Culture, 1922*. Princeton: Princeton University Press, 2002.

MALLARMÉ, S. "Quelques médaillons et portraits en pied". *In*: MARCHAL, B. (Coord.). *Oeuvres complètes*. vol. 2, Paris: Gallimard, 2003 [1892].

MALLARMÉ, Stéphane. "Divagations". *In*: MARCHAL, B (Coord.). *Ouevres complètes*. vol. 2, Paris: Gallimard, 2003 [1897].

MARKESINIS, B. *Comparative Law*: a subject in search of an audience. *Modern Law Review*, vol. 63, 1990.

MARKESINIS, B. S. "A matter of style". *Law Quarterly Review*, vol. 110, 1994.

MARKESINIS, B. S. "The destructive and constructive role of the comparative lawyer". *RabelsZ*, vol. 57, 1993.

MARKESINIS, B. S. "Why a code is not the best way to advance the cause of european legal unity". *European Review of Private Law*, vol. 5, 1997.

MARX, Karl. "The eighteenth brumaire of Louis Bonaparte". *In*: MCLELLAN, D. (Coord.). *Karl Marx*: selected writings. 2ª ed. Oxford: Oxford University Press, 2000 [1852].

MASCHALL, R. "Beckett the Nietzschean Hedonist". *3:AM Magazine*. 21 de abril de 2013. Disponível em: https://www.3ammagazine.com/3am/reloading-becketts-philosophical-libraries-2-the-nietzschean-hedonist/ . Acessado em: 29.10.2021.

Mastercard International Inc v. Fédération Internationale de Football Association 464 F Supp 2d 246 (Southern District of New York, 2006)

MELAS, N. *All the difference in the world*. Stanford: Stanford University Press, 2007.

MERCESCU, A."Pour une comparaison des droits indisciplinée». Basel: Helbing Lchtenhahn, 2018.

MERRYMAN, J. H (*et al.*). *Comparative Law*: historical development of the Civil Law tradition in Europe, Latin America, and East Asia. New York: LexisNexis, 2010.

MERRYMAN, J. H. "Comparative Law and scientific explanation". *In*: HAZARD, J. N.; WAGNER, W. J. (Coord.). *Law in the United States of America in social and technological revolution*. Bruxelas: Bruylant, 1974.

MEZEAUD, D. "La politique contractuelle de la Cour de cassation". *In*: ANSEL, Pascal *et al.* (Coord.). *Libres propôs sur les sources du droit*: mélanges em l'honneur de Philippe Jestaz. Paris: Dalloz, 2006.

MICHAELS, R. "The functional method of comparative Law". *In*: REINMANN, M; ZIMMERMAN, R. (Coord.). *The Oxford handbook to comparative Law*. 2ª ed. Oxford: Oxford University Press, 2019.

MICHAELS, Ralf. "Two paradigms of jurisdiction". *Michigan Journal of International Law*, vol. 27, 2006.

MILHAUPT, C. J.; PISTOR, K. *Law and capitalism*. Chicago: The University of Chicago Press, 2008.

MILLER, J. H. "Trace". *In*: GASTON, S; MACLACHLAN, I. (Coord.). *Reading Derrida's of grammatology*. New York: Continuum, 2011.

MILLER, J. H. "Zero". *In*: WOLFREYS, J. (Coord.). *Glossalalia*: an alphabet of critical keywords. New York: Routledge, 2003.

MINOW, M. *Making all the difference*. Ithaca: Cornell University Press, 1990.

MISGELD, D.; NICHOLSON, G. (Coord.). *Hans-Georg Gadamer on education, poetry, and history*. Trad. L. Schmidt; e M. Reuss. New York: SUNY Press, 1992 [1985-1986].

MITCHELL, A. J. *Heidegger among the sculptors*. Stanford: Stanford University Press, 2010.

MITCHELL, S. "From Shklovsky to Brecht: some preliminary remarks towards a history of the politicisation of russian formalism". *Screen*, vol. 15, nº 2, 1974.

MONTESQUIEU. "De l'esprit des lois". *In*: CAILLOIS, R. (Coord.). *Oeuvres completes*. vol. 2, Paris: Gallimard, 1951 [1748].

MORRIS, M. "Foreword". *In*: SAKAI, Naoki (Coord.). *Translation and subjectivity*. Minneapolis: University of Minnesota Press, 1997.

Multani v. Commission scolaire Marguerite-Bourgeoys, Supreme Court Recordings 1 SRC 256, 2006.

MURDOCH, Iris. *The nice and the good*. New York: Vintage, 2000 [1968].

MUTUA, M. *Human rights*: a political and cultural critique. Filadelfia: University of Pennsylvania Press, 2002.

NABOKOV, Vladimir. *Strong opinions*. New York: Vintage, 1990 [1971].

NADER, L. "Human rights and moral imperialism". *Anthropology News*, setembro, 2006.

NAGEL, T. *The view from nowhere*. Oxford: Oxford University Press, 1989.

NANCY, Jean-Luc. *La communauté désoeuvrée*. Paris: Bourgois, 1986.

NIGHTINGALE, A. W. *Spectacles of truth in classical greek philosophy*. Cambridge: Cambridge University Press, 2004.

NORTH, M. *Reading 1922*. Oxford: Oxford University Press, 1999.

ONG, A.; COLLIER, S. J. (Coord.). *Global assemblages*. Londres: Blackwell, 2005.

OTTO, D. "Rethinking the 'universality' of human rights law". *Columbia Human Rights Law Review*, vol. 29, 1997.

PATTERSON, Dennis. *Law and truth*. Oxford: Oxford University Press, 1996.

PICKERING, A. *Constructing quarks*: a sociological history of particle physics. Chicago: University of Chicago Press, 1984.

PINTER, Harold. *Art, truth and politics*. 2005. Disponível em: https://www.nobelprize.org/uploads/2018/06/pinter-lecture-e.pdf. Acessado em: 27.10.2021.

PORTER, T. M. "Quantification and the accounting ideal in science". *Social Studies of Science*, vol. 22, 1992.

PORTER, T. M. *Trust in numbers*: the pursuit of objectivity in science and public life. Princeton: Princeton University Press, 1995.

POST, R. "The relatively autonomous discourse of Law". *In*: POST, R. (Coord.). *Law and the order of culture*. Berkley: University of California Press, 1991.

POVINELLI, E. A. *The cunning of recognition*. Durham: Duke University Press, 2002.

QUINE, W. V. O. "On empirically equivalent systems of the world". *Erkenntnis*, vol. 9, 1975.

QUINE, W. V. O. "Reactions". *In:* LEONARDI, P.; SANTAMBROGIO, M. (Coord.). *On Quine*. Cambridge: Cambridge University Press, 1995.

QUINE, W. V. O. *Word and object*. Cambridge: MIT Press, 1960.

QUINE, W. V. *Pursuit of truth*. 2ª ed. Cambridge: Harvard University Press, 1992.

RABEL, E. "Deutsches und Amerikanisches Recht". *Zeitschrift für Ausländisches und Internationales Privatrecht*, vol. 16, 1951.

RADHAKRISHNAN, R. "Why compare?". *New Literary History*, vol. 40, 2009.

RAJAGOPAL, B. "Invoking the rule of Law in post-conflict rebuilding: a critical examination". *William and Mary Law Review*, vol. 49, 2008.

RAMBERG, C. "E-commerce". *In*: HARTKAMP, A. (*et al.*). *Towards a european civil code*. 3ª ed. Alphen aan den Rijn: Kluwer, 2004.

RAMSEY, M. D. "International materials and domestic rights: reflections on Atkins and Lawrence". *American Journal of International Law*, vol. 98, 2004.

RAPHAEL, D. D. *The impartial spectator*: Adam Smith's moral philosophy. Oxford: Oxford University Press, 2009.

RAWLS, J. *A Theory of justice*. Cambridge: Harvard University Press, 1971.

RAWLS, J. *The Law of peoples*. Cambridge: Harvard University Press, 1999.

RAZ, J. *Between authority and interpretation*. Oxford: Oxford University Press, 2009.

RESCHER, N. *Pluralism*. Oxford: Oxford University Press, 1995.

RICHERSON, P. J.; BOYD, R. *Not by genes alone*. Chicago: The University of Chicago Press, 2005.

RICOEUR, P. *Philosophie de la volonté*. vol. 1, Paris: Aubier, 1950.

RILKE, R. M. *In*: RILKE-ARCHIV. (Coord.). *Rilke Briefe*. vol. 1, Weimar: Insel, 1950 [1902].

RIMBAUD, A. "Letter to Georges Izambard". *In*: GUYAUX, A. (Coord.). *Oeuvres completes*. Paris: Gallimard, 2009 [1871].

RORTY, Richard. "The fate of philosophy". *The New Republic*, 18 de Outubro 1982.

RORTY, Richard. "The pragmatist's progress". *In*: COLLINI, S. (Coord.). *Interpretation and overinterpretation*. Cambridge: Cambridge University Press, 1992.

RORTY, Richard. *Consequences of pragmatism*. Minneapolis: University of Minnesota Press, 1982.

RORTY, Richard. *Contingency, irony, and solidarity*. Cambridge: Cambridge University Press, 1989.

RORTY, Richard. *Objectivity, relativism and truth*. Cambridge: Cambridge University Press, 1991.

RORTY, Richard. *Philosophy and the mirror of nature*. Princeton: Princeton University Press, 1979.

RORTY, Richard. *Philosophy as cultural politics*. Cambridge: Cambridge University Press, 2007 [1997].

ROSEN, L. "Beyond compare". *In*: LEGRAND, P.; MUNDAY, R. *Comparative legal studies*: traditions and transitions. Cambridge: Cambridge University Press, 2003.

ROSEN, L. *Law as culture*. Princeton: Princeton University Press, 2008.

ROSENFELD, Michel. *Just interpretations*. Berkely: University of California Press, 1998.

ROUDOMETOF, Victor. *Glocalization*. New York: Routledge, 2016.

ROUSSEAU, Jacques-Jean. "Du contrat social". *In*: GABNEBIN, B.; RAYMOND, M. (Coord.). *Oeuvres completes*. vol. 3, Paris: Gallimard, 1964 [1762].

ROUSSEAU, Jean-Jacques. "Discours sur l'origine et les fondemens de l'inégalité parmi les hommes". *In*: GAGNEBIN, B.; RAYMOND, M. (Coord.). *Oeuvres complètes*. vol. 3, Paris: Gallimard, 1964 [1754].

SANTOS, Boaventura de Sousa *et al*. "Opening up the canon of knowledge and recognition of difference". *In*: SOUSA SANTOS, B. (Coord.). *Another knowledge is possible*. New York: Verso, 2007.

SANTOS, Boaventura de Souza Santos. "Human rights as an emancipatory script? Cultural and political conditions". *In*: SANTOS, Boaventura de Souza (Coord.). *Another knowledge is possible*. New York: Verso, 2007.

SAVIGNY, F. C. von. *Vom Beruf unserer Zeit für Gesetzgebung und Rechtswissenschaft*. 3ª ed. Tübingen: Mohr, 1840.

SCHLAG, P. *The enchantment of reason*. Durham: Duke University Press, 1998.

SCHLESINGER, R. "The common core of legal systems: an emerging subject of comparative study". *In*: Kurt H. Nadelmann *et al*. (Coord.). *20th century comparative and conflicts Law*: legal essays in honor of Hessel E. Yntema. Leyden: Sythoff, 1961.

SCHLESINGER, R. B. "Introduction". *In*: SCHLESINGER, R. B. *et al*. (Coord.). *Formation of contracts*: a study of the common core of legal systems. vol. 1, New York: Oceana Publications, 1968.

SCHLESINGER, R. B. *Comparative Law*. Saint Paul: Foundation Press, 1950.

SCHMIDTZ, D. "Nonideal Theory: what it is and what it needs to be". *Ethics*, vol. 121, 2011.

SCOTT, D. "Culture in political theory". *Political Theory*, vol. 31, 2003.

SCOTT, D. "Culture in political theory". *Political Theory*, vol. 31, 2003.

SEARLE, J. R. *The construction of social reality*. New York: Free Press, 1995.

SELLARS, W. *Science, perception and reality*. New York: Routledge & Kegan Paul, 1963.

SEN. Amartya. *The idea of justice*. Cambridge: Harvard University Press, 2009.

SHACHAR, A. *Multicultural jurisdictions*. Cambridge: Cambridge University Press, 2000.

SHAPIN, S. *A social history of truth*: civility and science in seventeenth-century England. Chicago: University of Chicago Press, 1995.

SHAPIN, S; SCHAFFER, S. *Leviathan and the air-pump*: Hobbes, Boyle, and the experimental life. Princeton: Princeton University Press, 1985.

SHKLOVSKY, Viktor. "Art as technique". *In*: LEMON, Lee T.; REIS, Marion J (Trads.). *Russian Formalist Criticism*: four essays. Lincoln: University of Nebraska Press, 1965 [1917].

SHWEDER, R. A. "Comment". *Current Anthropology*, vol. 49, 2008.

SHWEDER, R. A.; MINOW, M.; MARKUS, H. R. (Coord.). *Engaging cultural differences*. Thousand Oakes: Sage, 2002.

SIMPSON, D. *Situatedness*. Durham: Duke University Press, 2002.

SLAUGHTER, A-M. *A new world order*. Princeton: Princeton University Press, 2004.

SMITH, A; RAPHAEL, D. D.; MACFIE, A. L (Coord.). *The Theory of moral sentiments*. Oxford: Oxford University Press, 1976 [1781].

SMITH, B. H. "The chimera of relativism". *Common Knowledge*, vol. 17, 2011.

SMITH, B. H. *Belief and resistance*. Cambridge: Harvard University Press, 1997.

SMITH, B. H. *Contigencies of value*. Cambridge: Harvard University Press, 1988.

SMITH, B. H. *Scandalous knowledge*. Durham: Duke University Press, 2005.

SOJA, E. W. *Thirdspace*. Oxford: Blackwell, 1996.

SONTAG, Susan. "Against interpretation". *In*: SONTAG, Susan. *Against interpretation and other essays*. New York: Farrar, Straus and Giroux, 1966 [1964].

SPELMAN, Elizabeth V. *Inessential woman*. Londres: The Women's Press, 1988.

SPITZ, Jean-Fabien. *Le Moment républicain en France*. Paris: Gallimard, 2005.

SPIVAK, G. C. "Rethinking comparativism". *New Literary History*, vol. 40, 2009.

SPIVAK, G. C. *In other worlds*. New York: Routledge, 2006 [1987].

SPIVAK, G. C. *Other asias*. London: Blackwell, 2008.

STENGERS, I. "Comparison as a matter of concern". *Common Knowledge*, vol. 17, 2011.

STRATHERN, M. "Binary license". *Common Knowledge*, vol. 17, 2011.

SUMNER, W. G. "Democracy and responsible government". *In*: KELLER, A. G. (Coord.). *The challenge of facts and other essays*. New Haven: Yale University Press, 1914 [1877].

TAMANAHA, B. Z. "The contemporary relevance of legal positivism". *Australian Journal of Legal Philosophy*, vol. 1, 2007.

TARDE, Gabriel. "Monoadologie et sociologie". *In*: ALLIEZ, E. (Coord.). *Oeuvres*. vol. 1, Paris: Institut Synthélabo, 1999 [1893].

TAYLOR, C. "The politics of recognition". *In*: GUTMANN, A. (Coord.). *Multiculturalism*. Princeton: Princeton University Press, 1994.

TAYLOR, C. *Philosophical arguments*. Cambridge: Harvard University Press, 1995 [1991].

TERADA, R. *Feeling in Theory*. Cambridge: Harvard University Press, 2001.

TEUBNER, G. Legal irritants: good faith in british Law or how unifying Law ends up in new divergences. *Modern Law Review*, vol. 61, 1998.

THIBAUT, A. Friedrich Justus. "Ueber die Nothwendigkeit eines allgemeinen bürgerlichen Rechts für Deutschland". *In*: *Civilistische Abhandlungen*. Heidelberg: Mohr, 1814.

THIBAUT, A. Friedrich Justus. *Ueber die Nothwendigkeit eines allgemeinen bürgerlichen Rechts für Deutschland*. Heidelberg: Mohr & Zimmer, 1814.

TRIBE, L. H. "Lawrence v Texas: the 'fundamental right' that dare not speak its name". *Harvard Law Review*, vol. 117, 2004.

TROPER, M. "French secularism, or laïcité". *Cardozo Law Review*, vol. 21, 2000.

TULLY, J. *Strange multiplicity*. Cambridge: Cambridge University Press, 1995.

UNGER, R. M. *The critical legal studies movement*. Cambridge: Harvard University Press, 1986.

UNGER, R. M. *The self awakened*. Cambridge: Harvard University Press, 2007.

VATTIMO, G. A *Farewell to truth*. Trad. W. McCuaig. New York: Colombia University Press, 2009.

VINING, J. *The authoritative and the authoritarian*. Chicago: University of Chicago Press, 1986.

WAGNER, R. *The invention of culture*. Chicago: The University of Chicago Press, 1981.

Walford v Miles 2 AC 128 (1992) (HL)

WATSON, A. "Legal transplants and european Private Law". *Electronic Journal of Comparative Law*, vol. 4, nº 4. Disponível em: http://awf.ius.bg.ac.rs/legal_transplants.pdf. Acessado em: 28.10.2021.

WATSON, A. *Legal transplants*. 2ª ed. Athens: University of Georgia Press, 1993.

WEIR, J. A. "Book Review". *Cambridge Law Journal*, vol. 27, 1969.

WEXLER, B. E. *Brain and culture*. Cambridge: MIT Press, 2006.

WHITEHEAD, A. N. *Process and reality*. New York: Free Press, 1978.

WHITEHEAD, A. N. *Science and the modern world*. Cambridge: Cambridge University Press, 1926.

WIGLEY, Mark. *The architecture of deconstruction*. Cambridge: MIT Press, 1993.

WILLIAMS, B. *Truth and truthfulness*. Princeton: Princeton University Press, 2002.

WILLIAMS, R. *Culture and society*: 1780-1850. 2ª ed. New York: Columbia University Press, 1983.

WILSON, G. "English legal scholarship". *Modern Law Review*, vol. 50, 1987.

WINDSCHEID, Bernhard. "Die Aufgaben der Rechtswissenschaft". *In*: WINDSCHEID, Bernhard. *Gesammelte Reden un Abhandlungen*. Berlin: Duncker & Humblot, 1904 [1884].

WITTGENSTEIN, Ludwig; ANSCOMBE, G. E. M. *et al.* (Coord.). *On certainty*. Trad. D. Paul; e G. E. M. Anscombe. New York: Harper & Row, 1972 [c1950].

WOODIWISS, A. "Human rights and the challenge of cosmopolitanism". *Theory, Culture & Society*, vol. 19, 2002.

ZEKOLL, J. "Kant and comparative Law – Reflections on a reform effort". *Tulane Law Review*, vol. 70, 1996.

ZIMMERMANN, R. "Der eurpäische Charakter des englischen Rechts". *Zeitschrift für Europäisches Privatrecht*, vol. 1, 1993.

ZIMMERMANN, R. "Statuta sunt stricte interpretanda? Statutes and the common law: a continental perspective". *Cambridge Law Journal*, 1997.

ZIMMERMANN, R; WHITTAKER, S. (Coord.). *Good faith in european contract Law*. Cambridge: Cambridge University Press, 2000.

ZWEIGERT, K.; KÖTZ, H. *Introduction to comparative Law*. 3ª ed. Trad. T. Weir. Oxford: Oxford University Press, 1998 [1996].

NOTAS

NOTAS

NOTAS

NOTAS

NOTAS

NOTAS

A Editora Contracorrente se preocupa com todos os detalhes de suas obras!
Aos curiosos, informamos que este livro foi impresso no mês de novembro
de 2021, em papel Pólen Soft 80g, pela Gráfica Grafilar.